한국인과 한국사회
― 민주적 근대화의 관점 ―

홍성태

진인진

한국인과 한국사회 – 민주적 근대화의 관점 –

초판 1쇄 발행 | 2024년 12월 15일

지은이 | 홍성태
발행인 | 김태진
발행처 | 진인진
등　록 | 제25100-2005-000003호
주　소 | 경기도 과천시 관문로 92, 101동 1818호
전　화 | 02-507-3077-8
팩　스 | 02-507-3079
홈페이지 | http://www.zininzin.co.kr
이메일 | pub@zininzin.co.kr

ⓒ 홍성태 2024
ISBN 978-89-6347-621-6 93300

차례

머리말 – 선진 한국을 향하여 –   5

추기 : 윤석열의 반란/내란을 겪고   12

1부   한국인의 이해   17
  1장   한국인 – 민족과 국민   19
  2장   한국 특징 – 정상과 비리   27
  3장   인구 – 감소와 집중   39

2부   한국의 이해   49
  4장   현황 – 헌법과 현실   51
  5장   역사 – 단군과 분단   71
  6장   국토 – 지역과 자연   83

3부   한국 사회의 이해   105
  7장   정치 – 취약한 민주화   107
  8장   국방 – 군사 대국   127
  9장   경제 – 경제 대국   137
  10장   과학기술 – 선도 국가   149

4부   한국 문화의 이해   163
  11장   문화 – 한류의 힘   165
  12장   언론 – '기레기' 문제   179
  13장   교육 – 과잉 경쟁   193
  14장   생활 – 돈의 사회   209

맺음말   선진 한국을 위한 과제   225

부록   **231**
    1. 대한민국 임시헌장   233
    2. 조선혁명선언   235
    3. 국기, 국가, 국경일, 기념일 문제   239
    4. 일제군이 지배한 한국군   245
    5. 윤석열 탄핵소추안 1차, 2차   247

보론   **261**
    1. 내가 원하는 우리나라   263
    2. 자유를 위한 기획을 꿈꾸며   267
    3. 검찰–검비, 검판 법비 문제   271
    4. 해방 60년과 시민사회   275
    5. 민주화 착시와 진정한 선진화의 과제   279

후주   **283**

참고자료   **327**

머리말
― 선진 한국을 향하여 ―

1.

한국은 후진국이 아니고, 중진국도 아니고, 거의 선진국이다. 지난 몇 년 동안 '눈뜨고 보니 선진국'이라는 말이 널리 퍼졌을 정도로 한국의 위상은 정말 놀랍게 상승했다. 그 이전에 10년 정도는 '헬조선'(hell Joseon, 지옥 한국)이라는 말이 널리 퍼졌었다. 2016년 10월~2017년 3월의 '촛불 혁명'으로 들어선 문재인 정부의 5년(2017년 5월~2022년 4월)을 거치면서 한국은 확실히 선진국의 수준에 이르렀다. 세계가 한국의 행보에 늘 주목하고 있고 매년 1500만 명을 넘는 외국 관광객들이 한국을 찾고, 한국의 대중문화가 세계로 퍼져서 세계 전역에서 큰 인기를 끌고 있다. 한국은 그야말로 세계의 발전을 선도하는 국가로 우뚝 서게 되었다.

19세기 말 조선이 서양에 본격적으로 알려지기 시작할 때 '조용한 아침의 나라'(The Land of the Morning Calm)로 소개됐다. 이 말은 조선(朝鮮)이라는 국명을 풀어서 설명하는 것이었지만 당시 조선의 상태를 전하는 것이기도 했다. 그러나 21세기 초 한국은 오랜 민주화 투쟁의 결과로 마침내 민주화를 이루고 선진화의 문턱에 이르게 되었다. 그런데 2022년 5월부터 이 놀라운 성과가 갑자기 마구 무너지고 있다. 그 결과 '눈뜨고 보니 후진국'이라는 말이 널리 퍼졌다. 비리 세력의 지배 속에서 이루어진 '취약한 민주화'(weak democratization)의 문제가 이렇게 드러난 것이다.

한국은 이미 선진국의 기반과 실력을 갖추고 있다. 위기는 위험과 기회가 함께 있는 것이다. 위험을 잘 이기면 기회가 더 커진다. 위기가 드러내 보여주는 문제를 해결하는 것이 그 핵심이다. 한국은 정말 선진국의 문턱에 이르러 있다. 좋은 나라는 나쁜 것들을 없애는 것으로 이루어질 수 있다. 선은 악을 봐주는 것이 아니라 악을 없애는 것이다. 윤리와 사실을 무시하고 왜곡하고 부정하는 나쁜 것들을 타파하고 척결해야 좋은 나라가 확실히 이루어질 수 있다. 그 생생한 실례를 우리는 서구의 선진국들에서 살펴볼 수 있다. 한국은 서구의 선진국들보다 더 뛰어나고 멋진 나라가 될 수 있다.

2.

오늘날 한국은 세계적인 경제국, 기술국, 문화국, 그리고 민주국으로 손꼽힌다. 한국은 일본의 장기 강점에 의한 수탈과 파괴, 해방에 이은 참혹한 분단과 전쟁, 반세기에 걸쳐 자행된 독재 등 오랜 고통의 역사를 이기고 세계 유일의 놀라운 발전을 이루었다. 한국은 후진국에서 선진국으로 도약을 이룬 것으로 세계에서 상찬되고 있다. BTS, 블랙핑크, '기생충', '오징어 게임' 등은 결코 우연히 나타난 게 아니다. 한국은 수많은 사람들의 헌신적인 노력으로 정말 놀라운 성과를 거두었다. 그러나 한국은 아직 선진국이 아니다. 한국은 선진국에 근접했으나 확실히 진입하지 못하고 있다.

한국의 외형은 화려하고 현란하다. 어디에나 고층 건물들이 즐비하고, 도로에는 차들이 넘치며, 상가에는 상품들이 넘친다. 사람들은 다양한 취미 생활을 즐기며 살아간다. '한류'의 문화는 물론이고 모든 것이 좋아 보인다. 그러나 조금만 더 들여다보면, 수많은 전깃줄-전봇대, 또 송전탑-송전선, 끝없이 많은 고층 아파트들과 건물들, 눈을 괴롭히는 현수막과 간판들, 너무나 많은 도로와 철도 등에 혀를 차게 된다. 노동 무시, 빈자 무시, 안전 무시 등의 문제에 '태극기 부대', 광신 기독, 일베와 메갈 등의 망동이 민주화와 다원화를 악용하며 마구 망치고 있다. 자연과 역사도 제대로 보호되지 않고 훼손되고 이용되는 문제가 크다. 어디나 시끄럽고 요란하고 더러워서 그윽하고 기품 있는 공간은 좀처럼 찾아보기 어렵다.

우리는 한국의 성과와 과제를 올바로 살펴봐야 한다. 한국의 사례는 근대화론(modernization theory)의 교정을 제기하는 중요한 역사적-사회적 의미를 담고 있다. 근대화론은 경제 성장에 따라 민주주의가 자동적으로 발전하게 된다고 주장하나, 역사는 절대 그렇게 변하지 않았고, 사회는 결코 그렇게 작동되지 않는다. 우리는 '비판적 근대화'(critical modernization)의 관점에서 역사와 사회를 인식해야 한다. 근대화는 사회의 전반적 발전을 뜻하나, 그것은 경제가 아니라 정치에 의해 규정된다. 근대화의 최고 핵심은 민주화이고, 그 형성과 성숙의 정도가 결정적이다. 가장 중요한 것은 민주화가 비리 세력과 민주 세력의 투쟁으로 진행된다는 사실이다. '민주적 근대화'(democratic modernization)로 근대화를 파악하고 평가해야 한다.

3.

한국은 1894년 동학 농민혁명으로 본격적 근대화의 길에 들어섰다. 근대화는 인류 역사의 새로운 단계를 이루는 역사적 변화이다. 근대화는 자유화, 민주화, 합리화를 통해 공업화, 자본화, 풍요화가 이루어진 역사적 변화를 뜻한다. 한국이 겪은 일제의 식민지 근대화(colonial modernization)와 그에 이은 독재의 폭압적 근대화(violent modernization)는 파행적 근대화(crippled modernization)로서 근대화의 최고 핵심인 민주화를 억압하고 극악한 반민족-반민주-반인류 범죄를 당연한 것처럼 만들어 버렸다. 이에 맞서 독립전쟁과 민주투쟁이 쉬지 않고 전개되어 마침내 1987년 6월 민주 항쟁으로 전면적 민주화와 온전한 근대화의 길이 열렸다. 이것은 1960년 4월 시민 혁명과 1980년 5월 광주 항쟁의 직접적 산물이었다.

그러나 한국은 아직 완전한 민주화를 이루지 못했으며, 따라서 완전한 선진화도 이루지 못했다. 한국은 많은 면에서 놀라운 성과들을 거두었으나 비리 세력의 지배 속에서 이루어진 '포위된-취약한 민주화'로 이 놀라운 성과들은 삽시간에 무너질 수 있다. 군부 독재에 이은 검찰 독재, 법비 독재, 검판언비 독재의 문제를 직시해야 한다. 심지어 '사이비 무당 독재'도 운위된다. 이것들은 온갖 비리로 국가를 사유화하고 있다. 이른바 '비선' 문제는 국가의 사유화에 해당되는 중대한 반국가 범죄다. 이 문제는 '근혜-순실 비선'으로 극명히 드러났으나, '공희-천공-태균 비선'으로 더욱 극명히 드러났다. 그 본진이 같은 정치 세력이라는 사실에 크게 주의해야 한다. 비리 세력은 보수 세력이 아니라 보수 참칭 세력이며, 매독(매국-독재) 반인류 세력이자 비선 반국가 세력으로 엄단돼야 한다. 이것들의 기본은 부일 매국노 세력으로서 일제를 칭송하는 것은 물론 일본 후쿠시마 핵발전소의 발암 핵폐수도 강요하고 있다. 완전한 민주화가 이루어졌다고 혹세무민하는 '사이비 민주화론'의 문제를 직시해야 한다. 이런 문제에 대한 온전한 인식을 통해 우리의 현실을 성찰적으로 파악해야 한다.

근대화는 합리화, 자유화, 민주화, 공업화, 자본화, 도시화, 개인화, 복지화, 파괴화 등이 어우러진 거대한 역사적 변화이다. 합리화를 기초로 신과 신분의 억속에서 벗어난 자유화가 이루어졌고, 자유화는 당연히 모두가 정치적 주체가 되는 민주화로 이어졌으며, 공업화는 자본화와 도시화로 이어져서 거대한 물질적 풍요를 이루었고, 그 결과 개인의 자유와 풍요를 위한 토지국가가 당연해졌으나, 지구의 한계를 넘어서게 되어 생태위기가 초래되고 말았다. 근대화는 위대한 성과를 이루었으나 심각한 문제를 낳았다. 비리 세력은 합리화를 왜곡하고 악용하는 가장 근원적인 반사회 세력이다. 비리 세력이 지배하는 곳은 망할 수밖에 없다. 한국의 가장 큰 문제는 바로 보참비(보수 참칭 비리)이다.

4.

이 책은 한국인과 한국사회에 대한 역사적 및 현실적 이해를 위해 쓰였다. 모두 12개의 주제들로 나뉘어 있으나, 이 주제들은 단순히 나열된 것이 아니라 역사-구조적 관점에서 연관되어 있고, 그 바탕에는 '비판적 근대화'의 관점이 놓여 있다. 한국은 여전히 힘겨운 격동의 과정에 있다. 2024년 10월 현재, 지금은 정말로 역사적 도약과 폭망의 기로에 처해 있는 상황이다. 아무쪼록 동학 농민혁명 이래의 민주적 근대화 노력이 선진국의 확립으로 완성되는데 이 책이 이바지할 수 있기를 바란다.

무엇보다 먼저 역사와 사회를 파악하는 기본 관점을 바로 세워야 한다. 19세기 유럽에서 정립된 좌파-우파, 진보-보수는 명확한 시대적 한계를 갖고 있는 것으로 큰 문제를 안고 있다. 가장 기본적인 구분은 합리와 비리의 구분이다. 합리는 윤리·법률·과학을 존중하는 것이고, 비리는 자기 이익을 위해 사기를 기본으로 하는 것이다. 한국의 가장 큰 문제는 사기를 기본으로 학살도 서슴지 않고 언제나 매국과 독재를 추구하는 보참비(보수 참칭 비리)의 지배이다. 독일과 프랑스는 나치를 척결해서 선진국이 될 수 있었다. 우리도 반드시 그렇게 해야 한다. 보참비를 척결하지 않아서 민주화는 물론 독립과 광복도 무산되는 참담한 위기를 맞게 된 현실을 직시해야 한다.

사회는 제도에 의해 작동되나, 그것은 역사적으로 형성되는 구조에 의해 규정되고, 급변할 수 있는 인간 주체에 의해 운영된다. 선진화는 제도의 변화로 확립되나 주체와 구조의 변화가 함께 이루어져야 한다. 단순히 자유선거로 민주화가 완료되고 선진화가 달성되는 것이 결코 아니다. 삼권분립을 기초로 하는 복합적 제도 개혁이 계속 추구되어 주체와 구조가 선진화되어야 한다. 우리는 아직도 민주화의 길 위에 서 있다. 민주화가 공고화되지 않는다면, 결국 선진화는 불가능하다.

5.

김진균(1937~2004) 선생은 스승이신 이상백(1904~66) 선생을 이어서 '한국사회론'을 계속 공부하고 가르치려 하셨다. 김진균 선생은 위대한 경세의 학자였던 다산 정약용 선생을 평생 마음에 품고 학문과 실천을 하셨다. 나는 김진균 선생의 제자로서 이 사실을 염두에 두고 이 책을 썼다. 2024년 2월 14일은 김진균 선생님의 20주기였다. 그때에 맞춰서 이 책을 출간하려 했으나 조금 늦어졌다.

지난 20년 동안 여러 고비들을 헤치고 나라가 크게 좋아진 것 같았으나 '적폐'를 청산하지 못해서 결국 '적폐'의 세상이 되는 역행이 벌어졌다. '시민 민주화'론의 문제를 새기고 또 새긴다. 김진균 선생은 4.19 혁명 세대이고, 나는 6월 항쟁 세대이다. 4.19는 5.18을 거쳐서 6.10으로 나아갔다. 수많은 사람들의 고난과 고통이 이어졌으나, 그 헌신과 희생으로 나라는 계속 나아질 수 있었다. 불의에 맞선 투쟁이 그치지 않으면 세상은 계속 나아지게 된다. 김진균 선생은 멀리 바라보고 넓게 실천하며 조급하지 않을 것을 강조했다.

진인진의 김태진 대표는 김진균 선생의 큰아들로서 오랜 친구이다. 이제 예순이 된 우리의 노력이 김진균 선생이 평생 추구하신 대동 세상, 즉 복지국가를 확대하고 생태적으로 전환하는 데 이바지하게 될 것이라고 생각한다. 결국 한국은 식민과 전쟁과 독재의 크나큰 고통을 이기고, 사상 초유의 무능무도 비리 정권과 보참비(보수 참칭 비리) 세력을 척결하고, 공생과 민주의 생태복지국가로 우뚝 서게 될 것이다.

2024년 10월
북한산 비봉 아래 은민재에서

홍성태

추기: 윤석열의 반란/내란을 겪고

    2024년 12월 3일 밤 10시 23분 윤석열이 긴급방송으로 밤 11시부터 '비상계엄'이 실시된다고 선포했다. 많은 국민들과 야당 의원들이 서둘러 국회로 모였다. 윤석열은 군인들을 차량과 헬기로 국회로 투입했다. 국민들과 야당 의원들의 보좌관들이 목숨을 걸고 군인들의 진입을 저지했다. 의원들은 제지하는 경찰들을 제치고 국회의 담장을 넘어서 국회 본회의장으로 모였다. 12월 4일 새벽 1시 1분 의원들은 윤석열의 '비상계엄'을 무효로 의결했다. 이로써 윤석열이 일으킨 학살과 망국의 위기를 넘어설 수 있게 되었다. 국민들이 목숨을 걸고 싸워서 윤석열/김건희의 극악한 반란/내란을 평화적으로 진압할 수 있었다.
    그러나 이 반란/내란은 아직도 끝나지 않았고 사실상 여전히 진행 중이다. 무엇보다 윤석열과 김건희가 체포되지 않고 계속 설치고 있다. 국민의힘은 이 반란/내란을 대놓고 지지하고 있다. 매독(매국 독재) 세력은 이 반란/내란을 미화하며 극렬히 악을 쓰고 날뛰고 있다. 검비와 판비가 윤석열/김건희의 반란/내란을 법적으로 무효화하거나 합법화할 위험도 대단히 크다. 우리는 이 무서운 현실을 직시해야 한다. 민주당과 혁신당을 중심으로 야당들은 하루빨리 검찰 해체, 법원 개혁, 언론 개혁의 입법을 마쳐야 한다. 나아가 독일의 나치 처벌법과 같은 매독 처벌법을 제정해야 한다.

    '계엄'(戒嚴)은 무기로 엄정히 질서를 잡는 것을 뜻한다. 영어로는 martial law인데, martial은 '전쟁의' 또는 '군사의' 등을 뜻하는 말로, 결국 군의 통치를 뜻한다. 군의 통치는 민주주의에 위배되는 것으로 계엄의 요건과 절차는 헌법과 법률로 명확히 규정되어 있다. 윤석열의 '비상계엄'은 요건과 절차를 모두 어긴 것으로 윤석열은 계엄을 내걸고 반란/내란을 저질렀던 것이다. 반란은 군사 반란의 준말로 군형법에 규정되어 있고, 내란은 형법에 규정되어 있다. 윤석열은 군 최고통수권자로서 반란과 내란을 동시에 실행했다. 두 범죄의 수괴(우두머리)는 사형에 처하도록 되어 있다.

　윤석열은 군인들로 의원들을 강제로 끌어내고 살상해서 권력을 찬탈하려 했다. 이재명 민주당 대표의 1심 재판에서 무죄 판결을 한 판사도 체포 대상이었는데, 이 사실도 윤석열이 '비상계엄'을 내걸고 반란/내란을 자행했다는 것을 입증하는 것이다. 국방장관 김용현이 기획과 진행을 총괄하고 여인형 방첩사령관이 현장 지휘를 맡아서 특전사, 정보사, 수방사, 사이버사 등을 동원했다. 요인들의 체포조는 물론 암살조도 있었다. 반란군은 국회만이 아니라 선관위도 제압했다. 국회의 의결이 조금만 늦었다면 반란군은 국회는 물론 모든 공기관과 언론사를 장악해서 이 나라를 죽였을 것이다.

　윤석열의 반란군이 발표한 포고령 1호는 반란에 저항하는 사람들을 모두 '처단'하겠다고 협박했다. 국회의 의결이 조금만 늦었다면, 반란군은 국회를 장악해서 의원들을 수방사 지하에 가두고, 저항하는 국민들을 서울은 물론 전국 곳곳에서 닥치는 대로 학살하고 투옥했을 것이다. 김어준의 증언에 따르면, 김어준과 한동훈도 사살 대상이었다. 이재명과 조국도 그냥 체포-구금 대상이 아니었을 것이다. 윤석열은 이미 2023년 7월부터 방첩사를 중심으로 반란/내란을 계획하고 있었다. 첫 공작에 1,500명이 넘는 많은 군인들이 동원됐다. 특전사 군인은 물론 심지어 북파 공작원(HID)도 있었다. 이어서 전국에서 수만 명의 군인들이 동원되어 국민들을 마구 학살하며 윤석열-김건희 영구독재를 강행했을 것이다.

　12월 7일 국회에서 윤석열 탄핵 표결이 행해졌다. 이에 대해 국민의힘은 탄핵 반대를 당론으로 정하고 투표 불참으로 무효화시켰다. 여의도에 모인 100만 명의 국민들은 크게 분노했다. 국민의힘이 정당의 탈을 쓴 내란범죄조직이라는 비판이 거세게 일어났다. 12월 14일 국회에서 윤석열 탄핵 표결이 다시 행해졌다. 이번에는 국민의힘도 여전히 당론은 탄핵 반대였으나 투표를 막을 수는 없었다. 그 결과 모두 204명이 찬성해서 윤석열 탄핵이 가결되었다. 여의도에 모인 100만 명의 국민들이 크게 환호했다. 그런데 국민의힘의 찬성은 고작 12명이었다. 이로써 국민의힘의 문제가 더욱 분명해졌다.

윤석열은 이미 아주 충분히 드러난 사실이지만 너무나 사악한 자여서 반란/내란을 자행했다. 똑같이 사악한 김건희와 함께 상의하고 기획했을 것이다. 반란/내란은 학살도 마구 자행하는 최악의 반국가-반인권 범죄다. 그러나 사실 윤석열의 반란/내란은 2019년 여름에 윤석열이 검찰총장으로서 시작한 '조국 죽이기 검비 반란'의 정점이다. 검비가 이 극악한 범죄의 동력이고, 국민의힘이 이 극악한 범죄의 기반이다. 매독(매국 독재) 세력이 검비, 판비, 언비를 대표로 해서 발호하는 것이 문제의 근원이다. 매독 세력을 정상 보수로 미화하는 사이비 민주화론에 속아서는 안 된다.

윤석열은 검판 법비의 발호와 언비의 혹세무민으로 권력을 잡고 김건희와 함께 마구 온갖 비리 범죄들을 저질렀다. 검판언비를 총동원해서 '김건희 게이트'를 억지로 막았으나 '명태균 게이트'에 의해 마침내 끝장날 지경에 이르게 되었다. 그러자 윤석열/김건희는 오래 전부터 계획하고 있던 반란/내란을 자행했다. 총칼로 국민들을 닥치는 대로 죽이고 영구독재를 이루려고 한 것이다. 이로써 국민들의 분노가 폭발했다. 국민들은 거리로 몰려나와 정의를 외쳤다. 국민들은 윤석열/김건희, 검판언비, 국민의힘, 매독 세력, 사이비 민주화론을 모두 거부하고 민주주의를 지키기 위한 거대한 축제-투쟁을 벌였다. 민주주의는 숭고한 것이자 즐거운 것이다. 민주주의는 바로 우리 자신을 위한 것이다.

그런데 우리는 언제까지 이런 고생을 해야 하나? 오물통을 그냥 두고 바퀴벌레, 구더기만을 치우는 것은 잘못이다. 오물통을 없애야 한다. 매독 세력을 척결해야 하고, 그 대표인 검비 판비 언비를 척결해야 한다. 윤석열과 국민의힘이 전혀 반성하지 않는 이유는 반란/내란 범죄를 덮어줄 검비 판비 언비가 건재하기 때문이다. 검비가 수사 권한이 없는 반란/내란 범죄를 수사한다고 설치는 것과 판비가 엉터리 수사-기소에도 조국 대표의 징역형을 확정한 것은 검비와 판비가 윤석열-국힘당을 비호하고 이재명-민주당을 사법 살인할 수 있다는 것을 생생히 보여주는 증거가 아닐 수 없다.

나는 윤석열이 대통령에 당선된 뒤에 한국의 퇴행을 걱정하고 한국의 혁신을 추구하며 『한국의 선진화 대전환』과 『한국인과 한국사회』를 썼다. 출판이 계속 늦어져서 이제야 출판하게 되었는데, 윤석열의 반란/내란이 성공했다면 출판하지 못하게 됐을 것이다. 윤석열의 당선 직후에 쓰기 시작한 두 권의 책을 윤석열의 탄핵 직후에 출판하게 됐다. 다시 희망의 불이 켜졌으나 불안이 다 가신 것은 아니다. 두 책에서 제기한 매독 세력과 검판언비의 문제가 해결돼야 비로소 공고한 민주화와 선진화의 길이 활짝 열릴 것이다. 윤석열의 반란/내란으로 나는 이 사실을 다시 무겁게 확인했다.

2024년 12월 15일
홍 성 태

1부 한국인의 이해

1장   한국인 – 민족과 국민

한국인은 누구인가? 한국인(韓國人)은 보통 한민족(韓民族)을 뜻한다. 그런데 사실 한국인은 한민족과 한국민으로 구분해서 살펴봐야 한다. 요컨대 민족과 국민을 구분해서 살펴보는 것이다. 현대 국가는 대체로 민족을 주체로 하는 '민족 국가'(nation state)여서 민족과 국민은 종종 같은 것으로 여겨진다. 그러나 민족(民族)과 국민(國民)[1]은 분명히 다르다. 한국은 한민족이 세우고 지켜온 국가이며, 한국인은 대체로 한민족이지만 모든 한국인이 한민족인 것은 아니다. 오늘날 민족은 생물적-문화적 개념으로, 국민은 법률적-행정적 개념으로 정립되어 있다. 이 사실을 잘 인식해야 한다.

1. 한민족의 형성

한국인은 보통 한민족을 뜻하나 사실 민족과 국민은 다르다. 민족은 생물적 연원을 갖고 있는 문화적 실체이고, 국민은 법률에 의해 규정되는 법률적 실체이다. 한국인은 한민족과 한국민으로 구분해서 살펴볼 필요가 있다. 오랫동안 한국인은 한민족이 대부분이었기에 한국인은 당연히 한민족을 뜻하는 것처럼 여겨진다. 그러나 이제는 그렇지 않다. 오늘날 한국에는 한민족이 아닌 한국인도 많이 살고 있다. 한국 국적을 취득한 이민족 한국인이 많은 것이다. 한국인은 보통 한민족을 뜻하지만, 한국민은 이민족 한국인을 포함한다.

민족의 형성은 머나먼 옛날로 거슬러 올라간다.[2] 먼 옛날에 인류는 가족 단위로 생활했다. 그런데 수만 년의 시간이 지나면서 인류의 생활 단위는 계속 커졌다. 가족들이 친족으로, 친족들이 씨족으로, 씨족들이 부족으로, 부족들이 민족으로 성장하면서 민족은 한 조상의 자손은 아니나 혈연으로 연결되어 DNA를 공유하게 됐다. 요컨대 민족은 일정한 지역에서 오랜 세월에 걸쳐 함께 살아온 사람들로서 혈연으로 얽혀 있고, 그것을 기반으로 언어, 역사, 생활 등의 문화를 공유하고 있다.

1만2천 년 전 빙하기가 끝나고, 1만 년 전쯤 농업이 시작되었다.[3] 이로써 인류는 더욱 활발히 이동하게 되었다. 6-7천 년 전쯤 황하 지역의 사람들과 아무르 강 지역의 사람들이 교류하며 한민족의 생물적 기원이 형성되었다. 한때 한민족은 저 멀리 알타이 산맥 쪽에서 온 유목민들이 선주민을 복속해서 이루어졌다고 추정됐다. 그 유력한 근거는 언어의 유사성이었다. 그러나 오늘날 한국어는 알타이어와 다른 고립어로 파악된다. 무엇보다 DNA 분석이 발전하면서 한국인의 기원이 과학적으로 확인됐다.

한민족의 역사적 기초는 고조선(서기전 2333~서기전 108)으로 거슬러 올라간다. 그 중심 부족은 지금의 만주, 연해주, 한반도에 퍼져 살던 예맥(濊貊) 족이었다. 예맥 족은 만주 지역에서 부여와 고구려를 만들었고, 한강과 금강을 건너서 한반도 중남부로 가서 진(辰)국(서기전 221~서기전 107)에도 들어갔다. 진이 마한, 변한, 진한의 '삼한'(三韓)이 되었다. 본래 '삼한'은 마한, 변한, 진한에서 비롯된 말이나, 당나라 때에 고구려, 백제, 신라의 '삼국'을 뜻하는 말로 변했다. 이렇게 북쪽의 예-맥족과 남쪽의 진-한족이 한민족의 직계 조상으로 파악된다('예맥', <한국민족문화대백과사전>).

이렇게 고대사로 보자면 한민족은 지금의 만주, 연해주, 한반도의 전역에서 살고 있었다. 한민족의 고대 국가는 고조선[4]과 부여에 이어서 신라, 고구려, 백제로 이어졌다. 북쪽에서는 고구려(高句麗, 서기전 37~668)가 부여(扶餘, 서기전 4세기~494)에서 갈라져 나왔고, 다시 백제(百濟, 서기전 18~660)가 고구려에서 갈라져 나왔고, 남쪽에서는 신라(서기전 57~935)가 경상도 지역에서 자체적으로 나타났다. 백제는 지금의 서울 잠실 지역을 도읍으로 해서 490년 정도 있다가 고구려의 침공으로 남쪽으로 옮기게 되었다.[5]

고구려가 멸망한 뒤에도 그 후예가 발해(渤海, 698~1116)를 건국해서 북의 발해와 남의 신라라는 남북국 시대를 이루었다.[6] 발해의 영토는 고구려의 기반이었던 만주와 연해주였다. 발해가 경쟁국이었던 거란(契丹)의 요(大遼, 916~1125)에 의해 멸망되고 한민족은 만주와 연해주를 잃게 되었다. 이후 만주와 연해주는 거란족과 여진족의 땅이 되어 이어졌다. 거란은 요가 망한 뒤 사실상 사라졌고, 강대해진 여진(女眞)은 금(大金 1115~1234)에 이어 청(大淸, 1636~1912)을 세워 중국을 정복했다.

그런데 한민족이 같은 민족이라는 의식을 갖게 된 것은 고려(918~1392) 이후의 일이다. 삼국은 별개의 국가로서 서로 대립했고, 고구려와 백제의 멸망 이후 북쪽의 부여와 남쪽의 신라가 남북국 시대를 이어갔다. 고려는 만주는 물론 한반도 북쪽의 영토를 많이 잃었으나, 고려에 의해 남북국의 사람들이 통합되어 비로소 한민족의 의식이 형성됐고, 그 결과 고려 말에 『삼국유사』(1281년), 『제왕운기』(1287년)에 '단군 신화'가 나타났다. 그 뒤 조선(1392~1910)에서 한반도의 영토를 되찾고 한민족의 의식은 더욱 강화되고 확산됐다.[7]

'단군 신화'는 '고조선'이 서기전 2333년에 세워졌다고 말한다. 물론 이 시기는 상당히 의심스럽다. 그러나 고대에 천손 족(환웅-환인), 곰 족, 호랑이 족[8] 등의 부족들이 교류를 하다가 마침내 천손 족과 곰 족이 하

그림 1 한국의 고대사

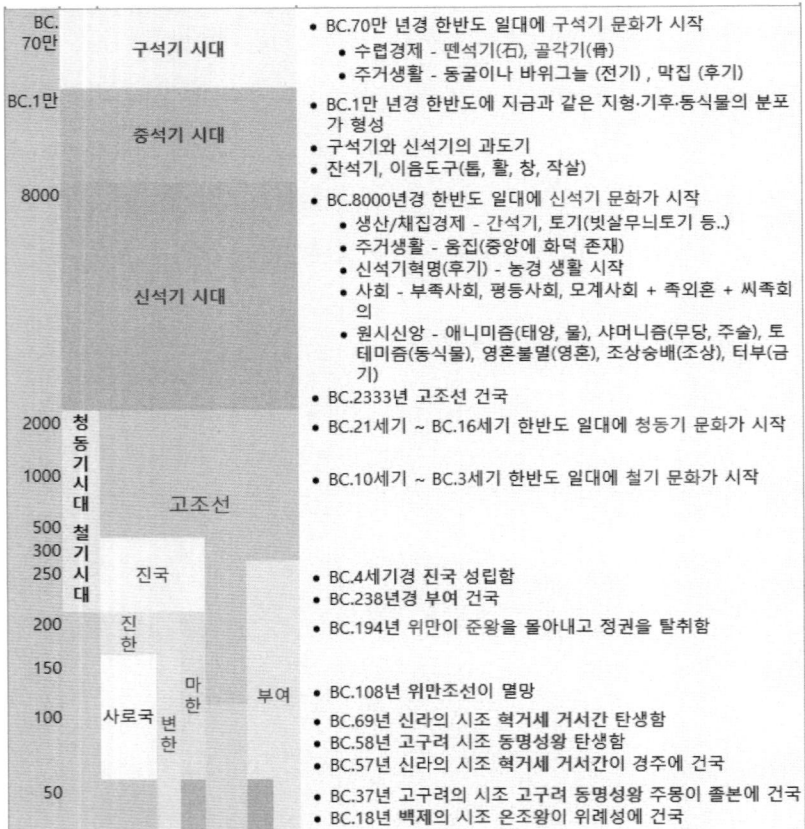

출처: <위키백과>의 '한국사 연표'에서. 상세 내용은 '우리역사넷'의 '한국사 연대기' 참고.

나로 결합되었다는 것을 보여주는 역사적 자료로 해석될 수 있다. 신화는 사실과 허구가 결합된 집단적 창작물로서 그냥 쉽게 부정될 수 있는 것이 전혀 아니다. 생물적으로 6~7천년 전쯤 만주 일대에서 형성된 한민족이 사회적으로 3~4천년 전쯤 부족을 넘어서 부족연합을 이루고 부족연합국가로 나아갔던 것이다.

2. 한국인의 현황

한국인은 보통 한민족을 뜻한다. 그러나 사실 한국인은 한민족과 한국민으로 구분되고, 한국민은 한국의 법적 주체로서 법률로 규정된다. 한국민은 대한민국의 국적을 갖고 있는 사람, 즉 법률적으로 한국의 국민을 뜻한다. 2020년 한국의 총인구[9]는 5184만 명이었는데, 내국인은 5014만 명, 외국인은 170만 명이었다.[10][11]

외국인은 외국 국적자를, 외국계는 외국 국적 한민족을 뜻한다. "행정안전부 통계에 의하면, 2006년 외국인 주민은 54만 명으로 총인구의 1.1%를 차지했으나, 2019년에는 222만 명으로 증가하여 총인구의 4.3%를 차지하고 있다. 외국인 주민 중 80.2%인 178만 명은 외국 국적을 보유한 사람이고, 8.4%인 19만 명은 혼인 및 귀화 등으로 한국 국적을 취득한 사람이며, 11.4%인 25만 명은 출생과 동시에 한국 국적을 가진 외국인 주민의 자녀이다"(국토교통부, 『대한민국 국가지도집 III 2021』의 '외

표 1 한민족과 한국민의 수[10]

* 한민족 약 8252만 명
- 남한: 약 4970만 명 (5184만 명-외국인 170만 명+외국계 44만 명)
- 북한: 약 2550만 명
- 외국: 약 732만 명
* 한국민 약 5265만 명
- 남한: 약 5014만 명 (한민족 4970만 명+외국계 44만 명)
- 재외 국민: 약 251만 명 (재외 동포 중 한국 국적자)
* 남북한 거주 인구
- 남한 약 5180만 명 (세계 26위)[11]
- 북한 약 2550만 명 (세계 50위)
- 남북한 약 7730만 명 (세계 20위)

국인 주민'을 참고.) 그런데 외국인 중 35% 정도가 '조선족', 즉 중국 국적 한민족이다. 외국인 170만 명 중 60만 명 이상이 '한민족'이다. '조선족'은 재외 동포(외국 거주 한민족) 732만 명에 포함되어 있다.

 2020년 현재, 한국에 거주하는 외국인과 외국계 한국인은 214만 명 정도로 전체 한국 거주자의 4% 정도를 차지했다. 외국인은 한민족 외국인과 이민족 외국인으로 구분된다. OECD는 외국인의 비중이 5%를 넘으면 다문화-다인종 국가로 분류한다. 외국인 중에서 가장 많은 사람은 한국계 중국인=한민족 중국인[12], 즉 '조선족'[13]으로서 62만 명 정도로 29%에 이르렀다.

 또한 2020년 현재, 전 세계의 재외 동포[14] 수는 약 732만 명인데, 외국 국민=한민족 외국인이 481만여 명, 재외 국민이 251만여 명이다. 국가와 지역을 보자면, 중국 235만여 명, 일본 81만여 명, 미국 263만여 명 등 3개국이 580만 명 정도이고, 유럽 68만 명, 남아시아 49만 명, 캐나다 24만 명, 중남미 9만 명 정도이다. 미국으로 이민이 폭증한 것은 한국에서 '미국 숭배'의 정도를 생생히 입증해 준다.

 2020년 현재, 한민족은 세계 220개 국들 중 무려 193개 국에 거주하고 있다. 한민족의 '분산'(diaspora)은 세계 최고 수준으로 그 이유는 극심한 근현대의 고통에 있다. 1860년대의 기근과 조선의 학정으로 많은 사람들이 만주와 연해주로 이주했다.[15] 그 뒤 1903년의 하와이 이민을 시작으로 많은 사람들이 오랜 기간 외국으로 이민했다. 주요 대상국은 중국, 일본, 소련, 미국, 독일 등으로 변화했는데, 일본은 강점기의 강제 징용에 따른 것이고, 독일은 1960-70년대 광부와 간호사의 노동 이민에 따른 것이다. 이처럼 민족의 분산은 민족의 역사를 보여주는 중요한 역사적 자료의 의미를 갖는다.

 1937년 스탈린은 소련 영토 연해주의 한민족 18만 명을 머나먼 소련 영토 중앙아시아로 강제이주시켰다.[16] 그 중에는 독립운동의 최고 군사 지도자였던 '홍범도 장군'도 있었다.[17] 이들은 카레이스키, 고려 사람, 고려인[18] 등으로 불리며 한민족의 정체성을 지켰다. '고려인'은 사회주의의 문제를 극명히 입증한 중요한 역사적 사례이다. 사회주의는 본래 독재 제체로서 소수의 집권자들이 다수의 구성원들을 멋대로 좌우할 수 있다.[19] '고려인'은 사회주의 독재가 야기한 '민족 강제이주'의 대표 사례이다. 혹독한 강제이주 과정에서 3-4만 명의 사람들이 죽었고, 스탈린은 조선인 사회주의 운동가들도 마구 학살했다.

한민족의 고통에서 가장 큰 것은 바로 분단에 의한 것이다. 1945년에 한민족의 인구[20]는 한반도 2500만 명(남한 1600만 명, 북한 900만 명)에 외국 400만 명(중국 170만 명, 일본 210만 명, 소련 20만 명, 기타 미주 3만 명)으로 추산된다. 1945년 한민족의 인구는 3000만 명 정도에 이르렀던 것이다. 분단(分斷, division)[21]은 이 많은 사람들이 자유롭게 왕래하지 못하게 된 것을 뜻했다. 요컨대 남한-일본-미주의 2713만 명과 북한-중국-소련의 1090만 명이 만나지 못하게 됐던 것이다. 여기서 가장 심각한 것은 가족의 이산이었다. 남북 이산가족의 수는 무려 '천만 명'에 이르렀다.

한민족은 극심한 전쟁 난민과 개발 난민의 문제도 겪었다. 1950-53년의 한국전쟁은 당시 한반도에 살던 모든 한국인을 전쟁 난민으로 만들어 버렸다. 전쟁 때 살던 곳을 떠나서 다른 곳에서 살게 된 사람들을 실향민으로, 그 중에서 남한으로 피난해서 정착한 사람들을 월남민(越南民)으로 부른다. 그 수는 여러 추정치가 있으나 대략 100만 명 정도로 보인다. 이와 함께 각종 개발로 살던 곳을 떠나게 된 개발 난민도 수백만 명으로 추정된다. 1960년대 초부터 본격화된 댐, 공단, 택지, 도시 등의 숱한 개발로 수많은 사람들이 조상 대대로 살던 곳에서 강제로 쫓겨났다.

한민족은 근현대의 극심한 고통을 이기고 한국을 선진국의 문턱에 이르게 했다. 한국의 성공은 인류사에서 유례를 찾을 수 없는 것이다. 그 동력은 19세기 중반부터 본격화된 민중의 저항이다. 이 도저한 역사의 변화는 1894년의 동학 혁명운동으로 시작되어 독립전쟁과 민주투쟁으로 이어지며 이 나라를 도탄에서 구하고 선진국의 문턱에 이르게 만들었다. 150년의 기나긴 세월 동안 끝없이 이어진 수백만 명에 이르는 사람들의 전면적 저항과 완전한 헌신이 이 나라의 발전을 이룬 기반이었다. 그러나 이렇게 해서 이룬 위대한 역사적 성과가 삽시간에 물거품이 될 수 있다.

우리는 독일의 역사적 교훈을 꼭 명심해야 한다. 1차 대전의 패전 위에서 출범한 독일의 바이마르 정부(1919~1932)는 당시 세계 최고의 민주 정부였으나 나치(Nazi, 민족사회주의 독일 노동자당(Nationalsozialistische Deutsche Arbeiterpartei)[22]를 방치해서 결국 나치에 의해 망하고 말았다. 나치는 민주주의를 악용해서 민주주의를 죽였다. 히틀러와 괴벨스의 언론 조작이 그 핵심이었다. 2차 대전 뒤 독일은 나치를 척결해서 대표 민주국이 되었다. 독일의 교육이 좋아서 선진국이 된 것이 아니라 선진국이 되어서 교육도 좋아진 것이다. 독일의 교육은 히틀러를 만들었던 것에서 민주주의를 지키는 것으로 바뀌었다. 나치를 척결해서 이렇게 될 수 있었다. 한국은 나치의 공범인 일제의 주구였던 매국-독재 세력이 여전히 지배 세력으로 전횡하는 '포위된-취약한 민주화'의 상황에 있다. 한국의 가장 큰 문제는 바로 이것이다.

2장　한국 특징 – 정상과 비리

오늘날 한국인은 한민족과 한국민을 포괄하는 개념이다. 그러나 법적 개념인 한국민은 생물적-역사적 개념인 한민족을 기본으로 한다. 한국에 살고 있는 사람들은 대부분 한민족으로 한국인은 보통 한민족을 뜻한다. 한국인의 특징은 어떤 것인가? 여기서는 생물적 특징, 언어적 특징, 문화적 특징의 셋으로 나누어 살펴본다.

1. 생물적 특징

한국인은 생물적으로 만주족(여진족), 일본인과 가장 가깝다.[23] 검은 머리카락과 홑꺼풀 눈은 그 기본 특징이다. 영어로는 한국인, 만주인, 일본인, 중국인을 다 '몽골계'(Mongoloid)라고 부르지만, 이것은 징기스칸의 유럽 침략으로 유럽인들이 몽골인을 아예 동양인과 같은 것으로 여기게 된 데서 빚어진 잘못이다. 한국인은 아기일 때 꼬리뼈 부분에 파란 점이 있는데, 흔히 '몽골 반점'이라고 부르는 이것은 대다수 동양인에게서 나타나는 것으로 '동양 반점'이라고 해야 옳다.[24]

현대 한국인의 생물적 특징은 100년 전이나 지금이나 달라지지 않았다. 그러나 신체적 변화는 50년 전의 한국인에 비해 현재의 한국인이 키가 더 크고, 몸무게도 더 많이 나가고, 얼굴도 더 탱탱하고 반짝인다 ('한국인 인체지수 조사' 참고).

그런데 이 변화는 이른바 선진국들에서도 확인되는 것이다. 요컨대

그림 2　과거와 현재의 성인 신장 비교

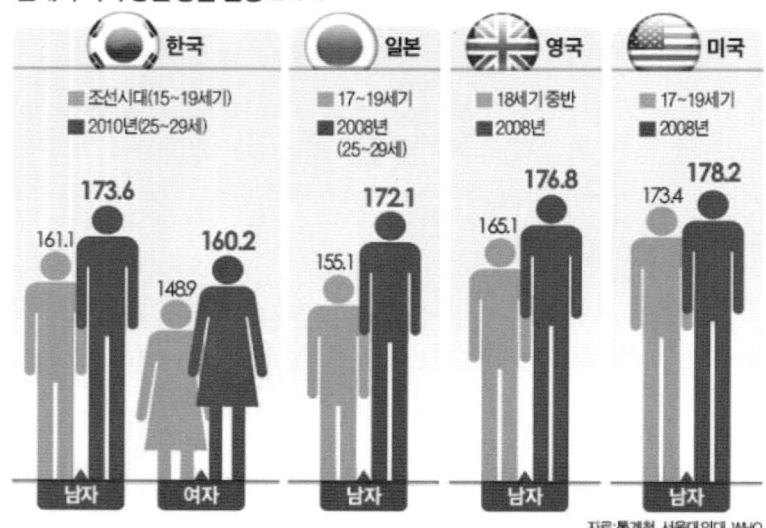

출처: <한국경제> 2017.3.31.

키, 몸무게, 얼굴 상태 등의 신체적 변화는 실은 풍요화, 부유화의 사회적 변화에 의한 것이다. DNA로 규정되는 생물적 특징은 몇만 년의 시간을 두고 변하나 신체적 특징은 사회적 상태에 따라 몇십 년 사이에 크게 변할 수 있다. 남한인과 북한인의 신체적 차이는 이미 상당히 크다. 전체 한민족의 차원에서 가장 큰 문제는 북한인의 만성적인 영양 부족이다.

　　서울대 의대 연구팀이 15~19세기 조선시대 사람들의 평균 키를 유골과 미라를 토대로 추정한 결과 남자는 161.1cm, 여자는 148.9cm로 조사됐다. 2010년 한국인 인체치수조사를 보면 25~29세의 평균 키는 남자 173.6cm, 여자 160.2cm였다. 조선시대보다 각각 12.5cm, 11.3cm 성장한 것이다.

...
미국 경제학자 그레고리 클라크는 《맬서스, 산업혁명, 그리고 이해할 수 없는 신세계》라는 책에서 인종 간의 신장 차이를 일으키는 유전적 결정인자는 피그미족 정도를 제외하곤 존재하지 않는다고 했다. 대신 어떤 음식을 먹는지, 즉 식생활이 신장에 영향을 미친다고 봤다. 산업화를 거치기 전 한국과 일본의 남자는 미국 남자보다 12~18cm나 작았지만 지금은 그 격차가 5~6cm에 불과하다. 남·북한 청소년의 키 차이가 10cm가량 나는 것도 같은 이유다. (임우현, '한국 남자 평균 키 173cm', 〈한국경제〉 2017.3.31.)

2. 언어적 특징

한 민족을 가장 쉽게 구분해 주는 것은 바로 언어다. 언어의 면에서 한민족은 모국어로 한국어를 말하는 사람이다. 여기서 나아가 위대한 세종대왕(1397~1450 재위 1418~1450)의 덕으로 한글이라는 문자를 쓰는 사람이 되었다.[25] 요컨대 한국은 한반도라는 지역에 한민족이 만든 '민족국가'이고, 한국인은 대체로 한민족으로 한국어를 말하고 한글이라는 글자를 쓴다. 자기 언어를 쓰는 민족은 많지만, 자기 글자를 쓰는 민족은 드물다. 한국인은 독특한 언어와 최고의 글자를 쓰는 민족이다.

한국어[26]는 오랫동안 알타이어족의 하나로 파악됐으나 현재는 명확한 어족을 찾을 수 없는 고립어[27]로 파악된다. 한국어는 일본어와 비슷해 보이나 사실 많이 다르다. 한국어는 만주와 한반도 지역에서 독자적인 변호를 해 온 언어이다. 한국어는 어간에 접사가 붙어서 뜻이 변하는 교착어(膠着語)로서 위치에 따라 뜻이 변하는 고립어(孤立語,[28] 중국어나 단어의 형태가 기능에 따라 변하는 굴절어(屈折語, 인도-유럽어)와 크게 다르다.29 한국어는 예컨대 노랑을 노랗다, 노리끼리하다, 노르스름하다, 노릇노릇하다 등으로 '노'라는 어간에 다양한 접사를 붙여서 다양한 의미의 변화를 일으킬 수 있다.

문화의 면에서 한국어의 가장 큰 특징은 존비법(尊卑法)이 고도로 발달했다는 것이다. 존비법은 상대나 나를 높이거나 낮추는 것이다. 상대는 대면자일 수도 있고 제3자일 수도 있다. '당신'은 2인칭 경어, 평어, 비어로 다 쓰이고, 나아가 3인칭 경어로도 쓰인다.30 "한국말은 끝까지 다 들어봐야 한다"는 말을 하지만 한국어는 존비법의 면에서도 전체 문맥이 중요하다. 존비법은 사회를 경직화하는 면이 있지만 서로 존중하는 태도를 형성하는 면도 있다.31 1990년대에 들어와서 나타난 '커피 나오셨습니다'와 같은 이른바 '사물 존칭'도 이와 연관된다.

한글은 1443년 세종대왕(1397~1450, 재위 1418~1450)이 창제한 세계 최고의 표음문자이다. 세종대왕은 오랜 연구를 통해 극히 과학적인 원리의 한글을 창제했다. 한글은 자음과 모음의 음소를 조합하는 문자이다. 자음은 발음기관의 상형, 모음은 천지인의 철학, 센 소리는 가획 방식 등으로 표기한다. 한글은 거의 모든 소리를 쉽고 정확하게 표기할 수 있다. 그러나 양반들이 지식을 독점하기 위해 한자의 전용을 격렬히 요구해서 한글은 공식 문자로 사용되지 못했다. 참으로 분통한 일이다. 한글이 공식 문자로 사용됐다면 누구나 쉽게 공문을 읽고 세상사를 잘 알 수 있게 됐을 것이다. 온갖 분야의 저술과 출판도 크게 활성화되어 지식화가 빠르게 진행됐을 것이다.

다양한 용도로 쓰이던 비공식 글자였던 한글은 19세기 말에야 비로소 널리 쓰이게 되었다. 1896년 4월 7일에 처음 발간된 〈독립신문〉은 완전히 한글로 쓰인 최초의 신문이다. 이로써 창제되고 무려 450년만에 한글이 사회적으로 본격 사용되기 시작했다. 그런데 우리가 쓰는 어휘의 대부분은 한자로 된 것이다. 오랜 중국 문화의 영향을 강하게 받은 결과이다. 이 때문에 한자를 잘 모르면 소통에 큰 혼란이 초래될 수 있다. 한자 교육이 반드시 필요하고, 일부 단어는 병기할 필요가 있다.[32] 세종대왕 때부터 한글을 본격 사용했다면 한자 어휘가 크게 줄었을 것이다.

3. 문화적 특징

이른바 민족성 또는 국민성은 생물적 특징이 전혀 아니고 문화적 특징이다. 어떤 민족 또는 국민이 오랜 세월 긴밀히 교류하며 생활해서 갖게 된 문화적 특징이 민족성 또는 국민성인 것이다. 문화는 사회에 의해 만들어지고 전해지는 사회적 산물이다. 따라서 문화적 특징은 사회적 특징과 연관해서 파악돼야 한다. 그런데 문화는 대단히 넓다. 인간이 행하는 거의 모든 것이 문화라고 할 수 있다. 여기서는 한국인의 의식과 행태에 초점을 맞추어 살펴본다.

한국인의 의식은 이 세상의 모든 것에 정령이 깃들어 있다는 '정령주의'(精靈, animism)를 기초로 한다.[33] 정령주의는 동식물-자연물 숭배(totemism)로, 영매주의(shamanism)로 이어진다. 곰이 쑥과 마늘을 먹고 여자가 됐다는 단군 신화의 이야기는 토테미즘이고, 무당[34]을 통해 죽은 자의 말을 듣는다는 것은 샤머니즘이다. 자연을 존중하는 것이라는 점에서 영령주의는 나쁜 것이 아니고 비과학적이라고 무시될 것도 아니다. 그러나 영매주의는 심각한 문제를 갖고 있다. 무당이 사람들의 신뢰를 악용해서 사람을 지배하고 세상을 망치는 사이비 무당의 짓을 할 수 있다.[35] 니콜라이 2세의 라스푸틴, 민비의 진령군(眞靈君), 윤석열/김건희의 천공은 그 중요한 예이다.

무당의 발호는 '기복 신앙'에서 비롯된 것이다. 다수의 한국인에게 종교는 초월적-절대적 존재에게 복을 비는 극히 세속적인 것이다. 세계 최대 교회, 세계 최대 절 등이 한국에 있는 것도 같은 이유다. 교회와 절은 영혼의 구원을 위한 탈속적 장소가 아니라 성공의 인맥을 만들기 위한 세속적 장소다. 특히 교회는 세계 최강국 미국과 결합되어 가장 강력한 성공의 장소가 되었다. 기독교가 사이비 종교의 문제가 가장 큰 종교가 된 것도 이 때문이다. 통일교, 신천지, 하나님의교회, 만민교회, 천부교(전도관, 신앙촌), 영생교, 구원파 등 그 종류도 많고, 통일교는 아예 세계적인 사이비 종교로 지탄받고 있다. 한국에서 '기복 신앙'이 발호하는 것은 고통스런 역사의 산물이다.

유교(儒敎)는 강력한 윤리 종교로서 조선의 국교가 되어 무려 500년간 한국인의 의식과 생활을 강력히 규율했다. 유교는 윤리의 면에서 한국인에게 여전히 큰 영향을 미치고 있다. 유교의 윤리는 삼강오륜(三綱五倫)[36]으로 압축할 수 있는데, 사회적으로 가장 강력한 것은 바로 장유유서(長幼有序)였다. 나이는 한국에서 사회의 질서를 유지하는 최고 기본이다. 한국어의 복잡한 존비법도 이와 깊이 연관된다. 연령주의는 가족주의, 민족주의와 삼위일체를 이루고 있다. 2010년대에 나타난 무모한 청년 세대론은 이에 대한 청년층의 반발을 바탕에 두고 있다. 노인을 무조건 '어르신'이라고 부르며 존중하는 것은 잘못된 것이고, 50대 이상을 무조건 비난하며 은퇴를 요구하는 청년 세대론도 잘못된 것이다.

인류의 생활은 가족으로 시작되며, 따라서 가족주의는 어디서나 기본이다.[37] 유교는 족보와 제사를 통해 가족주의를 극히 강화했다. 민족주의는 가족주의가 확대된 것으로서 둘은 서로를 강화하는 효과를 빚어낸다. 한국에서 국가[38]는 민족의 정치적 외형으로 둘은 대립하고 보완한다. 한편 유교의 가족주의는 남성 중심이며, 그 확대인 한국의 민족주의도 그렇다. 사실 남성주의도 세계 어디서나 확인되는 인류 공통의 것이다. 기독교는 극장의 남성주의이다. 서양과 일본은 결혼하면 여자가 남자의 성을 따르지만 한국과 중국은 그렇지 않다. 본래 서양과 일본의 남성주의는 여자의 독자성을 완전히 무시하는 것이었다.

인류의 생활은 크게 집단주의(collectivism)와 개체주의(individualism)의 두 가지로 이루어진다.[39] 인간은 사회를 이루어서 생존하고 발전할 수 있었다. 그러나 사회는 수단이고 목적은 인간이다. 이 당연한 사실은 근대에 들어와서 비로소 확립될 수 있었다. 근대화의 핵심인 개인화는 혁명적 의미를 갖는 것이다. 개인화가 이루어지지 않는다면, 인권은 결코 확립될 수 없다. 인간이 있어서 인권이 있는 것이다. 한국은 여전히 개인주의에 비해 집단주의가 강한 곳이나 '개인화'로 잘 나타나듯이 개인주의가 계속 강화되고 있다. 개인과 가족의 가치가 커지고 사회(회사, 국가 등)의 가치가 좋아지고 있다.[40] 40대 이하는 전자의 성향이 강하고, 50대 이상은 후자의 성향이 강하다.

한국은 경제 성장을 최고로 여기는 성장주의가 극히 강한 곳으로서 이와 함께 개발을 발전으로 여기는 개발주의도 극히 강하다(홍성태, 2007, 2011). 무려 30년이나 지속된 군사-개발독재가 군사적 방식으로 강행된 성장주의와 개발주의를 통해 '빨리빨리'의 속도주의를 퍼트렸다. '빨리빨리'는 효율의 면에서 큰 성과를 거두기도 했다. 그러나 그것은 외형주의, 결과주의를 확산해서 '삼풍백화점 붕괴 사고'와 같은 엄청난 문제를 일으켰고, 이와 함께 경제주의, 물질주의를 극도로 강화해서 돈이 최고라는 극심한 배금주의 사회를 만들어 버렸다. 물질적 성공을 위한 투기가 올바른 것으로 널리 퍼졌고, 이를 위한 연줄과 비리가 당연한 삶의 지혜로 널리 퍼졌다.[41] 한국의 가장 큰 문제는 바로 이것이다.

한국인은 능력을 불신하고 연줄을 신뢰한다. 세계 최악 수준의 학력-학벌 경쟁은 능력이 아니라 연줄을 향한 것이다. 한국은 능력주의 사회가 아니라 연줄주의 사회다. 시험이라는 능력 확인의 외형을 통해 연줄이 더욱 더 강화되었다. 전근대의 연줄이 근대의 시험을 통해 변형된 것이다. 일찍이 김진균이 계속 지적했듯이 전근대의 근대적 변형이 근대화의 실제 핵심이다(김진균, 1983). 한국에서 타파해야 하는 것은 연줄주의이고, 강화해야 하는 것은 능력주의이다. 대학 입학시험으로 능력의 평가가 끝나지 않게 해야 한다. 가장 중요한 것은 검사-판사가 무소불위로 돈과 힘을 누리지 못하게 하는 것이고, 검사-판사의 활동과 능력을 상시 검증해서 징벌하는 것이다. 검찰청은 폐지하고 기소청을 신설해야 한다. 사법 행정을 수사와 기소의 둘로 크게 분리해야 한다.

그림 3

출처: mbc, 2008.8.14.

그림 4

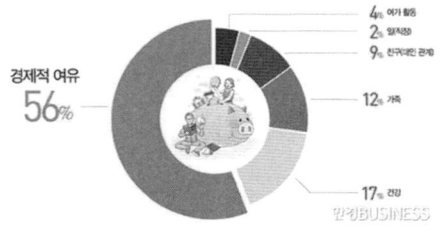

출처: 한국경제, 2015.10.26.

한국인이 생각하는 '행복의 조건'에 관한 조사를 살펴보면, 2000년대에 들어와서 가족주의, 개인주의를 넘어서 배금주의가 단연 최고의 자리를 차지했다. 극도로 부패한 경제인 출신 이명박이 성공을 거둔 배경은 바로 이것이었다. OECD의 <2015 삶의 질 보고서>에서 한국인의 삶의 질은 34개국 중 27위로 최하위 수준이었고, '행복의 조건'에서 최고는 바로 '경제적 여유'였다. 2000년대에 들어서서 '돈이 최고'라는 생각은, 돈을 벌기 위해 '투기가 최고'라는 생각은 국민적 지혜로 확립된 것 같다. 이것은 비리로 돈과 힘을 다 누리고 있는 비리 세력이 전혀 척결되지 않은 고통스런 역사와 직결되어 있다.

2020년 6월에 발표된 보건사회연구원의 <한국인의 행복과 삶의 질에 관한 종합 연구>는 2019년에 19~80살의 5020명을 상대로 조사한 결과인데, 여기서는 좋은 배우자와 행복한 가정을 이루는 것이 31%로 1위, 돈과 명성은 12.7%로 3위였다. 이 조사는 배금주의와 배치되는 것으로 보이나 꼭 그런 것은 아니다. '좋은 배우자'의 요건에 경제력이 빠지지 않고, 오히려 그에 대한 기대가 이미 극히 높은 상태이다. 한국사회여론조사연구소가 2021년에 18~39살의 1008명을 상대로 시행한 조사에 따르면, 경제력이 29.8%로 단연 1위, 건강이 22.9%로 2위, 가족은 13.9%로 뚝 떨어진 3위였다.

한국인은 미국을 지상낙원으로 여기는 미국주의도 대단히 강력히 추구한다. 미국이 세계 최부국이자 세계 최강국이기 때문이다. 그러나 이것은 극히 왜곡된 미국을 이상화하는 것이다. 미국은 비리를 강력히 처벌하

그림 5

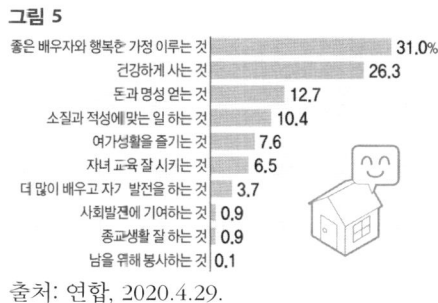

출처: 연합, 2020.4.29.

그림 6

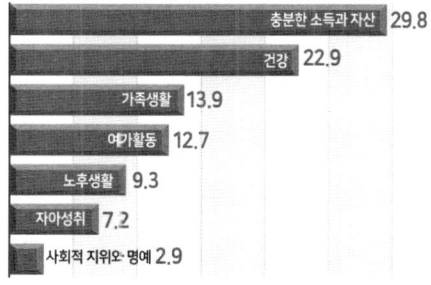

출처: 헤럴드경제, 2022.1.4.

고 민주주의와 합리주의를 강화해서 선진국이 될 수 있었다. 그러나 한국의 미국주의는 미국을 마치 규제가 없는 국가인 것처럼 왜곡한다. 극심한 반인권적 반공주의와 시장주의를 정당화하는 근거로 왜곡된 미국주의가 적극 활용되는 것이다. 또한 미국은 부와 힘을 유지하기 위해서 다른 나라들을 끊임없이 침략하고 전쟁을 벌였다. 미국은 세계 최악의 전쟁국가이자 자원낭비국가이고 자연파괴국가이기도 하다. 미국에서 배울 것도 많지만 미국의 문제도 많고 크다.[42]

한국인은 사회적 신뢰가 대단히 낮다. 정치, 행정, 법원의 신뢰도는 세계 최저 수준이고, 기자, 사제, 교수 등에 대한 신뢰도도 그렇다. 사회의 기초인 종교, 학문, 언론, 입법, 행정, 사법 등이 모두 극심한 불신의 대상이다. 시장에서는 가격에, 선거에서는 공약에, 경찰에서는 수사에, 검찰에서는 기소에, 법원에서는 판결에, 언론에서는 보도에 속게 될까 걱정한다. 무고(無辜, innocent)한 사람들을 괴롭히는 사기와 무고(誣告, false accusation) 범죄가 널려 있다. '미투'(Me too) 사기 또는 무고도 심각한 상태다. 한국은 연줄과 비리가 횡행하는 불신 사회이고, 이 때문에 돈을 숭배하는 배금 사회가 됐고, 이 때문에 투기를 삶의 지혜로 추구하는 투기 사회가 됐다. 그 근원에 법비와 언비의 문제가 있다.

신제도주의가 잘 밝혔듯이 한 민족의 특징 또는 한 사회의 특징은 역사적 연원을 갖고 있다.[43] 조선 말의 비리 세력이 일본의 침략에 부응해서 매국 세력이 되어 지배했고, 해방이 된 뒤에는 미국에 빌붙은 독재 세력이 되어 지배했다. 매국과 독재의 비리 세력이 지배하는 상황에서 많은 한국인들이 참담한 강제추방과 지독한 생존경쟁을 겪으면서 결국 나라 전체에서 불신과 무고가 만연하게 되었다. 고통스런 역사 속에서 주체적-합리적 시민이 아니라 종속적-비리적 난민이 크게 늘어났다. 오늘날 한국인은 매국-독재 세력 30%, 민주 개혁 세력 30%, 기회 세력

30%, 무지-외면 10% 정도의 구성을 보인다. 한국이 정치, 경제, 문화 등 사회의 모든 면에서 놀라운 발전을 이룬 것은 실로 민주 개혁 세력의 노력과 헌신에 의한 것이다.[44]

한국의 가장 큰 문제는 비리 세력[45]의 지배이다. 이들의 발호와 지배로 전근대의 연줄과 비리가 근대화로 사라지지 않고 변형되어 더욱 강화됐다.[46] 해방 뒤에도 비리 세력이 '44년 장기 독재'를 자행하며 이렇게 되었다. 한국인은 내적으로 합리파, 비리파, 기회파로 크게 나뉘어 있다. 비리파는 자기 이익을 위해 온갖 개발과 투기는 물론 사기와 학살도 서슴지 않고 저지르고 언제나 매국과 독재를 추구한다. 한국의 선진화를 위해 한국인을 내적으로 강력히 분할하고 있는 이 명확한 차이를 올바로 인식하는 것이 그 무엇보다 중요하다. 그냥 전체 한국인을 제시하는 것은 현실을 크게 왜곡하는 것이다. 사법(司法 법의 적용)을 전담하고 있는 검찰과 법원을 바르 세우는 것이 비리의 척결에, 정의의 확립에 가장 중요한 과제이다.[47]

3장   인구 — 감소와 집중

1. 인구의 변화

오늘날 한국이 직면한 가장 큰 과제는 저출산과 고령화의 인구 변화에 대응하는 것이다. 2021년에 발표된 통계청의 〈장래 인구 추계〉에 따르면, 한국의 인구는 2020년에 5184만 명을 정점으로 줄어들기 시작해서 2040년에 4755만 명(저위), 5019만 명(중위) 정도로 줄어들 것으로 예측된다. 2040년의 연령대별 인구는 65살 이상 46.4%, 15~64살 56.8%, 0~14살 8.3%로 초초고령화 사회가 된다.

한국의 인구는 저출산, 고령화와 함께 그인화, 집중화의 양상을 강력히 보이고 있다. 집중화의 문제는 이미 망국적 수준으로 우려되고 있을 정도다. 국토의 0.6%인 서울에 인구의 20%가, 국토의 11%인 수도권에

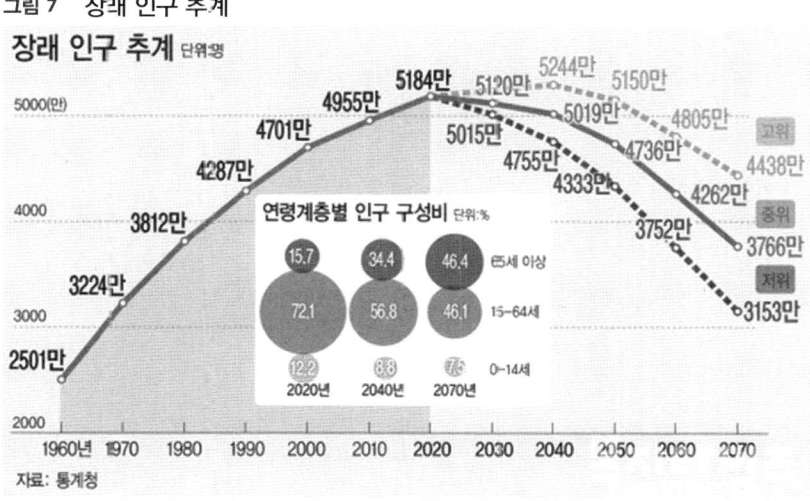

그림 7 장래 인구 추계

인구의 50% 이상이 모여 사는 초집중 상태다. 수도권은 과밀로 내파하고, 지방은 과소로 외파한다. 가히 망국적 상태다. 국가 균형발전을 넘어서 국가 지속발전을 위해 집중화의 문제도 반드시 완화해야 한다. 그 핵심은 서울/수도권의 개발 중단과 각종 기관-시설의 지방 이전이다.

한국은 세계 최저 출산국이다. '2021 출생 통계'에 따르면, 한국의 합계 출산율은 0.81명을 기록했다.[48] '2022 고령자 통계'에 따르면, 65살 이상 고령자는 전체 인구의 17.5%인 901만8천 명이었다. '2021년 인구주택 총조사 결과'에 따르면, 2020년의 1인 가구는 716만6000 가구로 전체 가구의 33.4%에 이르렀다. 2010년대에 들어서서 한국의 도시화율, 즉 도시 지역 거주 인구는 90%를 넘어섰다. 대다수는 서울, 인천, 대전, 세종, 전주, 광주, 대구, 울산, 부산 등 거대도시에서 살고 있다.

가장 큰 문제는 수도권 초집중이다. 수도권은 서울, 인천, 경기를 뜻하며, 서울 1천만과 인천 300만을 필두로 수원, 고양, 용인이 100만을 넘고, 성남 94만, 부천과 화성이 80만 이상, 남양주 70만, 안산 65만, 안양 56만, 평택 51만 등 대도시[49]가 넘친다. 수도권은 초과밀로 무너지고, 국가는 초불균형으로 망가지고 있다. 전세계에서 인구의 50% 이상이 수도권에 모여 있는 나라는 한국이 유일하다. 2위인 일본의 도쿄도 34%이다 ('주요국 수도권 인구 비중', 〈연합뉴스〉 2023.11.2.).

그림 8, 9   지역별 인구 크기

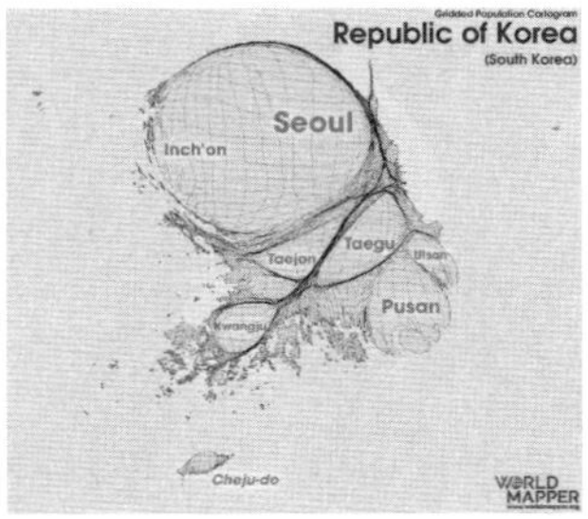

한국의 인구 정책에서 가장 크게 실패한 것은 바로 저출산 대응 정책이다. 2006~20년의 15년 동안 저출산 정책에 쓴 세금은 무려 380조2천억원에 이른다(김민재, 2021). 이렇게 막대한 세금을 썼으나 출산은 계속 줄어들었다. '저출산고령사회위원회'는 벌써 오래 전에 폐지됐어야 했다.[50] 임신-출산-육아-교육에 대한 보조금 직접 지급을 중심으로 해야 한다. 지방 중소도시의 경우는 추가 지급을 해야 한다. 또한 고령자 정책도 정비해야 한다. 노인 교통카드는 이용횟수와 이용거리를 제한해야 한다. 노인이 계속 크게 늘어나는 상황에서 무제한 노인 교통카드는 유지될 수 없다. 사실 노인 교통비를 연령대에 따른 월정액 지급으로 전환하는 게 가장 좋을 것이다. 노인의 보호를 더욱 강화하는 동시에 노인의 폭력과 무례에 대해서도 적극적인 조치를 강화해야 한다. 노인을 '어르신'으로 부르고 무조건 존중하는 것은 잘못이다.

　　인구는 여러 속성들로 구분될 수 있다. 성, 연령/세대, 지역은 그 대표적인 것이지만 사회적 특성을 알기 위해서는 경제와 정치로 살펴볼 필요가 있다. 경제는 직업, 직위, 소득을 중심으로 나누는 것으로 계급/계층[51]이 그것이다. 오늘날 가장 유용한 지표는 소득이고, 특히 자유롭게 쓸 수 있는 처분가능소득[52]이다. 2022년 현재, 한국인은 빈곤층 8%, 서민층 27%, 중산층 54%, 부유층 11%로 구분될 수 있다. 그런데 정치적으로 보자면, 빈곤층-서민층이 부유층 정치 세력을 적극 지지하는 이른

표 2　처분가능소득 구간별 가구 분포

(단위: %, %p)

처분가능소득 (천만원)		-1 미만	-1-0 미만	0-1 미만	1-2 미만	2-3 미만	3-4 미만	4-5 미만	5-6 미만	6-7 미만	7-8 미만	8-9 미만	9-10 미만	10 이상	평균 (만원)	중앙값 (만원)
가구 분포	2020년	0.1	0.3	7.9	14.6	14.0	12.4	10.8	9.4	8.1	5.8	4.2	3.2	9.2	5,003	4,064
	2021년	0.2	0.4	7.4	13.9	13.3	12.6	10.5	9.1	7.7	6.2	4.5	3.1	11.1	5,229	4,188
	전년차 (비)	0.1	0.1	-0.5	-0.7	-0.7	0.2	-0.3	-0.3	-0.3	0.4	0.3	-0.1	1.9	4.5	3.1

출처: 통계청(2022), '2022년 가계 금융복지 조사 결과'

바 '계급 배반' 양상이 강력히 나타나고 있다. 그러나 이것은 낡은 맑스주의적 설명이고, 베블렌의 보편적 보수성도 맞지 않으며, 그 실체는 '의식 왜곡' 현상이다.[53]

2. 세대의 변화

인구를 X세대니 MZ세대니 하는 것으로 구분하는 게 당연한 것처럼 되어 있지만 사실 이 구분은 미국의 마케팅 업계에서 15년을 주기로 해서 고안한 극히 임의적인 것이다.[54] 이것은 2차 세계대전 뒤의 베이비붐 세대(1946~64년 출생)로 시작해서 X세대(1965~80), Y세대(Millenial, 1981~96), Z세대(1997~2012), A세대(2013~28) 등으로 이어진다. 이에 비해 한국은 60대 이상 독재세대와 4050 민주세대, 2030 풍요세대의 차이가 대체로 명확하다. 2020-22년에 2030세대의 다수가 독재 세력에게 적극 동조하는 초유의 현상이 나타났다.[55] 여기에는 독재 문제가 다 해결됐다고 혹세무민하는 '사이비 민주화론'과 '기레기'(기자 쓰레기)의 문제가 크게 작용하고 있다.[56]

이른바 MZ세대에서 M세대는 사실은 X세대 다음의 Y세대인데, 그 앞쪽(1981년 생)이 새로운 천년(밀레니얼)인 2000년에 성인이 된다고 해서 '밀레니얼 세대'로 이름을 붙였다. 이 '호명'(呼名, 이름을 붙여 부르는 것)은 특정 연령층을 하나의 집단으로 묶어서 장사하는 영업 기법이다. 한국에서 MZ세대는 '미지 세대'로 한국식으로 번안되어 호명되기도 한다.[57] 그 실체는 2023년 현재 만 41살(1981년 생)과 만 11살(2012년 생)을 하나의 세대로 제시하는 완전한 엉터리다. A세대는 보통 그리스어 식으로 '알파(α) 세대'로 읽는다. 이렇듯 현재의 세대론은 상업적 고안물의 성격이 강하기에 그 생물적 및 사회적 실체를 잘 살펴서 속지 않도록 주의해야 한다.

한국에서 근대화에 따른 '신세대'의 등장은 일제 강점기인 1930년대의 '모던 보이, 모던 걸'로 거슬러 올라가나, 본격적인 '신세대' 논란은 1970년대 초 박정희 독재 때 '청년 세대, 청년 문화'를 둘러싸고 제기됐다.

> 70년대는 한국 사회의 세대 구성에 있어서 중대한 변화를 예고했던 시대였다. 이 시기로 접어들면서 한국 사회에는 처음으로 기존의 세대들과는 그 성격을 달리하는 새로운 부류의 세대가 서서히 사회의 전면으로 부상하기 시작했다. 식민지적 경험과 전쟁의 비극을 체험적인 기억으로 간직해 오던 기존의 세대들과는 달리 이들 새로운 세대는 그러한 역사적 비극으로부터 직접 오염되지 않은 '신생 한국'의 제1세대였다(신한종합연구소, 1991: 115).

> 70년대에는 새로운 영 파워의 등장과 함께 신청년문화가 사회 전반으로 번져나갔다. 이러한 현상이 나타나게 된 데에는 시간의 변화에 따라 젊은 세대가 부모와의 공통된 경험 없이 같은 세대 간에 새로운 세계를 개척해야 했으며, 10-20년의 긴 기간 동안 청년층이 밀도 있게 형성됐고, 권위주의적 활자매체 대신 감각적이고 전일성을 띤 전파미디어가 널리 보급되기 시작했다는 점 등을 꼽아 볼 수 있었다. 그리고 이로 인해 새로이 나타난 젊은 세대의 공통된 특징은 한마디로 반위선, 탈권위적 삶의 추구로 모아졌다(신한종합연구소, 1991: 115).

이 세대는 대체로 1940~60년 생을 뜻한다. 박정희 독재의 시작 때 20대가 된 층에서 그 종료 때 20대가 된 층까지 해당된다. 1955~63년 생은 한국의 '베이비붐 세대'로 분류되는데,[58] 그 대부분이 박정희 독재 때의 '청년 세대'가 되는 것이다. 이 세대는 박정희 독재의 억압에 의해 저항층, 비관층, 관망층 등의 세 층으로 나뉘었다. 다수인 관망층의 기회주의적 행태는 민주화를 지연시키고 한국 사회의 발전을 왜곡시키는 결과를 빚었다(신한종합연구소, 1991: 116). 그리고 중노년층이 되면서 이 세대는 거의 전체적으로 아예 '독재 세대'가 되어서 독재 시대를 그리워하고 독재의 후예를 극력 지지하게 되었다.[59]

박정희 독재는 민족과 자유를 추구하는 '청년 문화'를 '퇴폐'로 몰아서 억압했다. 이에 대해 당시 20대 초였던 양희은(1952~)은 '청년 문화'의 대표로 여겨진 여가수로서 기성 세대가 '청년 문화'를 억압하는 것에 대해 강력히 항의하는 글을 발표했다. 당시 30대 후반이었던 한완상 교수(1936~)는 '청년 문화'를 학문적으로 적극 지지한 소장 사회학자로서 '청년 문화'에 큰 영향을 미쳤다.[60] 1970년대의 '청년 문화'는 한국의 현대 문화에서 중요한 위치를 차지하며, 1990년대에 만개한 '문화의 시대'도 이로부터 연원했다고 할 수 있다.

그 뒤 민주 항쟁의 1980년대를 거치고 민주화가 진행되던 1990년대 초에 '신세대'라는 말이 널리 퍼지면서 거센 '신세대' 논란이 벌어졌다.[61] 민주화와 부유화가 그 사회적 배경으로 이에 기반해서 '청년 문화'의 민족과 자유를 넘어서 다양화와 다원화가 강력히 전개되며 '문화의 시대'가 활짝 열렸다. 그런데 2010년대에 역사상 초유의 '반동 현상'이 나타났다. 2010년대에 들어와서 2030에서 남자와 여자의 갈등이 악화되어[62] 여성 혐오 일베와 남성 혐오 메갈이 등장한 동시에 2030 남자의 다수가 엉터리 공정과 정의를 외치며 투기에 몰두하는 것은 물론이고 매국-독재 비리 세력을 적극 지지하는 극히 퇴행적인 양상을 보였다.[63] 이로써 청년은 대체로 개혁과 진보를 추구한다는 세계적인 통념이 한국에서는 상당히 무너지게 되었다.[64]

3. 올바른 인구 정책을 찾아서

한국의 인구에서 가장 명백한 추세는 급격한 인구 감소다. 2020년에 5100만여 명이었던 인구가 2050년에는 4700만여 명으로, 2100년에는 2500만여 명으로 줄어들 것으로 추정된다. 출산율이 1.0 이하인 국가는 싱가폴과 같은 도시국가들뿐으로 한국의 급격한 출산율 저하는 서울-수도권 지배의 산물이다. 초거대도시의 극도로 삭막한 환경과 과도한 경쟁이 출산을 강력히 저지하는 것이다.[65] 이 문제를 그냥 두고 출산 지원 정책을 추진해서 20년 동안 엄청난 혈세만 탕진하는 결과를 빚고 말았다. 이런 상황에서 이민 정책을 대거 확대하겠다고 한다. 그러나 여기에는 심각한 국민-민족 문제가 연계될 뿐만 아니라 값싼 외국인 고용이라는 반인간 반노동 문제도 연계되어 있다.

인구 감소는 문제가 아니라 기회의 관점에서 접근해야 한다. 1900년의 조선 인구는 1700만 명 정도로, 아주 같아야 2000만 명 정도로 추산된다.[66] 삼천리 강산의, 즉 지금 남북한 전체의 인구가 그랬다. 100년 만에 한반도의 인구는 7500만 명을 넘어섰다. 100년 동안 엄청난 인구 증가가 이루어졌던 것이다. 한국의 인구 밀도는 세계 3위 수준이고, 서울의 인구 밀도는 세계 1위 수준이다.[67] 인간다운 삶을 위해 인구의 과밀-과잉 문제가 해소되고, 노동권을 비롯한 인권의 보장 수준이 향상돼야 한다. 인구를 비롯한 사회의 모든 면에서 양적 성장 정책이 아니라 질적 성숙 정책이 필요하다.

2023년 12월 한국은행은 한국의 초저출산과 초고령화에 대한 연구보고서를 발표했다.[68] 이 연구의 결과는 상당히 놀랍다. 한국은행은 청년, 경쟁압력, 불안[69]을 초저출산의 3대 키워드로 제시하고, 도시 집중 완화, 혼외 출산 둔인, 청년 고용률 상승, 육아 휴직 확대, 가족 관련 지

그림 10 분야별 출산율 상승 효과

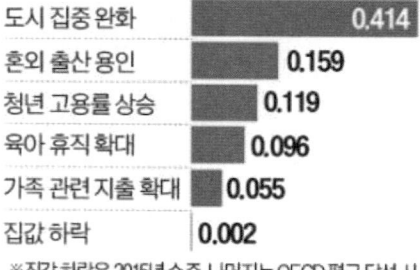

출처: 〈한국경제〉 2023.12.3.

출 확대, 집값 하락 등의 여섯 가지 정책을 제시했는데, 여섯 가지 정책들 중에서 가장 큰 효과를 기대하게 하는 것은 도시 집중 완화로 나타났다. 서울-수도권 집중으로 대표되는 과도한 대도시 집중 문제가 국토의 균형발전을 저해하는 것은 물론이고 출산을 강력히 저지하고 있는 것이다.

2006년 이래 '저출산·고령사회위원회'[70]라는 기구가 천문학적인 금액의 세금을 탕진하며 얼마나 엉터리로 일했는가 하는 것이 여실히 입증되었다. '저출산 예산'의 항목 자체가 대단히 엉터리다.

> 29일 저출산·고령사회위원회와 국회예산정책처 등에 따르면 2006년 이후 16년 동안 정부가 저출산 대책으로 발표한 사업의 예산은 국비 기준 198조5329억원에 이른 것으로 나타났다. 2006년 1조274억원에서 올해 42조9003억원으로 41.7배 증가했다.
> 정책 대상별로는 청년 대상 사업에 85조3270억원이 투입됐다. 전체 저출산 예산의 43.0%를 차지했다. 창업성장기술사업, 민관협력 창업자 육성, 게임개발자 육성, 관광PD 활동 지원 등도 저출산 예산에 포함돼 있다. 아동수당, 어린이집 확충 등 영유아 대상 예산은 81조697

억원으로 40.8%에 그쳤다. 청소년과 산모 지원 등을 모두 포함해야 절반을 넘긴 106조8801억원(53.8%)이 된다. 그러는 동안 한국의 출산율은 2006년 1.13명에서 지난해 0.84명, 올 상반기 0.82명으로 떨어졌다. 합계출산율이 0명대인 국가는 세계에서 한국이 유일하다.(<한국경제> 2021.8.29.)

이렇게 엉터리였기에 2006~2022년 동안 200조원이 넘는 막대한 혈세를 썼어도 출산율은 0.8로, 0.7로 계속 줄어들었다. 이런 낮은 출산율은 어떤 국가에서도 볼 수 없고, 오직 홍콩에서만 볼 수 있다. 홍콩은 국가가 아니라 초고밀 도시일 뿐이다. 한국은 세계 유일의 초비정상 국가인 것이다.

2부 한국의 이해

4장 현황 – 헌법과 현실

오늘날 한국은 세계적으로 중요한 국가로 꼽힌다. 국가(國家, state)는 인류가 만든 가장 강력한 사회적 조직체로서 법률에 의거한 합법적 강제력인 권력으로 사람들을 보호하고 규제한다. 국가는 흔히 지리적 실체로 인식되지만 사실 더 중요한 것은 정치적 실체의 면이다. 정치적 실체로서 국가는 보통 입법부, 행정부, 사법부의 3부로 구성되는데, 흔히 정부로 불리는 행정부가 국민의 생활과 직결되어 있어서 국가를 대표하는 것으로 여겨진다. 여기서 정권과 정부의 구분이 대단히 중요하다. 정권은 권력을 잡은 세력이고, 정부는 정권이 운영하는 국가의 행정 조직이다. 민주주의에서 정권은 주권자인 국민의 자유선거를 통해 형성된다. 민주주의는 자유선거로 시작되고, 삼권분립으로 운영되고, 그 바탕에는 법치가 있다. 법치가 잘못되면 모든 것이 잘못된다.

1. 국가와 권력

현대 사회는 '국가 사회'(state society)다. 현대의 모든 사회는 국가의 경계 안에서 국가의 강제적 규제를 기초로 운영되고 있다. 같은 현대 사회라고 해도 국가의 상태에 따라 크게 달라진다. 오늘날 국가로부터 독립된 사회는 존재하지 않는다. 국가(國家, state)는 내적으로 권력을 행사하는 유일한 주체이며 외적으로 다른 국가들에 대해 독립된 주체로서 국민(國民, nation[71]), 영토(領土, territory), 주권(主權, sovereignty[72])으로 이루어진다.[73] 우리는 이 세 요소를 중심으로 국가를 파악해야 한다.

국가는 고대 중국에서 만들어진 개념으로, 가(집)들이 모여 국(나라)이 된다는 의미가 있고, 국을 확대된 가로 여기게 하는 효과가 있다. 그런데 국을 확대된 가로 여기는 것은 결국 국=공(公, public)과 가=사(私, private)를 혼동하는 것이고[74], 국을 가부장으로 만드는 '국가 가부장제'의 문제를 낳게 된다. 국가를 뜻하는 영어 state는 상태를 뜻하는 말인데 '나라의 상태', '국가의 상태'에서 아예 국가를 뜻하게 됐다. statistics는 통계를 뜻하지만 본래 국가에 관한 지식(Staatswissenschaft)으로 시작되었다.

권력(power)은 국가가 행사하는 합법적 강제력으로서 폭력(violence)과 구분된다. 권력은 법에 의해 그 행사가 엄격히 규정되어 있으나 폭력은 개인이나 집단에 의해 자의적으로 행사된다. 권력이 폭력이 되지 않기 위해서는 민치와 법치가 올바로 규정되고 실행돼야 한다. 권력은 물리력에 의해 그 실효가 보장된다. 민주주의는 국가의 기본이고, 물리력은 국가의 동력이다. 국가의 물리력은 세상에서 가장 강력한 폭력이 될 수 있다. 이승만-박정희-전두환-노태우 독재는 이 사실을 생생히 확인해 주었다.

예로부터 독재는 대체로 군사력을 장악한 개인이나 집단에 의해 자행됐다. 그래서 독재는 보통 군사와 연관된다. 그러나 꼭 그런 것은 아니다. 현대의 독재는 특히 그렇다. 사법(司法)을 담당한 집단이 그 권한을 악용해서 독재를 자행할 수 있다. 검사와 판사가 법비(法匪, 법 도적)가 되는 것이다. 사법 독재는 기소를 담당한 검찰이 주도하고 재판을 맡은 법원이 완성하는 방식으로 이루어진다. 왜곡된 민주화의 상태로서 경찰과 군대가 법비의 주구가 된다. 검찰이 수사와 기소를 다 장악한 경우에는 더욱 더 그렇다. 나아가 법비가 정당을 만들어 국회의원이 되어 법비 독재를 합법적으로 영구화할 수 있다. 여기에 언비가 결합되어 허위사실을 널리 유포해서 시민을 혹세무민하면 민주주의는 완전히 형해화될 수 있다.

2. 국민, 국토(영토), 국권(주권)

모든 국가는 국민으로부터 시작되고, 영토를 확보해서 실현되며, 주권의 원천에 따라 군주국과 민주국[75]으로 나뉜다.

그림 11   지구, 국가, 영해, 공해

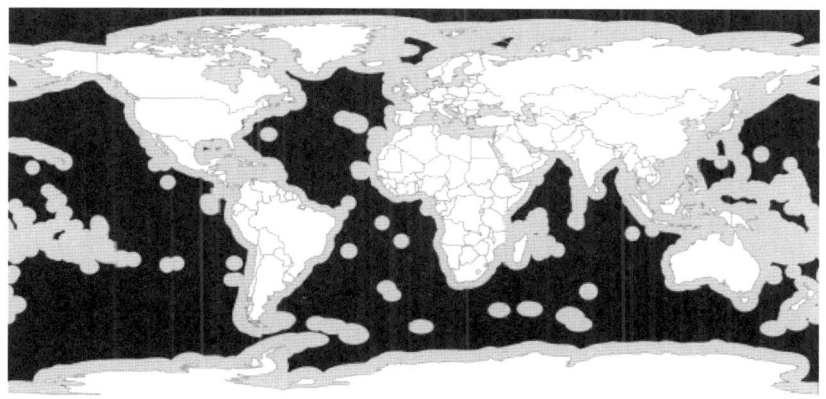

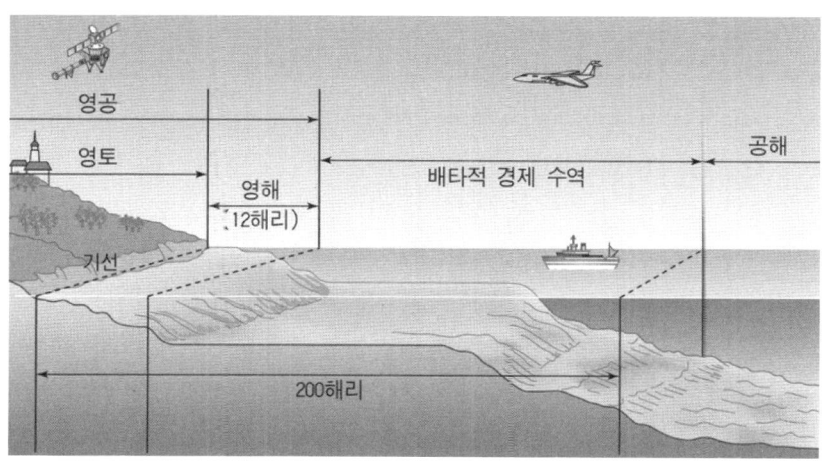

주권은 국가의 주인의 권리를 뜻한다. 주권의 원천에 따라 국가의 기본인 '국체'(國體)가 규정된다. 이어서 대통령제, 내각제 등의 '정체'(政體)가 규정된다. 민주주의에서 주권은 다시 말할 것도 없이 국민 권력이고, 그것을 국가가 자유투표로 위임받아 국가 권력이 이루어진다. 민주주의에서 정치는 국민 권력에 의거해서 국가 권력을 운영하는 활동이다. 국민의 주권은 자유투표로 가장 크게 행사되나 거기서 그치는 것은 절대 아니다.

오늘날 지구는 220여 개의 국가들로 구획되어 있으며, 공해(公海)와 남북극만 누구의 소유도 아니다. 국가는 자기의 주권을 행사하는 영토라는 일정한 지리적 경계로 명확히 구분된다. 이 점에서 국가는 무엇보다 지리적 실체로 인식된다. 그런데 그 지리적 실체를 규정하는 것은 바로 정치적 실체다. 정치적 실체의 성격에 따라 지리적 실체의 성격이 바뀐다. 지리적으로 같은 국가가 정치적으로 아주 다른 국가가 될 수 있다.

현대 국가는 대체로 민족을 기초로 하는 '민족 국가'(nation state)로 형성되었다. 그러나 여러 민족들이 하나의 국가를 이루는 다민족 국가도 많다. 대국일수록 다민족 국가이기 쉽다. 미국, 중국, 러시아, 인도는 그 대표적인 예이다. 현대 국가는 갈수록 여러 민족들이 섞여 사는 상태로 변하고 있다. 여기서 국민과 민족의 구분이 중요하다. 국민은 법률적 개념이고, 민족은 혈연-문화적 개념이다.

다민족 국가는 다수 민족과 소수 민족으로 구분되고, 양자가 심하게 대립하는 경우도 많이 있다. 소수 민족이 국가를 만들고자 하나 저지되는 경우도 있다. 버마의 카렌 족, 터키의 쿠르드 족, 스페인의 바스크 족 등이 그렇다. 200만 명이 넘는 버마의 카렌 족과 3천만 명이 넘는 터키의 쿠르드 족은 극심한 탄압과 학살을 당하고 있고, 300만 명이 넘는 스페인의 바스크 족은 오랫동안 무장 독립 투쟁을 벌였다. 1200만 명이 넘는 위구르 족과 600만 명이 넘는 티벳 족도 13억 명의 한(漢)족이 지배하는 중국에서 오래 전부터 무장 독립 투쟁을 벌이고 있다. 중국은 한족[76]과 55개의 소수 민족으로 이루어져 있는데, 한족이 93%이고 55개 소수 민족이 7%이나, 본래의 영토는 한족의 땅이 50% 정도이고 55개 소수 민족의 땅이 50% 정도이다. 한족이 지배하는 중국 공산당은 소수 민족의 땅으로 한족의 이주를 계속 강행해서 티벳은 한족이 거의 50% 정도를 차지하게 되었다.

현대 국가는 '민주 국가'다. 민주주의를 부정하는 국가는 사실상 한 곳도 없다. 그러나 모든 국가가 실제로 민주 국가인 것은 아니다. 독재도 법으로는 민주를 표방한다. 전제(專制)는 법과 실제의 면에서 군주의 지배를 뜻하고, 독재(獨裁)는 법으로 민주를 내세운 실제적 전제를 뜻한다. 민주 국가는 국민의 자유로운 선택을 통해 형성된다. 그러나 '자유투표'는 민주 국가의 필요조건이다. 국가는 국민의 주권을 위임받아 국가 기구가 운영하게 된다. 국가 기구의 민주적 구성과 작동이 민주 국가의 충분조건이다. 필요조건과 충분조건이 모두 올바로 충족되어야 한다.

국가 기구는 삼권 분립의 원칙에 따라 구성된다. 입법, 행정, 사법의 분립이 그것이다. 프랑스의 귀족 출신 계몽주의 정치 사상가 몽테스키외(Montesquieu, 1689-1755)가 『법의 정신』(1748)에서 명확하게 제시한 이 원칙은 오늘날 거의 모든 국가에서 실행되고 있다.[77] 국민이 선출한 대표들이 입법부를 만들어서 누구나 따라야 하는 법을 제정하고, 그 법에 따라 행정부가 구성되어 행정을 시행하고, 그 법에 따라 구성된 사법부가 입법부와 행정부를 감독하게 된다. 여기서 가장 큰 문제는 사법부가 사법권을 악용해서 입법부와 행정부의 위에 사실상 군림할 수 있다는 것이다.

행정부에서 특히 중요한 것은 국방과 검찰(사법 행정)이다. 국방을 맡은 군인들이 군사력을 장악해서 권력을 찬탈할 수 있고(군사 독재), 사법 행정을 맡은 검사들이 사법을 장악해서 권력을 찬탈할 수 있다(검사 독재). 군인들은 불법적으로 권력을 찬탈하지만, 검사들은 합법적으로 권력을 찬탈할 수 있다. 검사들이 사법 행정을 악용해서 국가를 장악할 수 있다. 이렇게 해서 군사 독재가 검사 독재로, 사법 독재로 변모할 수 있다. 군사 독재가 종식되는 것으로 민주화가 완성되는 것이 아니다. 강제력을 담당한 국방, 경찰, 사법의 권력은 더욱 면밀하게 분할해서 관리해야 한다.

민주주의는 법치(法治)로 작동된다. 수사와 기소의 사법 행정을 맡은 검찰과 유무죄를 결정하는 법원이 법치의 주체로서 법치를 악용해서 입법부와 행정부를 좌우할 수 있다. 검사와 판사는 학연과 직연의 연줄로 강력히 연결되어 있고, 궁극적으로 변호사로서 하나가 되기 십상이다. 이른바 '전관 예우'는 사실 검판변 법비의 사법 사유화 유착 범죄다. 전관과 현관의 유착 범죄는 모든 공직에서 쉽게 볼 수 있는 것인데, 사법의 경우가 가장 강력한 위력을 발휘해서 아예 국가를 장악할 수 있다. '금융 관료' 문제도, '토건국가' 문제도 바로 이 방식을 기초로 하고 있다.

법비는 검찰이 수사와 기소로 주도하고 판사가 판결로 완성하는 방식으로 움직인다. 검판변 법비 카르텔이 입법부와 행정부로 진출해서 입법부와 행정부도 장악할 수 있다. 언비가 결합되어 시민들을 혹세무민하면 민주주의는 형해화되고 검판언 독재가 확립될 수 있다. 이렇게 '사법 독재' 또는 '법비 독재'가 민주적-합법적 형태로 관철된다.[78] 이 무서운 사실을 직시해야 한다.

3. 헌법의 규정

국가는 법률적 주체로서 그 기초는 헌법(憲法, constitution)에 의해 규정된다. 따라서 우리는 국가에 대해 알기 위해서 우선 헌법을, 이어서 관련 법률들을 살펴봐야 한다. 국가의 기본 상태는 헌법과 법률에 의해 법적으로 규정되고, 이런 법적 규정에 기초해서 정치, 경제, 문화 등의 실제 상태가 형성된다. 국가는 합법적 강제력을 갖고 있는 법률적 실체이며, 따라서 국가의 성격은 법률에 의해 일차적으로 규정된다.

현재 한국의 '헌법'은 1987년의 6월 민주 항쟁을 통해 제정된 것으로 '1987년 민주 헌법'으로 부를 수 있다. 1961년 5월 16일 박정희가 군사반란을 일으켜서 권력을 찬탈하고 전두환-노태우 정권에 이르기까지 무려 32년 동안 군사독재가 자행됐다. 1987년 6월 항쟁을 통해 비로소 군사독재가 종식되는 길이 열렸으나, 군사독재가 실제로 종식된 것은 1993년 2월에 출범한 김영삼 정부에 의해서다.

현재 한국의 기본 상태를 규정하고 있는 것은 '1987년 민주 헌법'이고, 그 내용은 가장 앞부분인 '전문'과 1조, 2조, 3조의 조항이다.

전문

유구한 역사와 전통에 빛나는 우리 대한국민은 3·1운동으로 건립된 대한민국임시정부의 법통과 불의에 항거한 4·19민주이념을 계승하고, 조국의 민주개혁과 평화적 통일의 사명에 입각하여 정의·인도와 동포애로써 민족의 단결을 공고히 하고, 모든 사회적 폐습과 불의를 타파하며, 자율과 조화를 바탕으로 자유민주적 기본질서를 더욱 확고히 하여 정치·경제·사회·문화의 모든 영역에 있어서 각인의 기회를 균등히 하고, 능력을 최고도로 발휘하게 하며, 자유와 권리에 따르는 책임과 의무를 완수하게 하여, 안으로는 국민생활의 균

> 등한 향상을 기하고 밖으로는 항구적인 세계평화와 인류공영에 이바지함으로써 우리들과 우리들의 자손의 안전과 자유와 행복을 영원히 확보할 것을 다짐하면서 1948년 7월 12일에 제정되고 8차에 걸쳐 개정된 헌법을 이제 국회의 의결을 거쳐 국민투표에 의하여 개정한다.
>
> 1987년 10월 29일
>
> 제1조
> ①대한민국은 민주공화국이다.
> ②대한민국의 주권은 국민에게 있고, 모든 권력은 국민으로부터 나온다.
> 제2조
> ①대한민국의 국민이 되는 요건은 법률로 정한다.
> ②국가는 법률이 정하는 바에 의하여 재외국민을 보호할 의무를 진다.
> 제3조 대한민국의 영토는 한반도[79]와 그 부속도서로 한다.

우리 헌법에서 '전문'은 한국의 직접적인 역사와 과제를 제시한 것이고, 1조는 주권과 국체(國體)의 규정이고, 2조는 주권자인 국민의 규정이고, 3조는 한국의 지리적 실체인 영토의 규정이다.

첫째, 건국. 대한민국은 유구한 역사 위에서 1919년 4월 11일에 건국됐다. 이에 대해 헌법은 "3·1운동으로 건립된 대한민국임시정부의 법통"으로 규정하고 있다. 일제의 강점을 칭송하는 사이비 근대화론은 명백한 반헌법 범죄에 해당되는 것으로서 엄벌되어야 마땅하다. 따라서 만일 '건국절'을 제정한다면, 그것은 마땅히 4월 11일이어야 한다.

둘째, 주권. 헌법은 한국의 국체를 '민주공화국'으로 규정하고 있다. 모든 국민이 주권을 갖고 있는 민주국이자 모든 국민이 정치에 참여하는 공화국[80]이라는 것이다. 공화제는 고대 아테네나 로마 공화국처럼 자유

시민들만의 것이거나 고대 주나라 때처럼 극소수 귀족들만의 것일 수도 있다. 따라서 반드시 민주제가 공화제의 기초여야 한다.

셋째, 국민. 국민의 자격은 '국적법'에서 규정하고 있다. 한국은 '속인주의'를 기본으로 한다. 즉 부모 중에 한 쪽이 한국인이면 그 자녀도 한국인이 된다. '교민'(僑民)은 국민이나 '교포'(僑胞)[81]는 국민이 아니다.

넷째, 영토. 헌법에서 규정된 한국의 영토는 한반도 전체이지 남한만이 아니다. 여기에 헌법과 현실의 심각한 괴리가 있다. 북한도 한국의 영토다. '국가보안법'에서 북한은 '반국가단체'가 불법으로 점령하고 있는 곳이다.[82]

* 참고로 북한은 국호를 '조선 민주주의 인민공화국'으로 하고 있다. 그러나 그 실체는 크게 다르다. 북한의 현재 헌법은 사실 '김일성-김정일 헌법'으로 그 서문은 김일성의 절대적 지위를 천명하는 것으로 시작된다. 이건 결코 민주제도 공화제도 아니다. 이어서 '제1장 정치'에서 인민 주권(4조)과 비밀투표(6조)를 제시하고 있지만, '조선로동당의 령도 밑에 모든 활동을 진행'(11조)하고, 실제로는 김일성-김정일-김정은이 모든 권력을 장악해서 지배한다. 북한의 실체는 '김일성 세습 독재국'인 것이다. '세습 독재'는 세계적으로 유례가 없는 것으로 이 때문에 '김일성 왕조 국가'라는 비판이 제기됐다.

> **서문**
>
> 조선민주주의인민공화국은 위대한 김일성동지와 김정일동지의 사상과 령도를 구현한 주체의 사회주의조국이다.
>
> 위대한 김일성동지는 조선민주주의인민공화국의 창건자이시며 사회주의조선의 시조이시다.
>
> ...

> 조선민주주의인민공화국 사회주의헌법은 위대한 김일성동지와 김정일동지의 주체적인 국가건설사상과 국가건설업적을 법화한 김일성-김정일헌법이다.

4. 한국의 현황

세계적으로 한국은 어떤 상태에 있나? 여기서는 12대 분야의 22개 지표들을[83] 통해 '세계 속의 한국'을 간략히 살펴본다. 2022년 초에 한국은 분명 '모범국'이었으나 2022년 말에 한국은 심한 '문제국'으로 전락하고 말았다. 2022년 5월에 윤석열-국힘당 정권이 들어서고 불과 반년만에 이렇게 되었다.[84] 이 놀라운 사실을 직시하고 절대 잊지 말아야 한다.

정치
- 2020년 민주화 지수: 세계 23위, '완전한 민주주의'로 복귀

문재인 정권의 노력으로 2008-16년 동안 이명박-박근혜 비리 범죄 정권이 망친 민주주의가 다시 '완전한 민주주의'로 복귀됐다. 그런데 이 지수는 문제가 있다. 이명박 정부와 박근혜 정부는 잘못된 정책은 물론 국민 사찰, 언론 장악, 여론 조작, 국정 농단 등의 범죄를 자행한 극심한 비리 범죄 정부다. 그러나 이 지수는 이명박 정부를 '완전한 민주주의'로 분류하는 황당한 잘못을 버젓이 저질렀다. 또한 문재인 정부에서 '완전한 민주주의'로 복귀한 것은 당연한 결과로 볼 수 있지만, 정부의 기능을 올바로 파악했다면 절대 이렇게 볼 수 없었다. 검찰을 대표로 기재부, 국토부 등의 전횡은 '관료 독재'의 문제가 극심한 것을 여실히 입증했다. 민주 정권이 비리 정부를 완전히 통제하지 못한 것이다. 그 결과 검판언

비 비리 카르텔의 발호로 희대의 '윤석열-국힘당 비리 정권'이 형성됐다. 이 정권은 검판언비의 발호는 물론이고 건희와 천공의 공공연한 국정 농단이 자행된 희대의 비리 정권이다.

- 정부 신뢰도: 2011년 27%. 2017년 24%에서 2021년 45%로 상승
- 사법 신뢰도: 검찰과 법원에 대한 신뢰도는 대체로 30% 중반 수준

2021년 3월 〈미디어오늘〉과 '리서치 뷰'가 발표한 조사 결과에 따르면, '공수처(46%) vs 법원(42%) vs 검찰(37%) vs 경찰(31%)'의 신뢰도를 보였다. 문재인 정부에서 국민적 여망을 담고 출범한 공수처가 40% 중반의 신뢰도를 보였고, 법원은 겨우 40%를 넘긴 상태였고, 검찰과 경찰은 대다수 국민이 불신했다. 2022년 3월에 발표된 한국행정연구원의 '2021년 사회통합실태조사'에서 검찰과 법원의 신뢰도가 갑자기 50%대로 급등했는데 이 결과는 전혀 신뢰할 수 없는 것이다. 2019-20년 검판언비 카르텔의 '조국 죽이기' 공작에 대한 여론 조작이 세계사 초유의 수준으로 자행됐기 때문이다. 한국의 사법부, 즉 법원에 대한 신뢰도는 OECD에서 꼴찌 수준이다.

국방
- 2022년 군사력 지수: 세계 197개국 중 6위 (Global Firepower Index)
- 5위 일본, 7위 프랑스, 8위 영국, 북한 28위

북한은 전체 국방력은 세계 28위이나 핵무기를 보유한 9번째 국가로서 최강의 방위력을 확보했다. 핵 보유국은 미국, 러시아, 영국, 프랑

스, 중국, 인도, 파키스탄, 이스라엘 등이다. 나아가 북한은 ICBM을 비롯한 다양한 미사일을 보유해서 유사시에 일본은 물론 미국도 직격할 수 있는 공격력을 확보했다. 또한 러시아와 중국은 북한의 후원국으로서 계속 북한을 지원하고 있다. 이런 점에서 북한에 대한 군사적 제압의 가능성은 사실상 소멸됐고, 남한과 북한의 평화 공존을 전면화해야 한다. 한국의 비리 세력은 일본에 기대어 형성된 매국 세력으로 북한을 '적'으로 규정해서 언제나 군사 긴장을 강화하려 한다. 이것은 비리 세력의 문제를 호도하기 위한 정략적 책동이다. 만일 실제로 한반도에서 전쟁이 터지면 서울-수도권은 물론 전국의 모든 대도시들이 즉각 초토화될 수 있고, 삽시간에 전국에서 수백만 명의 사람들이 살상될 것이고, 경제는 완전히 붕괴되어 처참한 파탄 상태가 될 것이다. 그리고 '한국전쟁'에서처럼 일본이 막대한 이익을 챙길 것이고, 심지어 일본군은 한국의 난민을 학살하고 다시 한국에 주둔할 계획도 세우고 있다.

경제
- 2020년 GDP 1조6309억 달러 (세계 10위)
- 2020년 1인당 GDP 3만1497달러 (세계 29위)

"착실한 성장은 2018년 국민총소득(GNI) 3만1349달러로 2006년 2만 달러 돌파 이후 처음으로 3만 달러를 넘어서면서 30-50클럽(1인당 국민총소득 3만 달러 이상, 인구 5000만 명 이상의 조건을 만족하는 국가) 가입으로 이어졌다. 이는 미국, 독일, 일본, 영국, 이탈리아, 프랑스에 이어 세계 7번째이며 식민지배를 경험한 국가로는 최초다.

한국을 대하는 국제사회의 자세도 달라졌다. 대표적인 예가 주요 7개국(G7) 정상회의에 한국이 2020년에 이어 올해까지 2년 연속 초대된 것과 유엔무역개발회의(UNCTAD)가 한국의 국제 지위를 선진국그룹으로 변경한 것이다. UNCTAD는 지난 7월 한국의 지위를 개발도상국 회원인 그룹A에서 선진국 회원인 그룹B로 격상했다. 이는 1964년 UNCTAD 설립 이후 약 57년 만의 일이자 세계 최초의 사례다."

('대한민국 달라진 국제 위상…지표로 살펴보니-세계 10위 경제대국으로 성장', <대한민국 정책 브리핑> 2021.10.8.)

- 2022년 12월, 한국은 25년만에 처음으로 9개월 연속 무역 적자를 기록했으며 총액은 IMF 사태 직전인 1996년의 203억 달러의 2.3배인 500억 달러(64조원)를 넘어섰다. 한국 경제의 기본은 수출이다. 그야말로 '경제 폭망'이 실현되고 있는 것이다.

경제 불평등
- 소득 불평등: 2020년 OECD 7위 (OECD Economic Review of Korea 2020, 지니계수로 측정한 세후 소득 불평등 기준)
- 자산 불평등: OECD 회원국 포함 42개국 중 16위 (Global Wealth Databook 통계)

한국 경제는 총량으로 분명 '선진국' 수준이나 '재벌' 지배, 특정 산업 중심 등의 문제를 안고 있고, 개발 투기에 의한 자산 불평등의 문제가 상당히 심각한 상태에 있다.

언론
- 언론 자유도: 2006년 31위, 2009년 69위, 2016년 70위, 2022년 43위(아시아 최고)

- 언론 신뢰도: 2022년 30%, 세계 46개국 중 40위

언론 자유도는 노무현 정부에서 최고였고, 이명박-박근혜 비리 정부에서 크게 떨어졌다. 문재인 정부에서 언론 자유도가 크게 향상됐으나 언론 신뢰도는 계속 바닥을 기는 상태가 됐다. '기레기'(기자 쓰레기)가 당연시되고 있다. 2019-20년 검판언 비리 카르텔의 '조국 죽이기' 공작은 한국의 거의 모든 언론이 절대 신뢰할 수 없는 상태에 있다는 사실을 극명히 확인해 주었다. 언론이 민주 정부의 언론 자유 정책을 악용해서 극심한 여론 조작을 실행하고 민주 정부를 파괴하는 최고 주범이 될 수 있다. 이 문제는 민주주의 지수와 직결된다. 민주주의 지수의 첫번째 지표는 자유투표 보장인데, 민주 정부는 당연히 자유투표를 최고로 보장하나, 언론의 극렬한 사실 왜곡으로 잘못된 인식을 하게 된 유권자들이 민주주의를 망치는 선택을 하게 된다. 그 결과 언론 신뢰도는 바닥이나 민주주의 지수는 높은 역설이 나타난다. 언론이 엉터리이면 민주주의가 올바로 작동될 수 없다.

부패
- 부패 인식 지수: 2011년 43위, 2016년 52위, 2021년 32위 (국제 투명성기구, TI)

부패는 그냥 단독적인 문제로 끝나는 게 아니라 사회 전반의 비리 상태, 즉 제도의 실질적 작동 상태와 관련해서 결정적인 문제이다. 비리-부패(irrationality-corruption)는 사회 질을 평가하는 기본이자 핵심이다. 독일이 위험사회이고 한국이 사고사회인 것도 바로 이 비리-부패의 차이이다. 2022년 5월 윤석열 정권의 작동 이후 한국의 비리-부패는 상

상초월의 차원으로 악화되고 있다. 2022년 10월의 '이태원 참사-학살'는 그 역사적 증거이다. 현재 한국의 부패 인식 지수는 50위 밖으로 떨어져 있을 것이다.

교육
- 2020년 성인(만 25~64세)의 고등교육 이수율은 50.7%로 OECD 평균보다 높았고, 특히 청년층(만 25~34세)은 69.8%로 OECD 국가 중 1위 (대한민국 정책브리핑, 2021.9.21.)

한국의 고등교육 이수율은 세계 최고 수준이나 허위사실에 속는 정도나 비리 세력을 지지하는 것으로 보자면 교육의 효과에 대해 여러 의구심을 갖게 된다. 사회의 상태와 작동에 대한 올바른 교육이 필요하다. '선진국'에서 시행하고 있는 '민주 시민 교육' 또는 '민주주의 교육'이 대단히 중요하다. 전두환 독재의 대표 관변단체 자유총연맹이 민주화 이후 '민주 시민 교육'을 내세우고 행세했던 문제에 유의해야 한다. 또한 '기레기'라는 당연시될 정도로 언론의 타락이 극심하기 때문에 언론과 매체에 속지 않도록 하는 '독해력'(literacy) 교육이 대단히 중요하다.

문화
- '소프트 파워' 지수의 문화 부문 세계 12위 (나무위키의 '소프트 파워/국가 순위')
- 영화: 2020년 '기생충'의 아카데미 작품상, 칸느 작품상 수상
- 드라마: 2021년 '오징어 게임'의 넷플릭스 세계 1위, 에미상 수상
- 음악: 2021년 BTS의 빌보드 1위
- 게임: 2020년 세계 게임 시장 점유 세계 4위 (대한민국 게임 백서)

한국의 문화는 1990년대에 들어서서 활짝 개화하게 되었다. 그 바탕에는 1987년 6월 항쟁을 통한 민주화가 놓여 있다. 독재는 문화를 억압하고 왜곡한다. 민주화로 문화가 만개할 수 있게 되었다. 그 대표적 결과가 바로 '기생충', '오징어 게임', BTS 등이다. 이명박-박근혜 비리 정권은 '블랙리스트'를 작성해서 수많은 문화인들을 억압하고 엉터리 작품들을 만들어서 유포했다. 정치가 망가지면 문화는 반드시 망가진다. 2022년 5월 윤석열 비리 정권의 등장으로 한국의 문화는 또 다시 심각한 위기에 처하고 말았다.

성평등

- 2019년 세계 189개국 중 11위 (UNDP의 Gender Inequality Index, GII)

국가 경쟁력

- IMD, 2016년 29위, 2021년 23위, 2022년 27위
- WEF, 2016년 26위, 2019년 13위

복지

- 2022년 OECD 36개국 중 29위 (나무위키의 GDP 대비 복지국가/예산)
- 세계적으로 한국은 복지가 약한 국가가 전혀 아니다. 한국은 분명 상당한 복지국가이다. 특히 의료 복지가 좋은 편이다. 그러나 한국의 경제력에 비추어 보자면 OECD의 10위를 목표로 복지를 강화할 필요가 있다. 이렇게 하기 위해서는 토건국가 문제를 혁파하지 않으면 안 된다. 강한 토건국가가 약한 복지국가를 만들면서 국토를 대대적으로 파괴하는 것이 한국의 기본 문제이다. 이 문제

틀 문재인 정권도 올바로 개혁하지 못했고, 윤석열-국힘당 정권은 그야말로 극심하게 악화시키고 있다. 여기서 나아가 윤석열-국힘당 정권은 거의 모든 복지 예산을 대거 삭감해서 복지국가를 크게 약화하고 있다. 노인, 장년, 청년, 아동, 유아, 산모, 장애, 지역 등을 가리지 않고 복지국가의 전면적인 축소와 퇴행이 이루어졌고, 심지어 과학기술의 연구개발비도 대거 축소됐고, 윤석열/김건희의 해외여행비만 대거 증액됐다.

행복
- 2022년 146개국 중 59위 (SDSN의 2021 World Happiness Report)
- 한국은 국토는 세계 109위이고 인구는 세계 26위이나 사회적 상태는 세계 10위 정도이다. 그러나 주관적 만족은 그저 개발도상국 수준이다. 비리 세력의 준동으로 민주화가 확립되지 못하고, 그 결과 경제를 비롯한 사회 전반이 심한 비리 상태에 있기 때문이다.

자연
- 인간복지는 27위, 생태환경복지는 161위로 현격한 차이 (2013년, 세계 자연보전연맹 등이 180개국을 대상으로 '인간복지지수 및 생태환경 복지지수'를 조사한 <The Wellbeing of Nation>에서)
- 2022년 한국 세계 9위의 이산화탄소 배출국. 산림청이 '탄소 중립'을 내걸고 탄소를 흡수하는 산림을 대거 파괴하는 황당한 토건국가 상태.
- 한국의 풍요는 기본적으로 노동과 자연에 대한 이중의 착취를 통해 이루어진 것이다. 극심한 산업재해와 토건국가 문제는 그 명확한 증거이다.

5. 생태적 사회관의 관점

사회의 작동은 자연을 기초로 정치, 경제, 문화 등의 구조에 의거해서 개인의 생활이 이루어지는 방식으로 이루어진다. 사회는 자연의 안에 존재하는 것이다. 오늘날 지구적 차원의 생태위기는 이 사실을 잘 보여준다. 생태위기를 넘어서 생태복지국가를 이루기 위해 생태적 사회관을 기초로 구조와 생활을 구분해야 한다. 또한 구조는 사회의 목표가 아니라 수단일 뿐이고 생활이 사회의 궁극 목표라는 사실을 올바로 인식해야 한다.

구조의 상태를 보여주는 지표는 경제, 정치, 교육, 문화, 부패, 사회 질 등이 있고, 생활의 상태를 보여주는 지표는 삶의 질, 복지, 행복 등이 있고, 자연의 상태를 보여주는 지표는 생태복지, 탄소 불평등 등이 있

그림 12 생태적 사회관의 구성

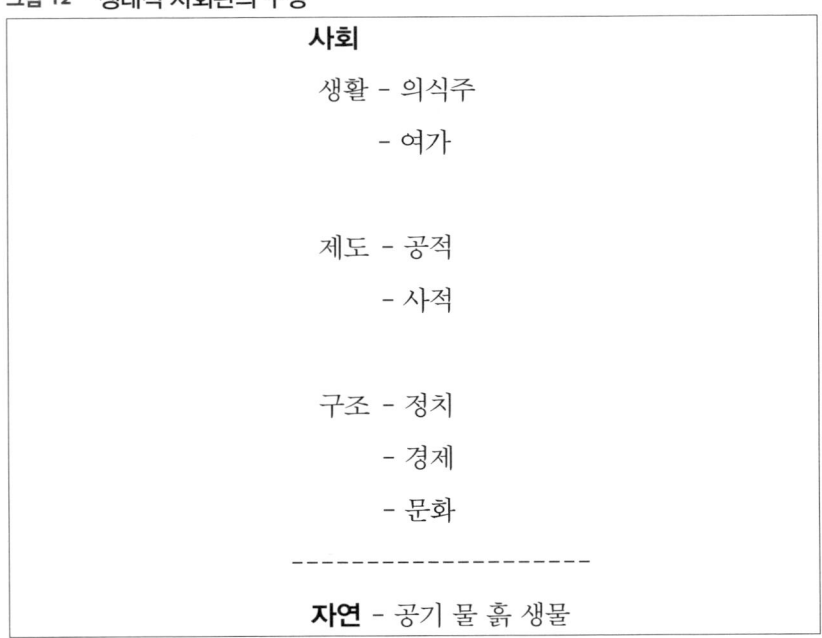

다. 한국은 행복 지표와 생태 지표가 대단히 낮은 상태인 것에 크게 주의해야 한다. 특히 생태 지표는 세계 꼴찌 수준인데 원천적으로 잘못된 '강 죽이기'에 이어 '산 죽이기'로 더욱 더 악화되고 있다.

한국은 세계적인 경제 대국이나 재벌을 대표로 한 소득 불평등과 투기에 의한 자산 불평등이 아주 심하다. 또한 한국은 민주 국가로 분류되나 관료의 전횡이 심하고, 특히 검찰과 법원의 무소불위 권한과 자의적 사법이 극심한 상태다. 언론은 민주화와 합리화의 기초로서 중요한데, 한국의 언론은 '기레기'(기자 쓰레기)로 불릴 정도로 신뢰도가 완전히 바닥인 상태이다. 요컨대 한국은 기본이 엉망인 상태이다.

나아가 한국은 세계 최고 수준의 문화 국가이나 언론 문제와 결합된 저급한 문화의 문제도 상당히 심하고, 교육 수준은 세계 최고 수준이나 역시 언론 문제와 결합된 허위사실 유포 문제가 대단히 심하다. 경제력, 민주화, 문화화 등에 비해 행복도가 크게 낮은 것은 이 때문이다. 이것은 단지 복지 지출을 늘린다고 해서 해결될 문제가 아니다. 부패도로 드러나는 만연한 비리를 척결하고, 사회의 신뢰 수준을 높이는 게 결정적으로 중요하다. 비리 사회를 신뢰 사회로 바꿔야 복지 지출도 요구에 맞게 계속 확대될 수 있다.

인류의 절멸 위기로 파악되는 생태위기에 비추어서 중장기적으로 가장 중요한 과제는 자연을 지키는 것이다. 그 기반 위에서 신뢰와 복지를 확충하는 것이 좋은 국가의 기본이다. 그런데 바로 여기에 한국은 서구에서 볼 수 없는 극심한 결함을 갖고 있다. 막개발을 끝없이 강행하는 '토건국가' 문제가 그것이다. 토건국가를 토지국가로, 생태국가로 전환해야 한다. 토건국가의 정부 조직과 예산과 철저히 혁파하고 생태적인 복지국가의 정부 조직과 예산을 만들어야 한다(홍성태, 2007, 2011, 2019).

오늘날 한국은 위대한 헌신과 투쟁의 민주화 운동으로 분단과 전쟁의 고통을 넘어서 민주화, 자유화, 문화화, 풍요화, 부유화 등의 엄청난 사회적 성과를 거두었고 거의 선진국 상태에 이르렀다. 그러나 매국과 독재의 비리 세력이 척결되지 않고 계속 지배세력으로 군림하고 있어서 한국은 여전히 전반적인 취약성의 문제를 안고 있다. 나치 척결로 선진화를 이룬 독일이 잘 보여주듯이 정상화를 이루지 않으면 선진화를 이룰 수 없다. 비리 세력이 권력을 전횡하면 모든 성과는 삽시간에 무너지고 일어나지 않을 사고가 마구 일어나서 사람들이 죽고 나라가 망가진다. 2014년의 세월호 대참사와 2022년의 이태원 대참사는 어쩌다 일어난 사고가 결코 아니다. 매국과 독재의 비리 세력이 척결되지 않고 계속 지배세력으로 군림하는 '취약한 민주화'로 압축되는 이 취약성의 문제를 해결하는 것이 한국의 가장 중대한 발전 과제다(홍성태, 2009, 2017).

5장   역사 – 단군과 분단

한국은 1919년 4월 11일에 건국되었고, 정식 정부는 1948년 8월 15일에 시작되었다. 그러나 한국은 20세기에 들어와서 갑자기 나타난 것이 아니라 유구한 역사를 갖고 있다. 그 역사는 무려 4천년 전으로 거슬러 올라간다. 근현대 시기에 한국이 겪은 최악의 사건은 일본의 강점이다. 한국은 일본을 상대로 한 독립 전쟁을 통해 형성되었다. 일본은 한국의 전신인 조선을 침략해서 오랫동안 강점했다. 그 폐해는 아직도 완전히 극복되지 않았고 이 나라를 계속 괴롭히고 있다.

1. 한국의 기원

한국은 한반도에 한민족이 세운 국가로서 대단히 오랜 역사를 갖고 있다. 헌법이 '유구한 역사와 전통'을 가장 앞에 제시한 것도 이 때문이다. 한국의 역사는 역사 시대로는 '단군 조선'으로, 선사 시대로는 구석기 시대로 거슬러 올라간다. 한반도의 구석기 유적은 현재까지 90여 곳이 발견됐는데 가장 오래 된 곳은 70만 년 전의 유적이 확인된 충북 단양의 금굴[85]이다. 한반도는 대단히 오래 전부터 인류가 살아온 곳이다.

'단군 조선'은 서기전 2333년에 건국된 것으로 추정[86]되고, 서기전 194년 중국인 위만이 권력을 찬탈해서 '위만 조선'이 됐다. 그 영토는 대체로 지금의 황해도와 평안도에 해당된다. 서기전 108년에 '위만 조선'은 한(漢, 서기전 202~220년)의 침략으로 멸망했다. 한은 '위만 조선'의 영토와 그 북쪽에 '한사군'(漢四郡)[87]을 설치했다. 그 남쪽에는 진국(辰國)이 있었고, 그 북쪽에는 부여(扶餘)가 있었다. 부여는 고구려로, 백제로 이어졌고, 진국은 마한, 진한, 변한의 삼한으로 이어졌고, 그 결과 고구려, 백제, 신라의 삼국 시대가 되었다. 고구려와 백제가 패망하고 대체로 지금의 평안도를 경계로 남에는 신라가, 북에는 고구려를 이은 발해가 들어서서 남북국 시대가 되었다. 발해는 거란족의 요나라에 패망했고, 신라는 신라, 태봉, 후백제의 후삼국으로 나뉘었는데, 고려가 후삼국을 통일했고, 조선이 고려에 이어 들어섰다.

2000년이 넘는 긴 시간에 걸쳐서 북쪽의 조선인과 남쪽의 진국인이 교류하고 통혼해서 혈통과 언어와 문화의 공통성을 이루었다. 그렇게 형성된 민족을 '한족'(韓族)으로 부르게 됐고, 고구려, 백제, 신라를 '삼한'(三韓)으로 통칭하게 됐다.[88] 고려 이후 영토는 한반도 안으로 축소됐고, '삼한'을 한 민족으로 보는 민족 의식이 형성됐다. 19세기 중반에는 조선의 국정이 심하게 망가져서 많은 조선인이 만주로 들어가서 살기 시작했다. 이렇게 압록강과 두만강의 건너 간도, 연해주 지역에 조선인 마

표 3 한민족의 국가 약사

조선(朝鮮) 서기전	2333년~서기전 108년 2천년 이상 존속
부여(扶餘) 서기전	4세기~494년 900년 존속
진(辰) 서기전	4세기~서기전 107년 500년 존속
고구려(高句麗)	서기전 37년~668년 705년 존속
백제(百濟)	서기전 18년~660년 678년 존속
신라(新羅)	서기전 57년~935년 992년간 존속
발해(渤海)	698~926년 228년 존속
고려(高麗)	918~1392년 474년 존속
조선(朝鮮)	1392~1910년 518년 존속
독립전쟁 시작	1910~1945년
대한민국	1919년~현재

을들이 만들어졌다.

　조선의 국정 문란은 결국 조선의 패망으로 이어졌다. 조선은 1894년의 동학혁명, 1898년의 만민공동회 등을 계기로 입헌군주제나 민주공화제로 개혁하고 일본의 침략에 맞섰어야 했으나 무능한 고종과 사악한 양반은 그렇게 하지 않았다. 일본은 러시아와 청을 견제하려는 미국과 영국에 붙어서 조선을 장악했다. 고종은 일본의 압박을 이기지 못했고, 사악한 양반들은 일본에 적극 매국했다. 조선은 1905년의 을사 늑약으로 외교권을 뺏겼고, 1910년의 한일 병탄으로 완전히 패망했다.

　일본의 조선 침략은 1876년의 운요오(雲揚)호 사건과 강제 개항으로 시작됐고, 일본의 조선 강점은 1905년의 을사 늑약으로 사실상 완료되고, 1910년의 합병늑약으로 공식 완료되었다. 그러나 1945년까지 70년 또는 35년 동안 한민족은 줄기차게 일제에 맞서서 독립전쟁을 벌였다. 그 결과 1919년 4월 대한민국을 건국했고, 1945년 8월 독립을 쟁취했다. 그러나 미국과 소련의 대립으로 말미암아 북위 38도 선을 기준으로 남과 북의 분단이 강행됐고, 소련과 중국을 배후로 북한의 김일성이 전쟁을 일으켜서 남과 북의 분단은 고착화되고 말았다.

　지금 한국은 '세계 유일의 분단 국가'로 모든 민족이 분단의 고통을 겪고 있는 인류사적 사례이고, 또한 '세계 최장의 전쟁 국가'로 2022년 현재 72년째 전쟁이 끝나지 않은 상태에 있다. 한민족의 엄청난 불행은 무엇보다 일본에 의한 것이고, 또한 일본에 빌붙은 매국 세력에 의한 것이다. 일본의 침략이 없었다면, 분단도 전쟁도 없었다. 한국이 겪은 크나큰 고통에 비하면 한국이 이룬 성취는 더욱 더 놀라운 것이다. 그러나 여전히 매도 세력이 군림하고 있기에 한국의 성취는 취약한 상태에 있다.

2. 한국의 건국

오늘날 한국은 세계가 인정하는 정치 대국, 경제 대국, 문화 대국이다. 2차 세계대전 뒤에 독립을 이룬 국가들 중에서 이런 큰 성과를 이룬 국가는 한국밖에 없다. 한국은 거의 '선진국'으로 여겨지고 있다. 한국은 여전히 많은 문제와 과제를 안고 있지만 한국의 발전은 참으로 놀라운 것이다. 수많은 사람들이 오랜 세월 피와 땀을 흘리며 독립 전쟁과 민주 투쟁을 벌인 역사가 그 바탕에 있기에 더욱 더 그렇다.

한국은 1919년 4월 11일 중국 상해에서 독립 전쟁의 지도자들이 모여서 '대한민국'의 수립을 선포하고 '대한민국 임시정부'를 발족했다. 이로써 대한민국이 건국됐다.[89] 대한민국은 이전의 대한제국을 물려받는 것이나 왕국이 아닌 모든 국민이 주권자인 민국으로 전환됐다. 한국의 독립은 그냥 독립이 아니라 기존의 정치 체제를 발본적으로 바꾼 혁명, 저 고대로부터 수천년 동안 지속된 왕권 체제를 민주 체제로 바꾼 민주 혁명이다.

한국의 건국은 어느 날 갑자기 이루어진 것이 아니라 오랜 세월에 걸친 전제와 침략에 맞선 투쟁의 결과다. 직접적으로는 1919년 3월 1일부터 한반도 전역에서 거족적으로 전개된 '삼일 운동'의 산물이지만, 실은 1894년 2월(음력 1월 10일)에 전봉준 장군의 지휘로 시작된 '동학 농민혁명'이 그 원천이다. 동학(천도교)은 서학(천주교=기독교=예수교)에 대응해서 창시된 한국의 종교로서 농민이 그 기반이었다. 동학의 '인내천'(人乃天), 즉 '사람이 곧 하늘'이라는 지극한 평등 사상에 감화된 농민들이 무능한 왕과 부패한 양반이 자행하는 수탈과 차별의 학정에 맞서서 '개벽'(혁명)을 적극 추구하고 나선 것이 동학 농민혁명이다. 고종은 동학 농민혁명을 진압하기 위해 청의 출병을 요청했고, 일본은 이것을 극악하게 이용해서 조선 침략을 전면화했다. 이렇게 조선 민중과 일본의 전쟁이 시작됐다. 동학 농민혁명은 일본의 강력한 군사력에 3-5만의 사망자와 30-40만의 부상자가 발생하며 무참히 진압되었지만,[90] 보국안민(輔國安民), 제폭구민(除暴救民), 척왜양(斥倭洋)[91]의 정신과 목표는 계속 이어져서 마침내 1919년 4월 11일 대한민국이 건국됐다.

1392년에 수립된 조선은 1800년 정조가 죽고 왕권이 크게 약화되고 몇몇 양반이 지배하는 극심한 비리 국가가 되었다. 이런 상황에서 일본은 1868년 몇몇 군벌이 왕정을 세워서 근대화를 강력히 실행하고 조선 침략을 적극 추진했다. 일본은 1876년 조선을 침략해서 개항시키고 ('운요오호 사건') 조선을 강점하는 범죄를 본격 시작했다. 1894년 동학 농민혁명은 부패한 양반의 척결과 사악한 일본의 축출을 추구한 최초의 민중 민주 운동이었다. 이에 대해 무능한 왕족과 사악한 양반은 일본과 야합해서 동학 농민혁명을 무참하게 진압했다. 일본은 동학 농민혁명을 빌미로 청과 전쟁을 벌여서 승리했다. 이로써 청은 더욱 급속히 쇠락하게 되었다. 이어서 1904년 일본은 러시아와 전쟁을 벌여서 승리했다. 이로써 일본은 한반도와 만주를 강점하게 되었다. 1905년 일본은 '을사늑약'으로 조선의 외교권을 빼앗았고, 1907년 조선의 군대를 해산시켰고, 1910년 결국 조선을 병탄해서 완전히 강점했다.

일본의 조선 침략은 1876년에 시작됐고, 강점은 사실상 1905~45년의 40년 동안 자행됐다. 이 오랜 세월 동안 일본의 침략에 맞선 조선인의 항거는 계속 이어졌다. 1894년의 동학 농민혁명은 그 전면적 시작이었다. 1895년 일본은 한 무리의 군인들과 깡패들을 경복궁에 잠입시켜 민비를 칼로 난도질해서 죽이고 시체도 정원에서 석유를 뿌려 불살라 버리는 참담한 범죄를 저질렀다(을미 사변). 이 극악무도한 만행에 분개해서 항일 의병이 궐기하게 됐다. 1907년 일본이 조선의 군대를 강제해산하자 조선의 군인들은 의병으로 변신했다. 1909년 안중근 장군은 침략의 원흉 이토 히로부미를 하얼빈 역에서 사살했다. 1910년 8월 일본이 조선을 병탄하자 전면적인 독립전쟁이 전개되기 시작했다. 일본군의 동학 농민 학살은 일본이 자행한 최초의 조선인 대량학살(genocide)이었다. 동학도가 아닌 사람들도 많이 학살됐다. 일본은 1894년부터 1945년까지 조선인 학살은 물론 노예화와 성노예화 범죄를 계속 저질렀다. 이런 극악무도한 일본에 맞서 1894~1945년의 긴 세월 동안 항일-독립전쟁이 단 한순간도 쉬지 않고 전개됐다.

일본은 동학 농민혁명에서 약 3-5만 명, 3.1운동에서 약 7천 명, 1920년 경신 참변(간도-연해주 학살) 수만 명, 1923년 관동 대지진에서 23,058명, 1945년 우키시마 호 폭침 5천여 명 등의 학살을 자행했다. 동학 학살이 일본이 저지른 첫번째 조선인 학살이었고, 우키시마 호 학살이 마지막 조선인 학살이었다.[92] 또한 1931년 9월 만주 침략에서 1945년 8월 패전까지 일본은 연인원으로 무려 800만 명이 넘는 조선인을 강제동원해서 노예와 성노예로 만들었다. 1894년부터 1945년까지로 연장해서 보면 일본의 조선인 착취는 1천만 명을 훨씬 넘게 된다. 이와 함께 일제는 극악한 수탈을 자행해서 수십만 명의 사람들이 유랑걸식하는 거지가 되거나 목숨을 부지하기 위해 머나먼 간도로 떠나게 만들었다. 1936-45년 동안 하얼빈에 설치한 '731 부대'가 중국인과 조선인을 주대상으로 수만 명에 대해 자행한 악마 같은 생체 실험 범죄도 절대 잊어서는 안 된다. 일본은 이런 엄청난 범죄들로 올바로 처벌받지 않았으며, 여전히 그 후예들이 일본을 지배하고 있다. '토착 왜구'로 불리는 한국의 친일-부일 세력도 여전히 한국을 지배하고 있다.

한국의 건국은 각성한 한국인들이 오랜 세월 안팎의 두 적에 맞서 싸운 투쟁의 결과다. 하나는 내부의 적으로 학정을 일삼던 부패 양반

표 4   3.1운동의 피해자

	일제 기록 (조선소요사건일람표)	임시정부 (한일관계사료집)	박은식 (한국독립운동혈사)
참여 인원	587,641	1,681,648	2,023,098
체포	13,157	49,511	46,948
사망	553	6,821	7,509
부상	1,409	45,163	15,961

출처: KBS 3.1운동 100년 특집

표 5

일제에 의한 조선인 강제동원 피해자 및 생존자 수(추계)

구 분		피해자(명)	생존자(명)
징용	한반도내 징용	646만 8942(연인원)	2만~3만
	해외 징용	85만 7643	
징병	군인	23만 2	5000~1만
	군속	15만 5207	
군위안부		4만~20만	200~500
피폭자		7만	2000~3000
총 계		연인원 800만 중복 제외 땐 200만~400만	3만~5만

출처: 〈동아일보〉 2005.1.18.

이 그 대표이고, 또 하나는 외부의 적으로 2천년 전부터 한반도를 침략해 온 일본이다. 비리 세력의 대표로서 부패 양반은 친일-부일 매국노로,

그림 13

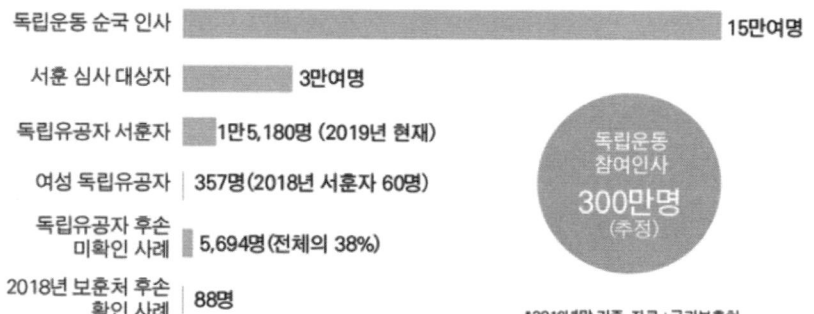

출처: 〈한국일보〉 2019.1.1.

해방 뒤에는 친일-친미 독재파로 변신해서 민족, 민중, 민주를 억압하고 이익을 취했다. 참으로 유감스럽게도 이 문제는 여전히 우리의 현실이다. 한국의 가장 깊은 문제는 바로 이 문제다. 심지어 국립묘지에도 민족 반역자들이 버젓이 자리를 차지하고 있다. 그 대표 사례는 일제 헌병 출신 김창용과 일제 관동군 출신 박정희다.[93] 비리 세력은 사기는 물론 학살도 서슴지 않고, 언제나 친일 매국 독재를 추구한다. 1947년의 제주 학살로 시작해서 1980년의 광주 학살에 이르기까지 이승만-박정희-전두환-노태우의 44년 독재는 학살을 기초로 한 학살 독재였다. 검판 법비는 이 학살들을 합법으로 정당화했고, 언비는 이 학살들을 토벌로 왜곡했다. 비리 세력은 무능해서 극악한 방식으로 탐욕을 채우려 하는 것이다.

3. 한국의 발전

국가 또는 사회의 발전은 어떤 것인가? 그것은 보통 근대화와 선진화로 제시되는데, 민주화, 공업화, 합리화를 세 축으로 하며, 그 위에서 복지화, 문화화, 생태화로 나아간다. 이 변화는 그냥 이루어지는 것이 아니라 옳은 것과 그른 것의 치열한 투쟁을 통해 이루어진다. 그 투쟁은 무엇보다 비리 세력과 합리 세력의 사이에서 벌어지는 것이다. 비리 세력은 자기 이익을 위해 이치가 아닌 것을 주장하는 세력이고, 합리 세력은 옳은 이치를 추구하는 세력이다. 사회와 역사의 기본은 이렇게 이루어져 있다.

근대화(modernization)는 근대적인 것이 된다는 뜻이다. 근대적인 것이 사회의 변화를 뜻하는 것으로 강력히 제기된 것은 근대에 들어와서 인류사에서 초유의 거대한 사회적 변화가 이루어졌기 때문이다. 그 핵심은 민주화, 공업화, 합리화의 셋으로 제시할 수 있다. 근대화는 서구에서 먼저 실현됐기 때문에 서구화(westernization)로 불리기도 하고, 더 나은 사회적 상태를 이루는 것이기에 선진화로 불리기도 한다. 선진화(advancement)는 앞서 가는 것인데, 가장 좋은 상태가 되는 것을 뜻한다.

사실 자유화(liberalization)가 민주화, 공업화, 합리화의 원천이다. 전근대의 신분제에서는 사람들의 사회적 지위와 역할이 혈통에 의해 결정되었다. 왕이 완전한 자유를 누렸다면, 귀족은 상당한 자유를 누렸고, 평민은 상당한 부자유에 처했고, 천민은 완전한 부자유에 처했다. 이 비합리적인 상태가 1만년에 걸친 인류 문명에서 9800~9900년을 차지한다. 300년 전 서구에서 이 비합리적인 상태에 대한 도전이 시작되어 결국 200년 전 이 비합리적인 상태를 대체로 타도해 버렸다.

자유화는 신분제의 억압이 파괴되어 모든 사람이 동등한 존재가 되고 인권이 당연한 것이 되는 사회적 변화를 뜻한다. 자유화는 민주화를 당연한 것으로 만든다. 모든 사람이 동등한 존재이니 모든 사람이 통치해야 하는 것이다. 자유화는 신체의 자유와 표현의 자유를 두 축으로 해서 집회-시위-결사의 정치적 자유, 소유-생산-거래의 경제적 자유로 확대됐다. 전자는 민주화로, 후자는 자본화로 확립됐다. 이른바 '자본주의'는 자유화의 경제적 표현으로 자유화와 마찬가지로 역사의 필연이다. 그것은 없앨 수 있거나 없애야 하는 것이 아니라 자유화도 그렇듯이 계속 보완되고 개선되는 것이다.[94]

사회주의를 내세운 것이건 반공주의를 내세운 것이건 모든 독재는 자유의 최대 적으로서 타파되어야 한다. 그런데 자유를 강력히 억압하는 독재를 떠나서 자유는 사회에서 제한될 수밖에 없다. 나의 자유는 타인의 자유가 시작되는 곳에서 끝나야 한다. 자유의 제한은 윤리와 법률에 의거해서 엄정하게 이루어져야 한다. 자유의 합리적 제한과 복지의 보편적 확대를 추구하는 복지주의(welfarism)는 인류 문명의 정점이다. 생태 위기에 대응해서 그것은 생태복지주의(eco-welfarism), 즉 생태적인 복지주의로 변모하고 있다. 당연히 한국도 이 길로 나아가야 한다.

자유화는 민주화로, 다시 합리화로 이어진다. 민주화는 모두가 동등한 주체가 되는 것이기 때문에 합리화를 촉진하게 된다. 모두가 동등한 주체이기에 올바른 근거와 기준에 근거해서 주장하고 토론하고 합의하는 방식이 사회를 작동하는 기본 방식으로 확립되는 것이다. 합리화는 과학에 의해서 추동된 것이지만 민주화에 의해서 사회 전체로 확산될 수 있었다. 합리화는 단지 과학적 사고방식에 그치는 것이 아니라 민주화에 의해서 사회의 운영원리로 확대되었다.

민주화는 국가/사회 발전의 핵심이다. 자유화가 민주화로 이어지지 않는다면 강자의 자유가 지배하는 정글 사회가 되고 만다. 민주화가 제대로 이루어지지 않는다면 공업화도 제대로 이루어지지 않는다. 공업화는 과학기술의 산업화로서 합리화를 기초로 한다. 전제와 독재도 공업화를 실현할 수 있으나 소련이나 북한이 잘 보여주듯이 그 사회적 한계는 명확하다. 독재의 공업화는 국가/사회 전체의 풍요와 안정을 이루지 못한다. 결국 국가/사회의 발전은 민주화를 기본으로 평가될 수 있다. 민주화는 인권의 전면적 실현을 통해 자유와 풍요를 이루는 역사적 변화이다.

한국의 민주화는 1894년 2월 동학 농민혁명, 1919년 삼일 민족혁명과 대한민국 건국, 1945년 8월 민족해방, 1948년 8월 대한민국 정부 수립, 1960년 4월 시민혁명, 1979년 10월 부마 민주항쟁, 1980년 5월 광주 민주항쟁, 1987년 6월 민주항쟁, 2008년 6월-8월 촛불 집회, 2016년 10월-2017년 3월 촛불 집회, 2024년 12월 촛불 집회 등으로 쉬지 않고 계속 전개되어 왔다. 민주화 운동이 아니었다면 매국 독재 비리 세력에 의해 나라가 또 망했거나 도탄에 빠져 있을 것이다. 민주화 운동이 비리 세력에 맞서서 국가의 정상화를 이루었고 선진화를 향해 나아가게 했다. 그러나 비리 세력은 여전히 광대하고 강고하다.

한국은 완전한 정상화를 이루지 못했고, 그 결과 선진화의 문턱을 넘지 못했다. 비리 세력의 청산과 척결을 이루지 못했기 때문이다. 비리 세력은 일제 40년과 독재 40년을 포함해서 100년이 넘게 이 나라를 지배했고, 우리의 민주화는 비리 세력에게 '포위된 민주화'(sieged democracy)로서 여러 결함을 지닌 '취약한 민주화'(weak democracy)가 되고 말았다. 정상화는 비리 세력의 척결을 핵심으로 하며, 정상화가 안 되면 선진화는 당연히 안 된다. 비리 세력은 자기 이익을 위해 언제나 매국과 독재를 추구한다. 한국의 최고 발전 과제는 바로 매국과 독재의 비리 세력을 척결하는 것이다.

6장   국토 – 지역과 자연

국토는 국민이 살아가는 곳이다. 국가는 국토를 통해 완전한 실체를 갖게 된다. 국토는 국가를 다른 국가와 명확히 구분해 준다. 국가는 국토로 자신을 드러내 보이는 것이다. 국토는 여러 지역들로 나뉘며, 지역들은 여러 자연적-문화적 차이들로 구별된다. 국토는 자연을 인위적으로 구획한 것이다. 자연은 국토의 생태적 상태를 규정하는 원초적 조건이다. 이에 의해 국민의 생활이 일차적으로 규정된다. 국토를 지키는 것은 보통 외적의 침입을 막는 것을 뜻하지만, 국토의 생태적 상태인 자연을 지키는 것으로 확대돼야 한다. 군사적 안보와 함께 생태적 안보를 추구해야 하는 것이다. 생태위기의 악화에 따라 생태적 안보의 중요성은 계속 커지고 있다.

1. 국토

국가는 정치적 실체이자 지리적 실체이다. 우리가 일상적으로 말하는 국가는 사실 지리적 실체로서 국토가 바로 그것이다. 한국의 면적은 10만km²를 조금 넘으며[95], 세계 107위로서 세계 220여개 국가들 중 중간 정도의 순위에 해당된다. 실제 크기와 순위는 한국의 면적 100,210km²(107위), 북한의 면적 120,540km²(96위), 한반도 면적 223,000km²(84위) 등이다.

세계의 지리로 볼 때 한국은 보통 거대한 유라시아 대륙의 동쪽 끝에 있는 국가로 제시된다. 그러나 이 관점은 서구 중심의 것이다. 우리의 눈으로 보자면 한국은 거대한 유라시아 대륙의 동쪽 관문에 해당되는 관문 국가이며, 나아가 거대한 유라시아 대륙과 거대한 태평양을 이어주는 지구의 중심 국가이다. 이런 점에서 한국은 대륙 문명과 해양 문명이 만

그림 14 한반도의 위치

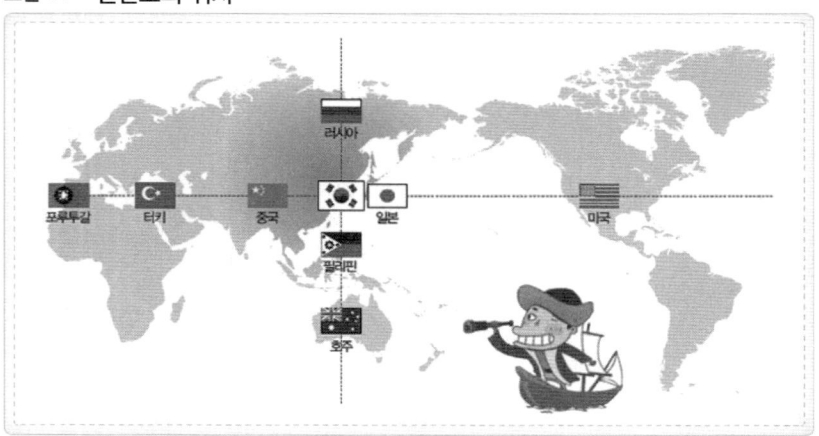

출처: 국토환경정보센터

그림 15 유라시아 횡단 철도 구상

출처: 연합뉴스

나서 새로운 문명이 태동될 수 있는 곳이다. 한국을 중심으로 동북아의 평화와 번영은 물론 대륙과 해양의 평화와 번영이 추구될 수 있다.

국토는 도시지역, 관리지역, 농림지역, 자연환경보전지역 등 네 가지의 '용도지역'으로 크게 나뉘어 관리-이용-보호된다. 2020년 현재, 국토의 17% 정도인 도시 지역에 전체 인구의 92% 정도가 살고 있다.

국토는 국경을 통해 외국과 명확히 구별된다. 지리적 실체로서 국가는 무엇보다 국경으로 구별되는 것이다. 국경은 국가와 국가를 구별하는 것이자 연결하는 것이다. 이 때문에 국경의 획정은 외국과 분쟁을 일으

표 6   국토의 이용 현황

구분		세분(시행령)	범례	지정목적
도시지역	주거지역	제1종전용주거		단독주택 중심의 양호한 주거환경 보호
		제2종전용주거		공동주택 중심의 양호한 주거환경 보호
		제1종일반주거		저층주택 중심의 주거환경 조성
		제2종일반주거		중층주택 중심의 주거환경 조성
		제3종일반주거		중·고층 중심의 주거환경 조성
		준주거		주거기능에 상업 및 업무기능 보완
	상업지역	중심상업		도심, 부도심의 상업·업무기능 확충
		일반상업		일반적인 상업 및 업무기능 담당
		근린상업		근린지역의 일용품 및 서비스 공급
		유통상업		도시내 및 지역간 유통기능의 증진
	공업지역	전용공업		중화학공업, 공해성공업을 수용
		일반공업		환경을 저해하지 아니하는 공업의 배치
		준 공업		경공업 수용 및 주·상업무기능의 보완
	녹지지역	보전녹지		도시의 자연환경·경관·산림 및 녹지공간 보전
		생산녹지		농업적 생산을 위하여 개발을 유보
		자연녹지		보전할 필요가 있는 지역으로 제한적 개발허용
관리지역		보전관리		보전이 필요하나 자연환경보전지역으로 지정이 곤란한 경우
		생산관리		농림업의 진흥과 산림의 보전을 위하여 필요
		계획관리		도시지역 편입이 예상, 계획·체계적관리 필요
농림지역		-		농림업의 진흥과 산림의 보전을 위하여 필요
자연환경 보전지역		-		자연환경등의 보전과 수산자원의 보호·육성

출처: <2022년 토지관련 주요법령 해설집>

키기 쉬운 첨예한 사안이다. 한국의 국경 문제도 상당히 복잡하다.

① 남-북한의 경계 문제

남-북한의 경계는 국제법으로는 명백히 국경이지만 국내법으로는 그렇지 않다. 그 법적 차원을 떠나서 이 경계는 '분단 국가'와 '전쟁 국가'의 생생한 실상을 보여주는 것이다. 공식적으로 이 경계는 '군사 분계선'(military demarcation line, MDL)으로 휴전/정전 상태인 양쪽의 영역을 나누는 경계선이다. 이 경계의 육지 부분은 DMZ(비무장 지대)라는 것으로 엄중히 구획되어 있고, 바다 부분은 NLL(북방 한계선)이라는 것으로 구획되어 있다. 또한 DMZ 남쪽으로 민간인 통제선이 설정되어 있어서 자유롭게 통행할 수 없다. DMZ에 직접 이어진 지역은 접경지역으로 지정되어 여러 규제와 그에 따른 지원을 받고 있다.

② 독도, 이어도의 경계 문제

독도(獨島)는 울릉도의 부속 섬으로서 명백한 우리의 영토이나 일본이 '다케시마'(竹島, 죽도)라고 부르면서 계속 침략 행위를 자행하고 있는 곳이다. 일본의 독도 침략 행위는 일본이 침략과 전쟁을 전혀 반성하지 않고 있다는 사실을 명확히 입증해 준다. 이어도는 제주도와 이어진 암초로서 중국이 제주도에서 가까운 이곳까지 배타적 경제수역의 설정을 무리하게 확장하려 해서 한국과 갈등이 빚어졌다.

③ 중국과 간도 문제, 러시아와 연해주 문제

북한과 중국은 1962년 '변계 조약'을 체결해서 원칙을 정하고, 이에 따라 1964년 국경을 획정해서 '변계 의정서'를 체결했다. 이로써 압록강-백두산-두만강의 국경이 정해졌다. 그런데 이 국경은 1909년 일제가 멋대로 체결해서 강요한 '간도 협약'에 따른 것으로 '간도 협약'이 무효이기 때문에 남북 통일이 되면 북한과 중국의 '변계 협약'도 무효로 될 수 있다. 일제는 1905년 을사늑약으로 조선의 외교권을 빼앗고 1909년 청과 '간도 협약'을 체결해서 당시 우리의 영토였던 간도를 청에게 넘겨주고 남만주 철도와 연결되는 안봉 철도와 길회 철도의 부설권을 챙겼다. 만주(滿洲)는 몽골, 중국, 러시아의 사이에 있는 드넓은 땅이고, 만주의 남쪽인 간도(間島)는 청과 조선의 사이에 섬처럼 있는 땅으로 서간도, 동간도, 북간도 등으로 나뉘는데, 일반적으로 '간도'는 동간도 또는 북간도를 뜻한다. 동간도와 북간도는 사실상 같은 곳이다.

연해주(沿海州)는 본래 청의 영토였으나 1860년의 베이징 조약으로 러시아에 빼앗겨서 현재까지 러시아의 영토인 상태이다. 러시아가 연해주를 차지하면서 중국은 직접 동해에 접하는 곳을 잃어 버렸고 러시아는 동해에 접한 부동항 지역을 대거 확보하게 되었다. 북한은 소련과 1985년 국경 조약을 체결했다. 이에 대해 연해주도 조선인이 19세기 중반부터 많이 이주해서 개간한 곳으로 사실상 조선 영토였다고 주장하는 사람들이 있다. 실제 점유의 면에서 보자면 분명히 그렇다. 1937년 스탈린이 연해주에 살던 조선인들을 머나먼 중앙아시아로 강제로 이주시키고 러시아인들의 연해주 이주를 촉진해서 연해주는 러시아인의 땅이 됐다. 약 172,000명의 한민족이 기차에 태워져서 강제로 이주됐다. 이 과정에서 수백 명이 살해됐고, 여러 독립운동가들도 살해됐다. 홍범도 장군(洪範圖, 1868~1943) 같은 위대한 독립운동가도 이렇게 강제로 이주되어 극장을 청소하며 연명해야 했다. 이렇듯 연해주는 20세기 최악의 독재자로 손꼽히는 스탈린과 사회주의의 문제를 한민족에게 강력히 입증하는 역사적 장소이다.

2. 지역

국토는 여러 지역들로 나뉜다. 국토는 국가를 이루는 지리적 전체이고, 지역은 국토를 이루는 여러 지리적 부분들이다. 지역(地域)은 크게 중앙과 지방(地方)으로 나뉜다. 중앙은 국가 운영의 기능이 있는 상위 지역이고, 지방은 중앙의 지휘를 받는 하위 지역들이다.[96] 지역은 여러 기준으로 구분될 수 있는데, 역사적으로 생태적 구분, 문화적 구분, 행정적 구분으로 변화해 왔다.

생태적 구분은 자연적 차이에 따른 구분이다. 남-중-북부 등 위도에 따른 구분, 동부-중부-서부 등 경도에 따른 구분, 해안-내륙의 구분, 평지-산지 등의 구분 등이 모두 생태적 구분에 해당된다. 생태적 구분은 생물이 살아가는 자연적 조건의 차이에서 비롯되는 것이다. 우리가 지역의 특성에 대해 말할 때 가장 기본적으로 말하는 것이 바로 생태적 구분이다. 인간이 자연을 크게 개조해서 이용하고 있어도 자연적 조건은 여전히 인간을 규정하는 가장 기본적인 조건이다.

지역의 생태적 특성은 지역의 문화적 특성을 형성하는 기초가 된다. 예컨대 추운 북부 지역은 온돌이, 더운 남부 지역은 마루가 주거 문화의 기초가 되었다. 해안 지역은 해물이, 산간 지역은 나물이 음식 문화의 기초가 되었다. 이런 식으로 지역의 생태적 차이에 따라 지역의 문화적 차이가 형성되었다. 이 과정은 오랜 시간에 걸쳐서 이루어졌고, 전통 문화로 연면히 이어져왔다. 지역의 문화적 차이를 올바로 이해하기 위해서는 반드시 그 생태적 차이를 살펴봐야 한다.

지역의 행정적 구분은 그냥 임의로 이루어진 것이 아니라 생태적 구분과 문화적 구분에 기초해서 이루어진 것이다. 조선 시대에 한반도는 크게 8개 지역으로 나뉘었다. 이른바 '조선 8도'이다. 경기도, 강원도, 충청도, 전라도, 경상도, 황해도, 평안도, 함경도가 그것이다. 제주도는 전라도에 속했고, 울릉도-독도는 경상도에 속했다. 각 도의 명칭은 그 도의 대표 도시에서 따온 것이다. 강원도는 강릉과 원주, 충청도는 충주와 청주, 전라도는 전주와 나주, 경상도는 경주와 상주, 황해도는 황주와 해주, 평안도는 평양과 안주, 함경도는 함흥과 경성이다. 경기도는 수도(한성, 한양)을 지탱하는 땅이라는 뜻이다.

현재 한국은 광역 지방자치단체(서울특별시, 세종특별자치시, 부산광역시, 대구광역시, 인천광역시, 광주광역시, 대전광역시, 울산광역시, 경기도, 강원도, 충청남도, 충청북도, 전라남도, 전라북도, 경상남도, 경상북도, 제주특별자치도)와 기초자치단체(특별시의 구, 광역시의 구와 군, 도의 시와 군)로 구분되어 있다.[97] 세종특별자치시와 제주특별자치도는 기초자치단체가 안 만들어져 있는데 이것은 명백한 위헌에 해당되는 것으로 시급히 만들어져야 한다. 또한 읍면동을 자치단체화하는 것에 관한 논의가 오래 이어지고 있다. 경기도는 인구가 1500만 명을 넘었기 때문에 남도와 북도로 나눠야 하며, 김포시는 전체 위치로 보아서 경기북도에 속하는 게 옳을 것이다.

지역은 언어를 기초로 문화적 단위를 이루기 때문에 정체성의 강력한 기반이 된다. 지연은 혈연, 학연과 함께 3대 연줄을 이룬다. 사실 지연은 확장된 혈연의 성격을 갖고, 학연은 변형된 지연의 성격을 갖는다. 지연은 혈연과 학연의 중심인 것이다. 이 때문에 지역은 극심한 지역주의의 문제를 낳을 수 있다. 공동체가 갖는 내적 동일성과 외적 차별성의 문제가 지연에서 극도로 악화될 수 있는 것이다. 한국에서 이 문제는 30년에 걸쳐 자행된 군사 독재와 직결되어 있다.

박정희-전두환-노태우의 30년 군사 독재는 영남 독재이기도 했다. '군사-영남 독재'는 영남인들이 온갖 국가기구와 공공기관의 요직을 차지하고 영남 지역을 적극 개발하는 것으로 이루어졌다. 1971년 4월의 대통령 선거에서 박정희의 온갖 부정선거에도 사실상 김대중이 승리하자 박정희는 1972년 10월 유신 반란을 일으켜서 헌법을 폐지하고 영구집권을 획책했다. 이에 맞서 김대중을 대표로 거센 국민적 저항운동이 전개됐다. 그러자 박정희는 1973년 8월 일본에 망명해 있던 김대중을 일본에서 납치해서 대한해협에서 살해하려 했다. 이와 함께 박정희는 김대중의 출신인 호남 지역을 폄하하고 배제하는 짓을 자행했다. 이 강력한 호남 차별은 급기야 1980년 5월 전두환-노태우의 극악한 광주 학살로 이어졌다.

오늘날 한국의 지역주의는 박정희-전두환의 '군사-영남 독재'가 만든 이 극심한 영남 우대와 호남 차별의 행태를 가리킨다. 박정희는 1961년 5.16 군사반란 직후부터 영남 우대의 주장을 퍼트리기 시작했고, 1971년 4월의 사실상 대선 패배 뒤에 호남 차별의 공작을 본격화했다. 최고 정적이 된 호남 출신 김대중을 죽이기 위해 아예 호남 전체를 죽이려 했던 것이다. 그러나 영남 전체가 박정희-전두환의 군사-영남 독재를 따른 것은 아니었다. 1979년 10월 부산과 마산에서 박정희 독재에 맞선 민주 항쟁이 일어났다. 박정희는 이 '부마 항쟁'을 무자비하게 짓밟았고, 그 결과 박정희 독재의 대학살을 우려한 김재규 장군이 박정희와 심복 차지철을 사살해서 민주화의 길을 활짝 열었다. 그러나 전두환-노태우의 1979년 12.12 군사반란과 1980년 5.17 군사반란에 이 길은 참혹하게 닫히고 말았다.

보통 '영남 패권주의'라 불리는 박정희-전두환이 만든 영남 지역주의는 오늘날도 강력한 위력을 발휘하고 있다. 영남은 '조선 팔도'에서 최대 인구 지역이었고, 오늘날에도 영남 출신이 한국의 최대 인구를 이룬다. 대구-경북 지역은 '나라를 팔아먹어도 그 당'을 찍는다. 매국, 독재, 학살 등 어떤 잘못을 저질러도 '그 당'을 찍는 것이 영남의 기본으로 강고히 확립되어 있다. 이 때문에 매국 독재 비리 세력의 청산과 척결이 제대로 이루어지지 못하고 있는 것이다. 이렇게 열심히 '그 당'을 찍은 결과로 대구는 지역내 총생산(GRDP)에서 오랜 세월 계속 꼴찌를 기록하고 있다.[98]

오늘날 한국의 지역에서 가장 보편적인 문제는 바로 '지역 쇠퇴'(local decay)이다. 많은 곳에서 아예 '지역 소멸'(local extinction)이 우려되고 있다. 이것은 사실 이중의 문제인데, 가장 큰 문제는 서울-수도권 집중이고, 다음 문제는 대도시 집중이다. 전국의 0.6%밖에 되지 않는 서울에 인구의 20%가 몰려 있고, 전국의 11%밖에 되지 않는 수도권에 인구의 50% 이상이 몰려 있다. 세계 최고의 수도권 과밀이다. 서울-수도권으로 인구가 몰리면서 지방은 인구가 줄어드는 영합 게임이 계속 전개되고 있다.

지방은 지방대로 유사한 문제를 겪고 있다. 대도시로 인구가 몰리고 군의 인구가 줄어드는 것이다. 그 결과 지방에서는 '지역 소멸'이 우려되는 읍면리가 계속 늘어나고 있다. 이어 대응해서 읍면리의 막개발 문제가 이미 심각한 상황에 이르렀다. 쓰레기를 투기하는 문제는 차치하고 들과 산을 가리지 않고 마구 포장하고 건물과 시설을 짓는다. 갈수록 거칠고 삭막한 곳이 늘어간다. 그 결과 읍면리는 더욱 더 매력을 잃고 있다. 귀농-귀촌도 계속 이루어지고 있으나 지역 쇠퇴와 지역 훼손의 추세가 훨씬 더 강하다.

가장 큰 문제는 수도권 과밀이다. 서울-수도권의 신규 개발을 금지하고, 대기업의 본사들과 서울대를 비롯한 주요 대학교들을 지방으로 이전해야 한다. 지방은 군(郡) 지역의 막개발을 막고 '압축 도시'를 적극 추구해야 한다. 이미 시작된 인구 감소의 추세를 염두에 두면 더욱 더 이렇게 해야 한다. 예컨대 서울 500만 명과 수도권 1000만 명의 인구 목표를 세우고, 군의 중심인 읍과 시는 '압축 도시'로 만들고, 군의 비도시 지역은 청정 지역으로 지켜야 한다. 지역 훼손을 무시하면 지역 쇠퇴는 더욱 악화된다.

그림 16 한국의 지역과 인구로 본 지역의 크기

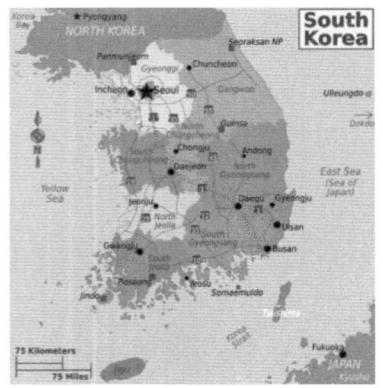
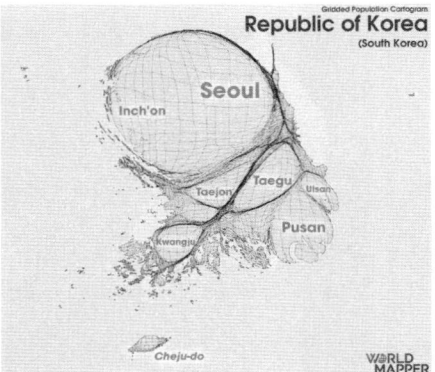

3. 자연

어느 지역의 자연 상태는 기후와 지형에 의해 크게 규정되며, 거기에 적응한 생물들에 의해 생태계가 이루어지게 된다. 기후는 기온과 강수로 크게 규정되고, 지형은 위치와 형태에 따라 크게 달라진다. 지역의 기온은 무엇보다 위도에 의해 규정되는데 위도에 따라 햇빛을 받는 정도가 달라지기 때문이다. 지구는 극지-냉대-한대-온대-난대-아열대-열대로 구별된다. 그러나 같은 위도에서도 주변의 조건에 따라 큰 차이를 보인다. 예컨대 프랑스는 한국보다 북쪽이지만 대서양에 접해 있는 '서안 해양성 기후'로서 겨울에 많이 춥지 않아 연교차가 크지 않다.

한반도는 남북으로 약 1100km에 이른다. 지리적으로 한반도의 북쪽 끝 함경도와 남쪽 끝 전라도는 냉대지역과 난대지역의 차이를 보인다. 북쪽으로 갈수록 대륙성 기후가 강하고 남쪽으로 갈수록 해양성 기후가 강하다. 계절적으로 보자면, 여름에는 남쪽 해양의 영향으로 고온다습하고, 겨울에는 북쪽 대륙의 영향으로 몹시 춥다. 한반도 전체가 여름에는 다열대로, 겨울에는 냉한대로 변한다. 한반도는 일년 중 기온의 변화가 큰, 즉 연교차가 심한 곳이다. 강수는 초여름의 장마[99] 때 집중된다. 이렇듯 한반도는 연중 기온과 강수의 변화가 큰 '몬순'(monsoon)[100] 기후로 분류된다.

한반도에는 남북의 차이와 함께 동서의 차이도 있다. 동쪽으로 갈수록 지형이 높아지고, 서쪽으로 갈수록 지형이 낮아진다. 이른바 '경동지괴(傾動地塊, 동쪽으로 기울어진 땅덩어리) 지형이다. 이 지형은 바다로도 이어진다. 그래서 동해는 급격히 수심이 깊어지고 서해는 전체적으로 수심이 완만하다. 한반도는 삼면이 바다로 둘러싸여 있다. 그런데 동해, 서해, 남해의 성격이 크게 다르다. 동해는 깊고 맑고, 서해는 낮고 흐리고, 남해는 따뜻하다. 서해와 남해의 해안 지역은 대단히 복잡하고 섬도 많다. 해안 지역과 내륙 지역의 차이도 상당하다. 해안 지역은 해산물 지역이라면, 내륙 지역은 산나물 지역이다. 이렇게 생태와 생활의 차이가 명확하다.

한국은 세계 220개 국가들 중에서 크기가 중간 순위에 속하고, 남북한을 합한 한반도는 80위 정도가 된다. 남한은 물론 한반도도 큰 지역은 아니지만 그렇게 작은 지역도 아니다. 예로부터 우리는 한반도를 '삼천리 금수강산'이라고 말했는데 삼천리는 절대 짧은 게 아니다. 우리나라를 '작은 나라'라고 말하는 게 아주 당연한 것처럼 널리 퍼져 있는데 이것은 사실과 맞지 않을 뿐더러 자신을 폄하하는 극히 잘못된 인식이다. 한반도의 가장 큰 특징은 다양성이다. 남북으로 길어서 여러 기후대에 걸쳐 있고, 세 바다, 해안과 내륙, 경동지괴, 평지와 산지 등 지형이 아주 다양하다.

이렇게 기후와 지형이 다양해서 생물도 대단히 다양하다. 더욱이 해양에서 대륙으로, 대륙에서 해양으로 이동하는 철새들의 휴식지이기도

하다. 자연과 생활의 다양성이 한반도의 기본적인 특징이다. 여기에 울릉도와 제주도를 더하면 다양성은 더욱 더 커진다. 그런데 대대적인 개발로 말미암아 한국의 자연은 크게 훼손되고 말았다. 1872년에 미국에서 시작된 국립공원 제도를 통해 여러 지역들을 강력히 보호하고 있으나 보존과 보호가 목적인 국립공원들도 과도한 이용 요구로 말미암아 올바로 유지되지 못하고 심하게 훼손될 위험에 처해 있다.

우리 국토는 용도 지역, 용도 지구, 용도 구역으로 구별되어 이용되고 보호된다. 최상위의 용도 지역은 도시 지역, 관리 지역, 농림 지역, 자연환경보전 지역 등 네 종류로 되어 있다.[101] 용도 지역은 크게 도시 지역과 비도시 지역(관리, 농림, 자연환경보전)으로 나뉜다. 도시 지역은 주거(전용, 일반, 준주거), 상업(일반, 중심, 근린, 유통), 공업(일반, 전용, 준공업), 녹지 지역(자연, 생산, 보존)의 네 지역으로 나뉘고, 비도시 지역은 관리(보전, 생산, 계획), 농림, 자연환경보전의 세 지역으로 나뉜다.

2020년 현재, 용도 지역은 도시지역 17,763km^2(16.7%), 관리지역 27,260km^2(25.7%), 농림지역 49,301km^2(46.4%), 자연환경보전지역 11,885km^2(11.2%)로 조사되었다. 자연 지역으로 지켜지고 있는 곳은 국토의 11.2%밖에 되지 않고, 이마저도 여러 개발사업들로 계속 훼손되고 있는 실정이다. 자연이 잘 지켜지지 않는 곳에서는 인간도 잘 지켜지기 어렵다. 자연이 심하게 훼손된 곳에서는 삶의 질은 물론이고 생존 자체도 보장되지 않는다. 한국은 생태복지를 강력히 실행해야 한다.

생태복지는 현대 국가의 최고 발전 과제이다. 그것은 자연을 원래대로 지키는 것을 기본으로 한다. 이와 관련해서 우리의 전통 지리관인 '산경'과 '산천' 또는 '강산'의 관점을 되살릴 필요가 있다. 18세기에 간행된 『산경표』는 산경(산줄기)을 정리한 것으로 지질학적 개념인 산맥과 달리 인문학적 개념인 산경을 중심으로 한반도의 특징을 설명한다. 산과 거기서 연원하는 강이 생명을 키우는 기본이고, 인간의 생활도 산천 또는 강 산에 의거해서 이루어진다. 산과 강을 원래대로 지키는 것은 생명의 기본을 지키는 것이다.

그러나 한국은 온갖 개발이 마구 강행되어 엄청난 파괴적 개발을 겪었다. 그 결과 한국의 자연은 빈사 상태에 빠지게 되었다. 심지어 RE 100과 Net 0의 생태적 개발도 파괴적 개발로 악용된다. 산천을 마구 파괴해서 재생 발전기를 설치하고, 탄소 중립을 명목으로 마구 산림을 파괴하는 것이다. 이 와중에 DMZ가 세계 최고의 생태지역으로 변모한 것은 참으로 역설적이면서 자연을 보존-보호하는 최상의 방법이 어떤 것인가를 여실히 보여준다. 그냥 내버려두면 자연은 본래의 모습을 되찾는다.

오늘날 세계에서 자연을 지키기 위한 가장 유효한 제도는 국립공원 제도이다. 이 제도는 1872년 미국이 '옐로우 스톤' 지역을 국립공원으로 지정한 것으로 시작되었다. 오늘날 지구의 모든 주요 자연 지역은 각국의 국립공원으로 지정되어 보호되고 있다. 한국에는 22개 국립공원이 있고, 산악형(18개), 해상·해안형(3개), 사적형(1개)[102]으로 구분된다. 국립공원의 전체 면적은 6,726km^2인데, 59.1%인 3,972km^2가 육상이며, 40.9%인 2,754km^2는 해상이다. 이와 함께 생태·경관보전지역, 람사르 습지[103], 유네스코 생물권 보전지역(Biosphere Reserves)[104], 유네스코 세계자연유산[105] 등으로 보호되는 곳이 있다. DMZ는 이 모든 제도들을 다 동원하고 추가로 특별법을 만들어서 길이 잘 지켜야 한다.

한국에서 자연의 보호는 '자연환경보전법'을 기초로 해서 이루어진다. 그런데 이 법은 그 원칙부터 '보전'과 '이용'을 사실상 대등하게 제시하고 있어서 그 실효성이 상당히 약한 상태이다.[106]

제3조(자연환경보전의 기본원칙) 자연환경은 다음의 기본원칙에 따라 보전되어야 한다.

1. 자연환경은 모든 국민의 자산으로서 공익에 적합하게 보전되고 현재와 장래의 세대를 위하여 지속가능하게 이용되어야 한다.
2. 자연환경보전은 국토의 이용과 조화·균형을 이루어야 한다.
3. 자연생태와 자연경관은 인간활동과 자연의 기능 및 생태적 순환이 촉진되도록 보전·관리되어야 한다.
4. 모든 국민이 자연환경보전에 참여하고 자연환경을 건전하게 이용할 수 있는 기회가 증진되어야 한다.
5. 자연환경을 이용하거나 개발하는 때에는 생태적 균형이 파괴되거나 그 가치가 낮아지지 아니하도록 하여야 한다. 다만, 자연생태와 자연경관이 파괴·훼손되거나 침해되는 때에는 최대한 복원·복구되도록 노력하여야 한다.
6. 자연환경보전에 따르는 부담은 공평하게 분담되어야 하며, 자연환경으로부터 얻어지는 혜택은 지역주민과 이해관계인이 우선하여 누릴 수 있도록 하여야 한다.
7. 자연환경보전과 자연환경의 지속가능한 이용을 위한 국제협력은 증진되어야 한다.
8. 자연환경을 복원할 때에는 환경 변화에 대한 적응 및 생태계의 연계성을 고려하고, 축적된 과학적 지식과 정보를 적극적으로 활용하여야 하며, 국가·지방자치단체·지역주민·시민단체·전문가 등 모든 이해관계자의 참여와 협력을 바탕으로 하여야 한다.

4. 개발

한반도의 '야경' 사진이 잘 보여주듯이, 남한은 과잉개발 상태이고, 북한은 과소개발 상태이다. 남북 평화는 남과 북에 엄청난 이익을 가져올 수밖에 없다.

① 도시

한국은 도시화율이 90%를 넘는 거의 완전한 도시 사회를 이루었다. 행정적으로 한국에서 도시는 시와 읍을 뜻한다. 군(郡)의 중심은 읍(邑)인데, 시와 읍이 모두 162곳에 이른다. 지방자치법에서 대도시는 인구 50만 명 이상이고, 인구 100만 명 이상은 특례시가 될 수 있다. 지자체로 보자면 한국의 지역은 17곳의 광역지자체와 그 하위의 기초지자체

그림 17 한반도 야경

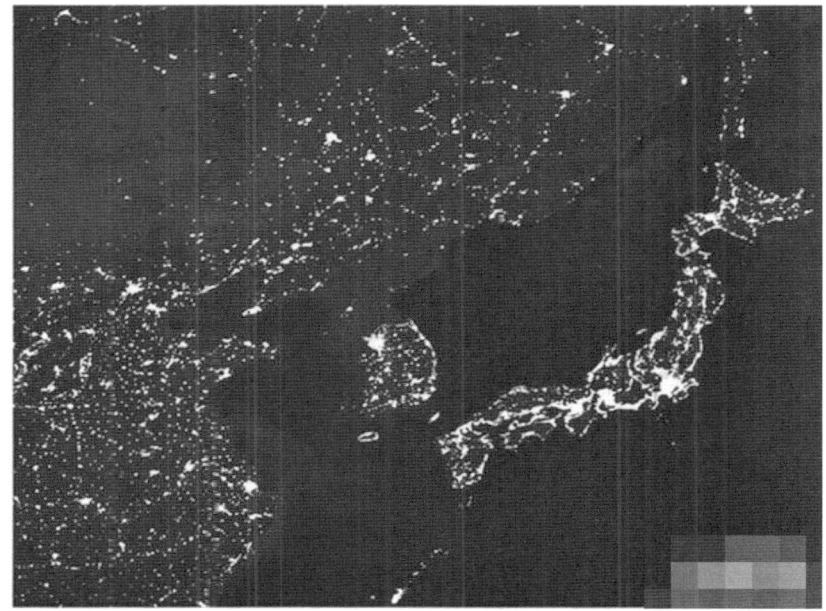

로 나뉜다. 도시로 보자면 한국의 지역은 서울특별시, 부산광역시, 대구광역시, 인천광역시, 광주광역시, 대전광역시, 울산광역시, 세종특별자치시 등 거대도시들이 주도한다. 경기도 수원시는 기초지자체이나 광역지자체인 울산광역시보다 인구가 더 많다. 수원, 고양, 용인, 성남, 부천, 화성, 남양주, 안산, 안양, 평택, 시흥, 파주, 의정부, 김포, 광주 등 경기도의 15개 도시가 전국의 30대 도시에 들어간다. 수도권의 인구가 전국 인구의 50%를 넘으며, 수도권은 과밀로 무너지고 있는 상태이다. 강원도는 원주, 춘천, 강릉이 3대 도시이고, 충북은 청주, 전북은 전주가, 경남은 창원[107]이, 제주는 제주시가 대표 도시이다.

② 철도

2022년 현재, 한국에는 경부선, 호남선, 중앙선 등을 기본으로 총 1만km가 넘는 철도가 건설되어 있다.

2022년 현재, 한국에는 서울-수도권을 비롯해서 부산, 대구, 대전, 광주에 총 740km 정도의 지하철이 건설되어 있고, 이 중에서 서울 1~9호선이 350km 정도에 이른다.

③ 도로

2022년 현재, 한국에는 도로 113,405km, 고속도로 4,866km가 건설되어 있다. 참고로 북한에는 도로 26,203km, 고속도로 658km가 건설되어 있다.

2022년 현재, 한국의 자동차 등록대수는 2500만 대를 넘었다. 거의 2명당 1대의 수준이다.

④ 항만/항구

항만은 여러 시설이 설치되어 있는 항구로 무역항과 연안항으로 나뉜다. 2022년 현재, 무역항은 31개, 연안항은 29개가 있다.

항구는 선박이 드나드는 곳으로 크게 상업항, 어(업)항, 군항으로 나뉜다. 어(업)항은 국가항, 지방항, 어촌항으로 나뉘는데, 2022년 현재 국가어항은 115개가 지정되어 있다.

⑤ 공항

2022년 현재, 8개의 국제공항과 7개의 국내공항이 건설되어 있다. 국제공항은 인천, 김포, 김해, 대구, 제주, 강원 양양, 충북 청주, 전남 무안 등이다. 인천 국제공항을 제외한 모든 공항을 한국공항공사가 관리한다.

⑥ 댐

댐은 하천을 가둬두기 위해 건설된 거대한 시설로 대부분 국토부의 '수자원공사'가 관리한다. 한국에는 17,656개의 댐이 건설되어 있는데, 20개의 다목적댐이 저수량의 68.3%를 차지한다. 댐(dam)과 보(洑)를 구분하는데 사실 보도 영어로 댐이다. 높이 15m 이상을 대댐으로 규정하는데, 댐은 보통 이 대댐을 가리키고, 보는 그 이하의 것을 가리킨다. 댐은 하천의 흐름을 막는 심각한 반자연 시설로 선진국에서는 이미 수십년

표 7 한국의 댐

구 분	합 계	다목적댐	생공용수댐	수력발전댐	농업용수댐
개 소	17,656	20	55	12	17,569
유효저수량주 (백만㎥)	13,327	9,108	503	944	2,772
		68.3%	3.8%	7.1%	20.8%

출처: 한국대댐회(2010), '한국의 수자원'[103]

전부터 댐의 해체를 시행하고 있다. 우리도 더 이상 댐을 짓지 말아야 하며, 이명박 정권이 강행한 '4대강 죽이기'의 16개 보는 모두 철거하거나 상시개방해야 한다.[109]

⑦ 방조제

방조제는 바닷물을 막기 위해 건설된 거대한 시설로 대부분 농림축산식품부의 '농어촌공사'에서 관리한다. 2020년 현재, 전국에 1,693개의 방조제가 건설되어 있다. 방조제는 해변과 하구의 자연을 심하게 훼손하는 문제를 안고 있고, 매립 사업으로 이어져서 더욱 더 심한 자연 훼손을 일으키기 쉽다. 방조제로 인한 하천과 바다의 오염은 이미 시화 방조제로 극명히 입증됐는데, 전두환-노태우 독재가 시작한 새만금 방조제는 더욱 더 심한 오염과 파괴의 문제를 일으키고 있다.

⑧ 발전소

발전소는 전기를 생산하는 거대한 시설이다. 한국에서 전기의 생산과 공급은 공기업인 한전(한국전력)이 사실상 완전독점하고 있다가, 2001년 발전은 6개의 자회사[110]를 만들어서 넘기고, 한전은 송배전과 판매를 독점하고 있다.

현대 사회는 그야말로 '전기 사회'로서 전기는 우리의 생활을 지탱한다. 그러나 전기의 생산은 큰 문제를 안고 있다. 현재 한국의 전기는 대부분 석탄과 핵으로 생산되는데 석탄 발전은 기후 위기를, 핵 발전은 방사능 오염을 일으킨다. 발전소에서 생산된 전기는 송전선을 통해 소비지로 이동된다. 송전선과 송전탑도 심각한 오염-훼손 시설이다. 송전된 전기는 변압소-변압기를 거쳐서 소비자들에게 배전된다. 보통 전깃줄과 전봇대로 불리는 배전선과 배전대도 심각한 오염-훼손 시설이다.

표 8   에너지원별 발전량   (단위: GWh)

에너지원별(1)	에너지원별(2)	에너지원별(3)	2019	2020	2021
합계	소계	소계	563,040	552,162	576,809
원자력	소계	소계	145,910	160,184	158,015
화력	소계	소계	375,031	344,499	368,699
	석탄	소계	227,384	196,333	197,966
		유연탄	224,825	194,257	196,105
		무연탄	2,559	2,076	1,861
	유류	소계	3,292	2,255	2,354
	LNG	소계	144,355	145,914	168,378
양수	소계	소계	3,458	3,271	3,683
신재생 및 기타	소계	소계	38,641	44,208	46,412

출처: KOSIS
주: '신재생 및 기타'는 수력, 태양광, 풍력, 폐기물, 바이오, 매립가스, 해력(조력, 조류, 파력), 연료전지, 석탄액화가스 등임.

    2021년 현재, 한국은 세계 8위의 발전국[111]이고, 전기 생산은 석탄(34%) ＞ 핵(27.4%) ＞ LNG(29.2%) ＞신재생 및 기타(8%) ＞ 양수(0.6%) ＞ 석유(0.4%)의 순으로, 화력(63.6%)과 핵(27.4%)이 대부분(91%)을 차지한다. 그런데 '신개생'은 한국에서만 쓰는 이상한 용어다. 이것은 신에너지와 재성에너지를 합친 것으로, 신에너지는 수소, 연료전지, 석탄 액화/기화, 석유 기화[112] 등이고, 재생에너지는 태양, 바람, 폐기물 등으로 규정되어 있다('신재생에너지법'). 그런데 신에너지는 사실상 화석연료이고, 폐기물은 재생에너지가 아니다. 재생에너지는 자연적으로 재생되는 에너지로 그 대표는 태양과 바람이고, 가장 풍부하고 효율적이고 자연을 훼손하지 않을 수 있는 태양광(햇빛)이 더욱 좋다. 태양광 발전기를 산, 들, 강 등에 설치하는 것은 잘못이다. 건물, 시설, 도로, 철도, 도시 등에 설치해서 생산과 소비를 일치시키고 자연을 훼손하지 않아야 한다.

- 화력: 2022년 현재, 13곳에서 57기의 석탄 발전기 가동 중, 2곳에서 4기의 석탄 발전기 공사 중.
- 핵: 2022년 현재, 총 7곳의 부지(6곳이 동해안) 중 6곳에서 24기 가동 중, 2곳에서 4기 건설 중.

- LNG: 2022년 현재, 전국에 89대(수도권 59대, 수도권 이외 30대)[113]
- 수력:

  한수원 - 수력 9곳, 양수 7곳(세 곳 추가 신축), 소수력

  수자원 - 수력 9곳[114], 소수력

표 9 수력 발전

구분		대수	용량(MW)	점유율(%)
일반수력	한수원(주)	21	591.7	9.3
	수자원공사	22	1,000.6	15.7
	소 계	43	1,592.3	25.0
양 수	한수원(주)	16	4,700	73.8
소수력	한수원(주)	14	11.3	0.16
	수자원공사	55	42.3	0.67
	발전자회사	16	22.1	0.34
	소 계	85	75.7	1.2
합 계		144	6,368	100

출처: 이방훈(2012)

- 풍력: 2019년 현재, 103개 단지에 총 690개의 풍력 발전기 설치, 누적 설비용량 1,490.2MW[115]
- 태양광: 2022년 현재, 전국에 125,022개 설치, 누적 설비용량 21,666.11(MW), 발전량 23,861,671(MWh)[116]

- 송전: 2021년 현재, 송전선 220,176,208m 설치, 지지물 42,647개 (송전탑 40,968개, 송전주 1,615개) 설치.
- 배전: 2021년 현재, 배전선 1,509,799km (고압선 857,344km, 저압선 652,455km) 설치, 지지물 9,940,440개 (콘크리트 9,525,065개, 강관 413,947개) 설치, 개폐기 205,387개 (지상 123,753개, 지중 81,634개) 설치.[117]

⑨ 정보화
- 컴퓨터: 2021년 607만 대 출하
- 휴대폰: 2021년 이동전화 회선 약 7,127만 개, 스마트폰 회선은 약 5,259만 개.

⑩ 여가
- 골프장: 2021년 현재, 9홀 포함 810곳, 18홀 기준 576곳으로 세계 8위
- 스키장: 2021년 현재, 전국에 16곳
- 해수욕장: 2021년 현재, 전국에 277곳
- 숙박시설: 2024년 현재, 전국에 30,210곳 정도

그림 18 전국의 숙박시설 수

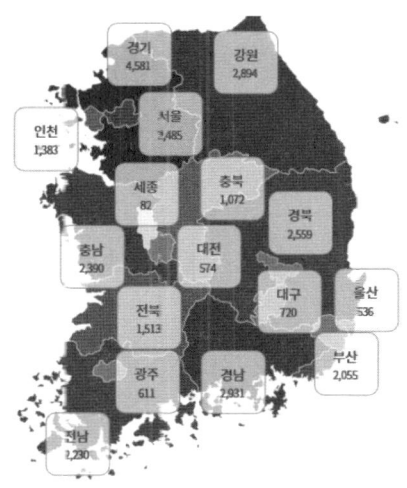

출처: 한국관광데이터랩

3부 한국 사회의 이해

7장   정치 – 취약한 민주화

정치는 권력이라는 합법적 강제력으로 국가를 운영하는 활동이다.[118] 따라서 정치가 잘못되면 국가가 잘못될 수밖에 없고, 국가가 잘못되면 국민들이 잘못되게 된다. 그 누구도 정치로부터 자유로울 수 없다. 아무리 정치에 무관심한 사람이라도 정치에 의해 통제되고 규정된다. 현대의 정치는 대체로 민주주의로 이루어지고, 민주주의는 모든 국민이 주권자인 체제다. 오늘날 한국은 세계적인 민주 국가로 평가되고 있지만, 그 실상은 극히 심각한 문제를 안고 있다. 이 중대한 사실을 직시해야 한다.

1. 한국의 국가와 정치

한국은 '민주공화국'이다. 모든 국민이 주권자이고, 정치에 참여할 수 있다. 한국의 국체와 정체는 헌법으로 규정되어 있다. 국체는 국민이 주권자인 '민주공화국'이고, 정체는 대통령이 중심인 '대통령제'이다. 현재의 헌법은 1987년 6월의 '민주 항쟁'을 통해 개정된 '1987년 6월 민주 헌법'이다. 이 헌법은 전문, 본문(10개 장), 부칙 등으로 이루어져 있고, 본문은 국회, 정부, 법원의 삼권 분립을 기본으로 작성되어 있다. 헌법은 모든 조항이 다 중요하지만 정치와 관련해서 특히 유의해야 할 사항으로 다음을 제시하고자 한다.

제1장 총강
제1조 ①대한민국은 민주공화국이다.

②대한민국의 주권은 국민에게 있고, 모든 권력은 국민으로부터 나온다.

제5조 ①대한민국은 국제평화의 유지에 노력하고 침략적 전쟁을 부인한다.
②국군은 국가의 안전보장과 국토방위의 신성한 의무를 수행함을 사명으로 하며, 그 정치적 중립성은 준수된다.

제8조 ①정당의 설립은 자유이며, 복수정당제는 보장된다.
②정당은 그 목적·조직과 활동이 민주적이어야 하며, 국민의 정치적 의사형성에 참여하는데 필요한 조직을 가져야 한다.
③정당은 법률이 정하는 바에 의하여 국가의 보호를 받으며, 국가는 법률이 정하는 바에 의하여 정당운영에 필요한 자금을 보조할 수 있다.
④정당의 목적이나 활동이 민주적 기본질서에 위배될 때에는 정부는 헌법재판소에 그 해산을 제소할 수 있고, 정당은 헌법재판소의 심판에 의하여 해산된다.

제2장 국민의 권리와 의무

제10조 모든 국민은 인간으로서의 존엄과 가치를 가지며, 행복을 추구할 권리를 가진다. 국가는 개인이 가지는 불가침의 기본적 인권을 확인하고 이를 보장할 의무를 진다.

제3장 국회

제40조 입법권은 국회에 속한다.
제41조 ①국회는 국민의 보통·평등·직접·비밀선거에 의하여 선출된 국회의원으로 구성한다.

②국회의원의 수는 법률로 정하되, 200인 이상으로 한다.

③국회의원의 선거구와 비례대표제 기타 선거에 관한 사항은 법률로 정한다.

제65조 ①대통령·국무총리·국무위원·행정각부의 장·헌법재판소 재판관·법관·중앙선거관리위원회 위원·감사원장·감사위원 기타 법률이 정한 공무원이 그 직무집행에 있어서 헌법이나 법률을 위배한 때에는 국회는 탄핵의 소추를 의결할 수 있다.

②제1항의 탄핵소추는 국회재적의원 3분의 1 이상의 발의가 있어야 하며, 그 의결은 국회재적의원 과반수의 찬성이 있어야 한다. 다만, 대통령에 대한 탄핵소추는 국회재적의원 과반수의 발의와 국회재적의원 3분의 2 이상의 찬성이 있어야 한다.

③탄핵소추의 의결을 받은 자는 탄핵심판이 있을 때까지 그 권한행사가 정지된다.

④탄핵결정은 공직으로부터 파면함에 그친다. 그러나, 이에 의하여 민사상이나 형사상의 책임이 면제되지는 아니한다.

제4장 정부

제66조 ①대통령은 국가의 원수이며, 외국에 대하여 국가를 대표한다.

②대통령은 국가의 독립·영토의 보전·국가의 계속성과 헌법을 수호할 책무를 진다

③대통령은 조국의 평화적 통일을 위한 성실한 의무를 진다.

④행정권은 대통령을 수반으로 하는 정부에 속한다.

제67조 ①대통령은 국민의 보통·평등·직접·비밀선거에 의하여 선

출한다.

②제1항의 선거에 있어서 최고득표자가 2인 이상인 때에는 국회의 재적의원 과반수가 출석한 공개회의에서 다수표를 얻은 자를 당선자로 한다.

③대통령후보자가 1인일 때에는 그 득표수가 선거권자 총수의 3분의 1 이상이 아니면 대통령으로 당선될 수 없다.

④대통령으로 선거될 수 있는 자는 국회의원의 피선거권이 있고 선거일 현재 40세에 달하여야 한다.

⑤대통령의 선거에 관한 사항은 법률로 정한다.

제74조 ①대통령은 헌법과 법률이 정하는 바에 의하여 국군을 통수한다.

②국군의 조직과 편성은 법률로 정한다.

제5장 법원

제101조 ①사법권은 법관으로 구성된 법원에 속한다.

②법원은 최고법원인 대법원과 각급법원으로 조직된다.

③법관의 자격은 법률로 정한다.

제106조 ①법관은 탄핵 또는 금고 이상의 형의 선고에 의하지 아니하고는 파면되지 아니하며, 징계처분에 의하지 아니하고는 정직·감봉 기타 불리한 처분을 받지 아니한다.

②법관이 중대한 심신상의 장해로 직무를 수행할 수 없을 때에는 법률이 정하는 바에 의하여 퇴직하게 할 수 있다.

제9장 경제

제11)조 ①대한민국의 경제질서는 개인과 기업의 경제상의 자유와 창의를 존중함을 기본으로 한다.
②국가는 균형있는 국민경제의 성장 및 안정과 적정한 소득의 분배를 유지하고, 시장의 지배와 경제력의 남용을 방지하며, 경제주체간의 조화를 통한 경제의 민주화를 위하여 경제에 관한 규제와 조정을 할 수 있다.

제12)조 ①광물 기타 중요한 지하자원·수산자원·수력과 경제상 이용할 수 있는 자연력은 법률이 정하는 바에 의하여 일정한 기간 그 채취·개발 또는 이용을 특허할 수 있다.
②국토와 자원은 국가의 보호를 받으며, 국가는 그 균형있는 개발과 이용을 위하여 필요한 계획을 수립한다.

그런데 한국의 삼권 분립은 상당히 기형적인 상태에 있다. 무엇보다 큰 문제는 사법부, 즉 법원에 있다. 법관의 신분이 대단히 강력히 보장되고 있고, 그 잘못에 대한 처벌이 거의 불가능하다. 법관이 법을 자의적으로, 편파적으로 적용하는 사례가 너무나 많다. 그러나 이런 잘못으로 처벌받는 법관은 전혀 없다. 법원의 '제 식구 감싸기'가 횡행하기 때문이다.[119] 박정희 독재의 인혁당 조작 사건으로 무려 8명의 국민이 사형당했다. 당시 고문과 조작이 명확히 드러났어도 법관들이 사형을 선고했고, 민주화로 이 '사법 살인' 범죄가 명백히 밝혀졌어도 이 자들은 아무도 처벌받지 않았다.

정부에서도 가장 큰 문제는 바로 사법 행정을 맡은 검찰에 있다. 검찰은 법무부의 일개 외청으로 그 수장은 차관급의 검찰청장이어야 하나

헌법에 검찰총장이라는 잘못된 직명으로 제시되고 장관급으로 행세하고 있다. 더욱 더 중요한 것은 검찰이 수사권과 기소권을 독점해서 법치를 장악하고 국가를 좌우할 수 있다는 것이다. 검경 수사권 조정과 고위공직자수사처(공수처)의 설치로 이 문제가 다소 약화되었으나 검찰은 여전히 거의 무소불위 상태에 있다. '유검무죄 무검유죄'가 현실인 참담한 상태인 것이다. 검사가 주도하고 판사가 완성하는 검판 법비 독재가 자행될 수 있다.

참혹한 검판 법비 범죄자들이 올바로 처벌되기는커녕 오히려 훌륭한 선배 법조인으로 숭앙되고 있다. 그 후예들이 이 나라를 지배하고 있기 때문이다. 이 나라의 민주화는 크나큰 문제를 안고 있다. 그것은 '시민 헌법'이니 '공화주의'니 하는 추상적 이념을 떠드는 것으로 해결되는 것이 아니다. 민주주의는 법치로 작동된다. 따라서 법치가 제대로 이루어지지 않으면 민주주의는 망가지고 죽게 된다. 검판 법비들이 법치를 사유화해서 민주주의를 망치고 죽이는 것이 이 나라의 무참한 현실이다. 이른바 '87년 체제'의 가장 큰 문제는 바로 이것이다. 법비의 척결이 이 나라의 최고 발전 과제이다.

2. 민주화의 전개

각성한 한국인들이 1894년 동학 농민전쟁 이후 쉬지 않고 근대화와 선진화를 향한 투쟁을 헌신적으로 전개해 왔다. 그 결과 한국은 세계적으로 손꼽히는 근대화와 선진화를 달성한 국가가 되었다. 그러나 한국은 여전히 많은 문제들을 안고 있다. 한국의 최고 발전 과제는 흔히 '적폐청산'으로 불리는 것으로 매국과 독재를 추구하는 비리 세력을 척결하는 것이다. 비리 세력은 본질적으로 반민족 반민주 세력이어서 언제나 합리가 아닌 비리를 자행한다. 근대화와 선진화는 물질적으로 공업화, 사회적으로 합리화로 이루어지는데, 그 바탕에는 바로 정치적으로 민주화가 놓여 있다. 민주화가 근대화와 선진화의 그갱이인 것이다. 민주화는 단순히 자유 투표로 달성되지 않는다. 한국의 민주화는 일본의 침략과 비리 세력에 맞서서 전개되었다.

일본의 오랜 침략과 강점은 '친일파'라는 매국노들을 많이 만들어냈다. 일본은 1876년에 조선 침략을 시작했고, 1884년 갑신정변을 사주했으나 처참히 실패했고, 1894년 동학 전쟁 진압과 청일전쟁 승리로 조선 지배를 시작했고, 1904년 러일전쟁 승리로 조선 지배를 강화했고, 1905년 미국과 밀약을 맺어 조선 지배를 확정했고, 1905년 을사늑약으로 사실상 조선을 완전 강점했고, 1910년 한일병합으로 조선을 확실히 완전 강점했다. '친일파'라는 명칭은 19세기 말의 혼란기에 잘못 만들어진 말이다. 일본의 침략에 따라 이 명칭은 당연히 '매국노'로 바뀌었어야 했다. 공식적으로는 '친일 반민족행위자'로 통칭하지만 사실 '부일 매국노' 또는 '친일 매국노'로 해야 옳다. 그 원천은 부패한 왕족과 양반들이다. 여기서 결코 잊지 말아야 할 자가 조병갑과 이완용이다.

조병갑(趙秉甲, 1844~1912)은 극악한 탐관오리로서 동학 농민혁명의 직접적 원인 제공자다. 이 자가 농민들을 착취하고 살상해서 동학 농민 전쟁이 일어났다. 그런데 이 자는 수십만 명이 학살된 동학 농민혁명의 유발자로 처벌은커녕 고종의 총애를 받아 동학의 교주 최시형 선생에게 사형을 선고하는 재판관이 됐고 조선의 패망 뒤에도 호의호식하다가 죽었다. 조병갑은 조선 말의 무능한 왕과 사악한 양반의 문제를 대표하는 자가 아닐 수 없다.

이완용(李完用, 1858~1926)은 더 말할 필요가 없는 대표 매국노다.

1905년 을사 오적(학부대신 이완용, 군부대신 이근택, 내부대신 이지용, 외부대신 박제순, 농상공부대신 권중현), 1907년 정미 칠적(총리대신 이완용, 농상공부대신 송병준, 군부대신 이병무, 탁지부대신 고영희, 법부대신 조중응, 학부대신 이재곤, 내부대신 임선준), 1910년 경술 팔적(총리대신 이완용, 시종원경 윤덕영, 궁내부대신 민병석, 탁지부대신 고영희, 내부대신 박제순, 농상공부대신 조중응, 친위부장관 겸 시종무관장 이병무, 이완용의 처남인 승녕부총관 조민희)을 함께 기억해야 한다. 여기에는 빠졌지만 이것들과 같은 급의 '부일 매국노'로 민비의 척족으로 일제 때 조선 최고의 갑부가 된 민영휘(閔泳徽, 1852~1935)도 잊지 말아야 한다.[120]

조선의 패망은 1905년의 '을사늑약'으로 사실상 확정되었는데 '을사 오적'은 모두 재판관이었다는 사실도 꼭 기억해야 한다.[121] 평리원(平理院)은 오늘날의 '대법원'이다. 일제의 강점과 독재의 전횡도 단지 총칼로 자행된 것이 아니라 법을 내세운 법치의 형태로 자행됐다. 유무죄를 제기하고 결정하는 검사와 판사가 그 직접 주체였다. 그런데 단 한 명의 검사와 판사도 일제와 독재의 직접 실행 주체로서 처벌되지 않았다. 이 기이한 문제가 오늘까지 이어지며 검사와 판사의 전횡 문제를 낳았다. 검찰의 전횡과 거기에 결탁한 법원의 문제는 일제와 독재의 역사적 유산으로 일제와 독재가 여전히 강력히 작동되고 있다는 사실을 생생히 입증한다.

1945년 8월 15일 한국은 일본의 강점에서 해방되었으나, 미국과 소련의 대립으로 말미암아 남한과 북한이 분단됐고, 1948년 8월 15일과 9월 9일 남북한에서 각각 단독 정부가 출범했다. 오늘날 남북한은 세계 유일의 분단 국가이다. 하나의 민족이 하나의 국가를 이루고 있었으나, 강대국에 의해 분단되어 통일되지 못하고 있는 것이다. 한국의 분단은 2차 세계대전 뒤의 세계 질서가 대단히 불공정한 것이었음을 입증하는 가장 중요한 역사적 사례다. 전범국 일본이 전범국 독일처럼 분단되어야 마땅했고 한국은 당연히 하나의 국가로 일본의 분할점령 통치에 참가했어야 했다. 미국과 소련의 대립에 틸붙은 남북한 비리 세력의 발호로 엄청난 역사적 비극이 빚어지고 말았다.

더욱 더 안타까운 것은 분단이 전쟁으로 이어진 것이다. 1950년 6월 25일 북한의 김일성은 소련과 중국의 지원을 받아 남한을 불시에 침공하는 만행을 저질렀다. 1953년 7월 27일 정전협정을 체결하기까지 남한군 약 14만 명, 유엔군 약 3만8000명, 북한군 약 52만 명, 중공군 약 15만 명 등이 사망했고, 남한의 민간인 사망자 약 25만 명, 남한의 피난민 약 650만 명 등이 발생했다.[122] 도시, 공장, 도로 등의 파괴도 극심했다. 미군은 아예 '초토화 작전'으로 북한 지역에 대해 도시는 물론 농촌도 '무차별 폭격'을 가했고, 북한과 만주 지역에 수십 개의 핵폭탄을 투하할 계획도 추진했다.[123] 한반도가 살륙과 파괴의 지옥이 되고 말았다.

그림 19 이승만과 드골의 비교

친일-부일 매국 비리 세력은 분단과 전쟁을 최대한 악용해서 권력을 장악하고 극악한 독재를 강행했다. 이승만 독재는 1948~60년 동안 자행되며 수많은 사람들을 죽이고 나라를 망쳤다. 1948년 4.3 항쟁 학살 2만5천~3만 명, 1950년 국민보도연맹 학살 10만~30만 명, 1951년 국민방위군 학살 5만~9만 명, 4.19 혁명 학살 186명 등 이승만 독재는 수십만 명을 학살했다. 또한 이승만은 1949년 6월 6일 반민특위를 해산시킨 주범이자 같은 해 6월 29일 김구 선생을 암살시킨 배후로 추정된다. 이승만은 자유민주주의를 처절히 짓밟은 국적(國賊)이었다.

이어서 일본군 출신 매국노 박정희가 군사 반란을 주도해서 권력을 찬탈했다. 이로써 30년에 걸친 군사독재가 자행됐다. 박정희 독재는 일제의 만주 강점 제도를 모방해서 만든 주민등록제도로 모든 국민을 감시했고, 1972년 유신 독재로 헌법을 폐지하고 박정희의 영구집권을 강행했고, 저항하는 모든 국민들을 마구 체포-고문-투옥-살해했다. 박정희와 대법원이 자행한 1975년 4월 9일의 '인혁당 사형'은 고문으로 사건을 조작하고 8명의 무고한 국민들을 사형한 극악한 사건으로 이 날은 '세계 사법사상 암흑의 날'로 역사에 남았다.[124] 전두환과 노태우는 18년이 넘게 지속된 박정희의 독재가 끝나고 타오른 민주화의 열망을 총칼로 짓밟고 권력을 찬탈했다. 전두환-노태우의 1980년 광주 학살은 1987년 6월 항쟁으로 끝나게 되었으나, 노태우 정권은 사실 전두환 정권의 연장으로 학살 독재가 합법적으로 지속된 것이었다.

3. 취약한 민주화

1992년의 대통령 선거에서 김영삼이 당선되어 마침내 오랜 독재가 끝나게 되었다. 그러나 김영삼의 당선은 박정희-전두환-노태우 세력과 야합한 결과였다. 이 때문에 한국의 민주화는 비리 세력을 척결하는 것이 아니라 그것에 포위되는 것이 되고 말았다. 이렇게 해서 한국의 민주화는 '포위된 민주화'에 의한 '취약한 민주화'의 문제를 안게 되었다. 정치의 민주화는 사회의 합리화로 이어진다. 민주화가 없이는 비리의 척결이 없고, 비리의 창궐은 망국의 원천이다. 헌신적인 민주화 투쟁으로 44년 장기 독재에도 이 나라의 발전을 지속될 수 있었고, 본격적 민주화로 이 나라의 잠재력이 분출되어 크나큰 발전을 이룰 수 있게 되었다. 그러나 '취약한 민주화'의 문제가 이 나라의 발전을 강력히 제약하고 있다.

'포위된 민주화'는 대통령 직선제로 민주 개혁 세력이 대통령에 당선되어 정부를 운영하게 되더라도 검사를 필두로 공무원의 다수는 비리 세력이고 국회의원과 법관도 다수가 비리 세력인 상태를 뜻한다. 나아가 언론, 학계, 경제도 비리 세력이 계속 장악하고 있다. 정-관-재-언-학-법의 국가-사회 통치 체계를 비리 세력이 계속 지배하는 것이다. 여기에 덧붙여서 민주 개혁 세력의 내부에 비리 세력과 야합하는 기회파가 많다. 그 결과 민주화가 제대로 진척되지 않는다. 국회에서 언론 개혁, 검찰 개혁, 법원 개혁에 관한 입법이 제대로 이루어지지 않고, 어렵게 만들어 놓은 공수처도 제대로 작동되지 않고, 언론은 기존의 비리 언론에 개혁 언론이 적극 야합하고, 학계는 엉터리 논문과 학위를 비호하는 것들이 좌우한다. '취약한 민주화'는 이렇게 사회의 모든 면에서 확인된다.

'취약한 민주화'의 정치적 기초는 비리 세력이 국회, 정부, 법원 등 삼부를 계속 지배하는 것이다. 이것은 선거와 시험을 통해 이루어진다. 국회의원은 선거로 뽑히고, 공무원은 시험으로 뽑힌다. 비리 세력은 정당을 만들어서 언제나 30% 이상의 지지를 받는다. 44년 장기 독재에서 30년 군사 독재는 영남 독재로 자행되어 '조선 팔도'에서 최대 인구를 갖고 있는 영남을 독재의 기반으로 만들었다. 그 결과 영남은 '나라를 팔아 먹어도 독재당'을 지지하는 자들의 지역이 되고 말았다. 이런 정치적 기반 위에서 비리 세력이 국가의 전반에서 계속 다수를 이루고 있다. 특히 비리 세력은 검찰과 법원을 장악하고 강력한 사법권을 악용해서 사실상 사법 독재 또는 법비 독재를 자행하고 있다.

　비리 세력은 이익을 위해 언제나 매국과 독재를 추구하고, 사기는 물론 학살도 서슴지 않는 것들이다. 비리 세력은 흔히 보수를 내세우나 그 실체는 '보참비', 즉 보수 참칭 비리 세력이다. 이 사실을 직시하는 것이 무엇보다 중요하다. 물론 진보를 내세우는 쪽에도 이런 자들이 있다. '진참비', 즉 진보 참칭 비리 세력이다. '촛불 운동'은 오랜 민주화 운동의 연장선에 있는 것으로서 무엇보다 '보참비'를 척결하기 위한 국민적 실천이나, '조국 죽이기 누명공작'을 계기로 그 실체가 적나라하게 드러난 '진참비'도 '촛불 운동'의 중요한 대상이다. 보참비는 주로 미국을 내세우

사진 20　광주 학살, 세월호 학살, 이태원 학살

고, 진짬비는 주로 맑스에 의지하나, 둘은 엉터리 주장으로 혹세무민하는 공통점을 갖고 있다.

새는 좌우의 날개로 날고, 사회는 좌우의 정책으로 운영된다. 사회로 보자면, 좌와 우는, 진보와 보수는 서로 배척하는 것이 아니라 보완하는 것이다. 그러나 합리와 비리는 그렇지 않다. 현대 사회는 민주주의 사회이고, 민주주의는 인권에 기초해 있다. 인권의 견지에서 합리와 비리가 명확히 구분되고, 이 위에서 좌와 우-진보와 보수가 구분되는 것이다. 사기와 학살로 권력을 장악한 매국 독재 범죄 세력의 후예를 자처하는 것들은 절대 정상 보수 세력이 아니다. 소련의 독재와 패망을 무시하고 맑스주의와 사회주의를 추구하는 것들도 절대 정상 진보 세력이 아니다. 히틀러와 스탈린은, 박정희와 김일성은 다 잘못된 자들이다. 루즈벨트, 드골, 브란트, 김구, 여운형, 김규식 등을 이어가야 한다.

44년 독재는 모두 분단과 전쟁에 의해 크게 강화된 '반공'을 극렬히 내세워서 자행됐다. '반공'은 비리 세력의 무소불위 주문이 되었다. 그러나 1989-91년의 사회주의의 몰락에 이은 남한과 북한의 유엔 동시가입으로 비리 세력은 더 이상 '반공'을 무소불위의 주문으로 쓸 수 없게 되었다. 사실 민주주의에서는 반공도 친공도 다 용납되는 것이다. 미국에도 공산당이 있다. 반공과 친공을 떠나서 진짜 문제인 것은 사기와 폭력이다. 사기와 폭력을 공공연히 주장하는 것이 아닌 한, 민주주의에서 자본주의와 공산주의는 다 허용되는 게 옳다. '반공'이 독재의 명분으로 사용되어서는 안 된다. '반공'을 내세워서 독재를 추구하는 것들은 민주주의의 적으로 엄벌돼야 마땅하다.

자유 투표는 민주주의의 필요조건이나 결코 충분조건이 아니다. 입법, 행정, 사법의 삼권 분립이 올바로 이루어져야 하고, 이에 대한 국민의 감시와 대응이 올바로 이루어져야 한다. 사법은 입법과 행정에 대해 처벌을 시행할 수 있어서 입법과 행정의 위에 합법적으로 군림할 수 있다. 그 결과 이른바 '사법 독재'가 자행될 수 있다. 행정부의 일원으로 사법을 담당한 검찰이 사법 행정을 독점하고 악용해서 입법, 행정, 사법을 모두 지배할 수 있다. 1987년 민주 헌법은 대통령 직선제에 초점을 맞추면서 검찰과 법원을 올바로 세우지 못했다. 44년 독재를 합법화했던 검판 법비들은 전혀 처벌받지 않았고, 이제 법비들이 비리 세력의 대표가 되어 사법 독재를 실행하게 되었다.

비리 세력의 독재는 무력을 담당한 군부가 주도했다. 그러나 가열찬 민주화 운동으로 군부 독재는 결국 패퇴했다. 이 과정에서 수많은 사람들이 살해됐고 고문당했고 투옥됐다. 민주주의라는 나무는 피를 먹고 자랐다. 그런데 군부 독재의 주구로서 그것을 합법화했던 검찰과 법원을 개혁하지 못했고, 그 결과 검사와 판사가 무소불위의 과잉 사법권을 악용해서 직접 독재를 자행하게 됐다. 이것이 사법 독재 또는 법비 독재이다. 법비 독재는 검사가 주도하고 판사가 완성한다. 그리고 그것을 언론이 옳은 것으로 퍼트려서 혹세무민한다. 검사들이 판사들을 거느리고 기자들을 내세워서 검비 독재를 자행하고 민주주의를 유린한다. 검판언 카르텔이 비리 세력의 대표이자 핵심이다.

여기서 자유 투표의 전제에 대해 크게 유의해야 한다. 자유 투표는 주권자인 국민의 올바른 판단과 선택을 전제로 하고, 이것은 주권자인 국민이 언론을 통해 올바른 지식과 정보를 얻는 것을 전제로 한다. 언론의 자유는 그 자체로 중요한 것이 아니라 이렇듯 자유 투표의 전제로서 중요한 것이다. 언론이 온통 허위사실을 유포해서 국민들을 속인다면 자유 투표의 전제가 훼손되는 것이고 사이비 자유 투표가 행해지게 된다. 이 중대한 문제들을 무시하고 형식적으로 자유 투표가 행해지는 것만으로 민주화가 다 됐다고 떠드는 것은 사이비 민주화론일 뿐이다. 사이비 민주화론은 민주화를 칭송하는 척하며 매국과 독재의 비리 세력을 미화해서 사람들을 죽게 하고 나라를 망하게 한다.

4. 민주화의 민주화

한국은 제2차 세계대전 뒤에 놀라운 발전을 이루었다. 그런데 그것은 1894년 동학 농민혁명, 1905~45년 독립전쟁, 1948~92년 민주화 투쟁을 통해 이루어진 것이다. 동학 농민의 봉기는 저열한 전제와 외세에 맞선 전쟁이자 민주주의를 추구한 혁명이었다. 이 점에서 동학 농민혁명이 올바른 명칭이다. 조선인은 조선이 패망하고 일본에 맞서 독립운동이 아니라 독립전쟁을 벌였고, 1919년 3월 1일의 삼일 만세 투쟁은 독립과 민주를 선언한 독립전쟁의 일환이었으며, 이로써 4월 11일 대한민국이 수립되어 일본을 상대로 독립전쟁을 더욱 가열차게 펼치게 되었다.

민주화는 인류 역사의 보편적 발전 과정이다. 그것은 모든 사람이 동등한 인권의 주체로 존중되는 것이고, 이에 따라 사회가 자유로운 개인들의 참여와 합의로 운영되는 것이다. 정치의 민주화는 주체의 개인화를 통해서 사회의 합리화를 이룬다. 한국의 민주화는 동학 농민혁명으로 시작되어 대한민국 독립전쟁으로 이어졌고 1948년 8월 15일 대한민국 정부의 출범으로 일단락되었다. 그러나 그것은 안타깝게도 참담한 남북 분단과 비열한 이승만 독재의 전개로 이어졌다. 한국의 민주화는 독재의 타도와 올바른 민주 국가의 구현을 향해 계속 나아갔다.

반독재 민주화 투쟁은 1960년 4.19 혁명, 1979년 10월 부마 항쟁, 1980년 5월 광주 항쟁, 1986년 5월 인천 항쟁, 1987년 6월 항쟁으로 폭발했고, 이명박-박근혜 비리 범죄 정권에 맞서 2008년 촛불 투쟁, 2016

년 촛불 투쟁으로 이어졌다. 수많은 사람들이 목숨을 걸고 처절히 싸웠다. 2017년 3월에 촛불투쟁의 결과로 들어선 문재인 정부로 한국은 큰 발전을 이루었으나, 경악스럽게도 언론 개혁, 검찰 개혁, 사법 개혁 등의 3대 개혁을 제대로 하지 않았고, 2022년 3월에 결국 검-판-언 연줄 결속체를 대표로 한 비리 세력이 합법적 형식의 사법 쿠데타를 통해 권력을 장악하게 되었다.

평생 민주주의를 연구한 미국의 정치학자 로버트 달(Robert Dahl, 1915~2014)이 일찍이 갈파했듯이 민주주의는 단순히 정치체제를 넘어서 모두가 사람답게 살 수 있는 이상사회를 뜻하는 것이기도 하다. 우리는 민주화를 형식과 내용의 면으로 나누어 살펴봐야 한다. 형식의 면에서 민주주의는 토론과 합의로 권력을 형성하는 것이고, 내용의 면에서 민주주의는 모두가 사람답게 살 수 있는 정책을 실행하는 것이다. 전자는 주로 자유선거를 통해, 후자는 주로 복지정책을 통해 이루어진다. 그런데 그 전제는 언론, 검찰, 법원 등이 올바로 역할을 한다는 것이다.

비리 세력이 국회, 정부, 사법을 장악하고 있다면, 아무리 자유선거가 행해져도 민주주의는 제대로 실현되지 않는다. 비리 세력이 국회, 정부, 사법은 물론 언론도 장악하고 있다면 더욱 더 그렇다. 비리 세력이 학계도 장악하고 있다면 더욱 더 그렇다. 경제는 정치에 독립적이지 않고 종속적이다. 비리 세력의 지배가 강할수록 경제도 비리에 좌우되게 된다. 민주주의는 선거로 시작되나 법치로 작동된다. 비리 세력이 사법을 장악하면 법치가 망가져서 민주주의가 무너지고 만다. 비리 세력이 언론을 장악하면 허위사실이 마구 유포되어 선거가 망가져서 민주주의가 무너지고 만다.

민주화는 단순히 자유선거의 실시로, 즉 직접적인 부정선거를 막는 것으로 완수되는 것이 아니다. 비리 세력이 사법과 언론을 장악하면 형식적 자유선거를 통해 사실상 부정선거가 마구 자행될 수 있다. 민주화는 형식과 내용의 양 면에서 더 많은 민주화를 향해 계속 나아가야 한다. 민주화는 언제나 '영속적 민주화'이고, 민주화의 성과는 '민주화의 민주화'로 이어져야 한다. 검찰 주도 준판언 카르텔을 척결해서 법비 독재를 타도하고, 허위사실 유포 기레기를 소탕하고, 사실상 부정선거를 완전히 없애야 한다. 이로써 재벌 개혁으로 경제의 민주화를 더욱 적극 추구하고, 토건국가를 해체해서 복지국가를 강화하고, 문화화의 추세에 부응한 문화사회의 길이 활짝 열리게 된다.

심지어 화폐에서도 '취약한 민주화'의 문제와 '민주화의 민주화'의 과제를 명확히 확인할 수 있다. 만원 지폐 세종대왕(이도), 백원 동전 이순신 장군, 천원 지폐 이황, 오천원 지폐 이이, 오만원 지폐 신사임당 등이다.[125] 세종은 김기창, 이순신은 장우성, 이황은 이유태, 이이와 신사임당은 김은호의 제자 이종상이 그렸다.[126] 김기창, 장우성, 이유태는 모두 김은호의 제자들이고, 또 넷은 모두 친일/부일 화가들이다. 심지어 세종은 김기창이, 이황은 이유태가 자기 얼굴을 넣은 것으로 평가된다. 친일/부일 화가가 엄청난 위인 모독과 국민 모독의 작태를 저지른 것으로 파악되고 있는 것이다. 참으로 참담한 문제가 아닐 수 없다.[127]

화폐 인물의 선정에서 수많은 역사 인물들이 배제되었다. 을지문덕, 강감찬, 서희, 윤관, 김부식, 일연, 정선, 김홍도, 박지원, 정약용, 김정희 등은 물론 김구, 안중근, 유관순, 김상옥, 윤봉길, 홍범도, 김좌진, 여운형 등 독립운동의 최고 인물들도 모두 배제되었다. 우리 역사에 많은 여성 인물들이 있는데 몇 점의 그림을 남겼을 뿐인 신사임당이 최고액권의 인물로 선정되었다. 더욱이 신사임당과 이이는 잘 알다시피 모자다. 이것은 박정희 독재가 자행한 충신 이이와 현모 신사임당의 모자 이미지 조작을 재현한 것이다. 이처럼 한국의 화폐 인물은 극히 편파적일 뿐더러

심한 매국과 독재의 문제를 안고 있다.

민주화는 영속적 과정이다. 즉 민주화는 언제나 '영속적 민주화'다. 자유선거와 삼권분립의 형식이 갖춰졌다고 해서 민주화가 끝나는 게 아니다. 권력의 형성에서 자유선거의 중요한 전제인 언론의 보도와 비판이 올바로 확립되어야 하며, 권력의 작동에서 삼권의 균형과 견제가 올바로 확립되어야 하며, 권력의 목표에서 개인(자유민주주의)과 사회(사회민주주의)와 자연(생태민주주의)의 보호와 발전이 올바로 확립되어야 한다. 권력의 형성과 작동이 엉터리이면 권력의 목표가 올바로 이루어질 수 없다. 언제나 매국과 독재를 추구하는 비리 세력이 준동하지 못하도록 해야 하며, 사회를 근저에서 망치는 조직적 허위사실 유포를 엄벌해야 하며, 공적 선택론이 잘 설명하듯이 공무원의 이익집단화를 저지해야 한다.

여기서 비제도 정치의 양 축인 시민운동과 노동운동의 역할에 대해 살펴볼 필요가 있다. 1987년 6월 항쟁으로 민주화의 길이 열리고 시민운동과 노동운동이 크게 성장하게 되었다. 이 변화는 독재가 청산됐고 재독재화는 불가능하다고 혹세무민하는 '사이비 민주화론'의 핵심 지표가 되었다. 그러나 비리 세력도 시민운동과 노동운동의 형식을 적극 활용해서 반민주 독재화를 추구한다. 민주적 시민운동과 노동운동이 '사이비 민주화론'에 빠져서 진보와 정의를 내걸고는 비리 세력의 기반으로 작용하는 문제도 있다. 한국의 비제도 정치는 양적으로 크게 성장했으나 질적으로 여전히 큰 문제들을 안고 있다. 이론적으로 민주화와 민주주의를 올바로 이해하지 못하는 것과 실천적으로 취약한 민주화의 현실을 올바로 인식하지 못하는 것이 그 근원이다.

민주화의 기본은 물리력을 가진 군과 경찰이 발호하지 못하도록 하는 것과 사법권을 가진 검찰과 법원이 발호하지 못하도록 하는 것이다. 군과 경찰을 국민이 통제할 수 있게 되어도 검찰과 법원이 무소불위의 사법권을 가지게 되면, 검찰과 법원이 합법적 형식으로 국회와 정부를 장악할 수 있고, 경제와 언론을 지배할 수 있고, 군과 경찰도 결국 좌우할 수 있다. 독일의 나치 처벌법, 가짜뉴스 처벌법, 미국의 수사-재판 자료의 전면 공개, 법 왜곡 판검사 처벌, 징벌적 손해배상제 등의 선진 제도들을 하루빨리 도입해서 시행해야 한다. 한국은 아직 민주화의 기본도 확립되지 않은 상태이다. 보수와 진보의 구분은 민주주의를 전제로 하는 것이다. 비민주-반민주 세력을 보수나 진보로 여기는 것은 잘못이다. 민주화는 인간과 자연의 보호를 목표로 진행되는 영속적 과정이다.

존 롤스(John Rawls, 1921~2002) 교수는 『정의론』(1971)에서 정의가 사회의 첫번째 기초라고 말했다. 정의를 지키고 펼치기 위해서는 입법, 행정 사법이 모두 올바로 서야 한다. 특히 사법은 정의를 지키는 최후의 보루다. 이 때문에 서구의 선진국들에서 사법과 재판은 dept. of Justice(정의부), court of Justice(정의의 법정)이 잘 보여주듯이 단순히 법을 적용하는 것을 넘어서 정의를 지키는 극히 중요한 활동으로 여겨진다. 검판이 법비가 되면 정의가 죽는다. 법비는 법을 사유화해서 망치고 결국 정의를 죽여 버린다. 법비의 발호는 검사가 주도하고 판사가 완성한다. 판사가 올바로 판결하면 검사가 결코 날뛸 수 없다. 검사는 판사를 주구이자 공범으로 만든다. 이 문제를 직시해야 한다.

고대 페르시아의 캄비세스 왕은 부패한 비리 판사 시삼네스를 산 채로 껍질을 벗겨 죽이는 형벌에 처했다. 이 무서운 이야기는 헤로도투스(Herodotus, 서기전 484~서기전 425년 경)의 『역사』(서기전 431~425년 경)에 전한다. 1487-88년 네덜란드의 화가 제라드 다비드(Gerard David, 1460 – 1523)는 브뤼헤(Bruges) 시 당국의 요청을 받고 생생한 화법으로 '캄비세스 왕의 판결'(The Judgement of Cambyses)이라는 그림을 그렸다. 이 두 폭의 그림은 시청사의 부시장 방에 걸렸는데, 오른쪽은 시삼네스의 껍질

그림 21 캄비세스 왕의 판결

을 산 채로 벗겨 처형하는 장면이고, 왼쪽은 그 껍질을 깔개로 만든 의자에 아버지를 이어 판사가 된 시삼네스의 아들을 앉히는 장면이다.

8장 국방 – 군사 대국

국방은 국가를 지키는 것이다. 그것은 경제력이나 문화력이 아니라 군사력으로 국가를 지키는 것이다. 국가들은 대립과 갈등을 겪을 수 있고, 그 결과 전쟁이 일어날 수 있다. 아테네는 페리클레스(Pericles, 서기전 495년 경~429년)의 통치 아래 민주정으로 최고의 번성기를 누렸으나 스파르타와의 갈등을 해소하지 못해서 전쟁이 일어났고 서기전 404년 결국 스파르타에게 패배하고 말았다. 전쟁은 무자비한 학살과 파괴의 행위이다. 전장(戰場)이 바로 지옥이다. 전쟁이 일어나지 않도록 하는 것이 언제나 가장 좋다.

1. 군사력 현황

2006년부터 발간되는 *Global Firepower*가 여러 자료들을 종합해서 '세계 군사력 지수'를 제시하고 있다. 이 자료를 참고해서 세계 각국의 군사력 상태를 평가할 수 있다. 이에 따르면 한국의 세계 6위의 군사 대국이다. 한국은 경제력을 능가하는 군사력을 갖고 있다.[128]

<2020 국방백서>로 한국의 군사력에 대해 살펴본다. 우선 병력은 육군 42만여 명, 해군 7만여 명, 공군 6.5만여 명 등으로 모두 55.5만여 명에 이른다.[129] 한국의 군인은 직업군(장교와 준사관)과 징병군(일반병)으로 이루어져 있다. 헌법에서 징병은 모든 국민의 의무로 규정(제39조)되어 있으나 병역법은 남성의 의무로 시행(제3조)하고 있다. 이에 따라 징

표 10 　세계 군사력 순위

순위	2020년	2021년	2022년	2023년
1위	미국	미국	미국	미국
2위	러시아	러시아	러시아	러시아
3위	중국	중국	중국	중국
4위	인도	인도	인도	인도
5위	일본	일본	일본	영국
6위	대한민국	대한민국	대한민국	대한민국
7위	프랑스	프랑스	프랑스	파키스탄
8위	영국	영국	영국	일본
9위	이집트	브라질	파키스탄	프랑스
10위	브라질	파키스탄	브라질	이탈리아

병은 한국에서 남성과 여성의 평등에 관한 핵심 쟁점이 되었다. 또한 병역은 수감 생활과 비슷하며 큰 위험을 감수해야 하는 것이기에 병역 기피 범죄가 많이 자행된다.[130]

　　한국의 군사력은 양적으로 북한에 비해 열세로 보이지만 질적으로 북한에 훨씬 앞서는 병력, 무기, 장비, 시설을 갖고 있다. '세계 군사력 순위'는 이 사실을 명확히 보여준다. 또한 한국은 미국의 강력한 동맹국이고, 남한과 북한은 경제력에서 너무나 큰 차이를 갖고 있다. 그러나 그렇다고 해서 북한의 군사력이 약한 것은 전혀 아니다. 북한은 한국과 일본을 대대적으로 파괴할 수 있고 미국도 타격할 수 있는 강력한 군사력을 갖고 있다.

표 11   남·북한의 군사력 비교

2020년 12월 기준

구분			한국	북한
병력(평시)		육군	42만여 명	110만여 명
		해군	7.0만여 명 (해병대 2.9만여 명 포함)	6만여 명
		공군	6.5만여 명	11만여 명
		전략군	-	1만여 명
		계	55.5만여 명	128만여 명
주요전력	육군	부대	군단(급)	(해병대 포함) 13	15
			사단	(해병대 포함) 37	84
			여단(독립여단)	(해병대 포함) 34	117
		장비	전차	(해병대 포함) 2,130여 대	4,300여 대
			장갑차	(해병대 포함) 3,000여 대	2,600여 대
			야포	(해병대 포함) 6,000여 문	8,800여 문
			다련장/방사포	(해병대 포함) 270여 문	5,500여 문
			지대지 유도무기	발사대 60여 기	(전략군) 발사대 100여 기
	해군	수상함정	전투함정	100여 척	430여 척
			상륙함정	10여 척	250여 척
			기뢰전함정(소해정)	10여 척	20여 척
			지원함정	20여 척	40여 척
		잠수함정		10여 척	70여 척
	공군		전투임무기	410여 대	810여 대
			감시통제기	(해군 포함) 70여 대	(정찰기) 30여 대
			공중기동기(AN-2포함)	50여 대	350여 대
			훈련기	190여 대	80여 대
			헬기(육·해·공군)	660여 대	290여 대
예비병력				310만여 명 (사관후보생, 전시근로소집, 전환/대체 복무 인원 등 포함)	762만여 명 (교도대, 노농적위군, 붉은청년근위대 등 포함)

표 12   한국의 국방비 증가

연도	국방비(억원)		GDP대비 국방비(%)		정부재정대비 국방비(%)		국방비 증가율(%)	
	본예산	추경예산	본예산	추경예산	본예산	추경예산	본예산	추경예산
2016	38조 7,995	38조 8,421	2.23	2.23	14.5	13.9	3.6	3.4
2017	40조 3,347	40조 3,347	2.20	2.20	14.7	14.2	4.0	3.8
2018	43조 1,581	43조 1,581	2.27	2.27	14.3	14.2	7.0	7.0
2019	46조 6,971	46조 6,971	(2.43)	(2.43)	14.1	14.0	8.2	8.2
2020	50조 1,527	48조 3,782	(2.62)	(2.52)	14.1	12.4	7.4	3.6

표 13   남북한의 경제력 비교

구분	한국		북한		한국/북한	
	2018년	2019년	2018년	2019년	2018년	2019년
명목GNI(조 원)	1,905.8	1,935.7	35.9	35.6	53.1배	54.4배
1인당GNI(만 원)	3,693.0	3,743.5	142.8	140.8	25.9배	26.6배
경제성장률(%)	2.9	2.0	-4.1	0.4	-	-
무역총액(억 달러)	11,400.6	10,455.8	28.4	32.4	400.9배	322.2배
총인구(천 명)	51,607	51,709	25,132	25,250	2.1배	2.0배

2. 북한 문제

남북 관계의 개선에서 핵심은 바로 군사 대립의 해소이다. 국제법으로 북한은 독립국가이다. 그런데 북한은 남한을 침략해서 참혹한 전쟁을 일으켰던 전범국가이다. 남한은 북한을 언제나 철저히 경계해야 한다. 더욱이 북한은 전쟁을 일으킨 김일성의 통치가 그 자손들을 통해 지속되고 있는 세계 유일의 '세습 독재' 국가이다. 이 점에서 남한은 더욱 더 북한을 경계해야 한다. 북한은 전쟁을 일으킨 것에 대해 사과하고 배상하는 것이 아니라 김일성을 신격화해서 그의 참담한 전쟁범죄도 극력 옹호하고 있다. 남한은 비리 세력이 전쟁을 악용해서 극악한 독재를 자행했고 여전히 인권을 억압하고 있다.

남북 관계의 개선은 이런 사실로 해서 대단히 어렵다. 그러나 우리는 군사 대립의 해소를 추구해야 한다. 전쟁에 대비하되 평화를 이루어야 한다. 북한과 미국이 '정전협정'을 '종전협정'으로 바꾸어서 무려 70년이 넘게 지속되고 있는 전쟁 상태를 끝내야 한다. 중요한 두 가지 현실적 이유가 있다. 첫째, 북한이 이미 엄청난 핵폭탄[131]과 미사일[132]의 전략적 무기들을 보유하고 있어서 북한을 군사적으로 굴복시키는 것은 불가능하다. 이제 중요한 것은 북한이 전쟁을 일으키지 않도록 하는 것이

그림 22 북한이 가발 또는 보유 중인 탄도미사일 종류

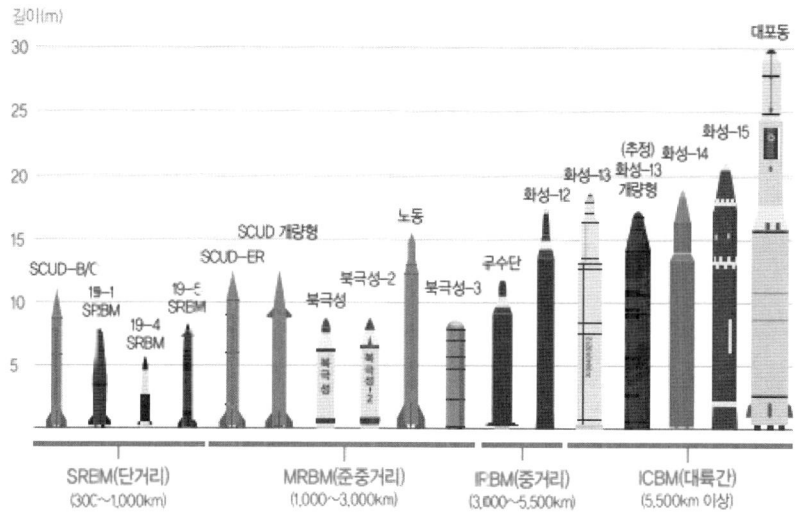

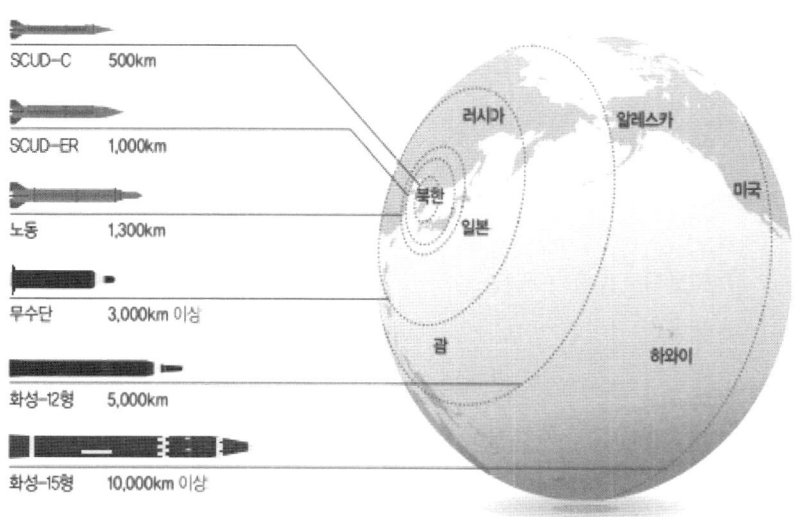

출처: <2020 국방백서>

그림 23 북한의 핵폭탄 실험

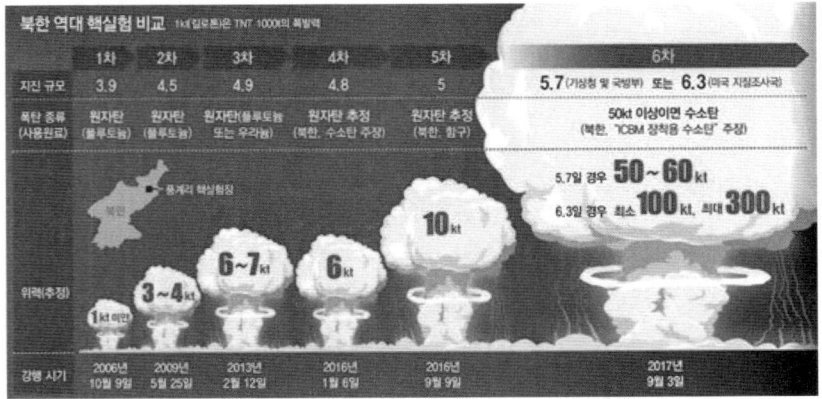

출처: <동아일보> 2017.9.4.

다. 둘째, 남북 평화의 경제적 가치가 대단히 크다. 남북은 군사비를 줄여서 복지를 증진할 수 있고, 경제 교류로 엄청난 경제 성장을 이룰 수 있다. 경제 교류는 평화 공존의 가장 강력한 기반이다.

3. 일본 문제

일본은 남북한의 최대 가상 적국이다. 일본은 2천년 전부터 한반도를 침략해 왔다. 백제의 지배 세력이 일본으로 건너가서 일본의 지배 세력이 된 뒤에도 상황은 변하지 않았다. 일본은 이른바 '메이지 유신'(1868년)으로 강력한 군사력을 갖게 되자 바로 조선 침략을 시작했다. 일본은 이른바 '운요오호 사건'(1876년)으로 조선을 강제 개항시키고 조선 침략을 본격화했다. 일본은 미국과 영국의 후원을 받아서 1894년 중국과 1904년 러시아를 격파하고 조선과 만주를 장악했다. 1910년 조선은 결국 망해 없어지고 말았다.

일본은 1894년의 동학 농민 학살을 시작으로 1945년까지 수십만 명의 조선인을 학살했고 수백만 명의 조선인을 노예화했다. 이와 함께 일본은 조선에서 수많은 물자들과 문화재들을 약탈하고 훼손했다. 그 가치는 수백조 원을 훨씬 넘는다. 일본은 동양의 나치[133]로서 조선과 중국을 크게 망쳤다. 우리의 분단은 일본의 식민 지배의 직접적 유산이다. 이런 엄청난 죄악들에 대해 일본은 이제까지 올바로 사과하지 않고 있고 올바로 배상하지 않고 있다. 일본은 여전히 동양의 나치 상태에 있는 것이다.

일본과 달리 독일은 올바로 사과하고 배상했다. 이렇게 된 것은 독일은 민주 개혁 세력이 집권하고 나치가 사실상 완전히 척결됐기 때문이다. 반면에 일본은 미국의 지원을 받아 나치 세력이 계속 집권하고 민주 개혁 세력이 사실상 배제됐다. 한국에서도 일본과 비슷한 일이 벌어졌다. 일본에 부역한 매국 세력이 타도되지 않고 미국의 지원을 받아 지배 세력이 되어 버렸다. 한국의 매국 세력은 경찰과 군대를 동원한 무력 독재를 자행하며[134] 일본의 나치 세력과 결탁해서 일본의 식민 지배와 전쟁 책임을 무화하려 했다.

여기서 더 나아가 일본은 한국에 대한 침략을 계속해 왔다. 이른바 '독도 문제'가 그것이다. 독도는 울릉도에 부속된 섬으로서 명백한 한국의 영토이나 일본은 이 사실을 부정하고 독도를 '다케시마'(竹島)로 부르면서 일본 영토라고 우기고 있다. 이에 대해 한국의 매국 세력은 일본을 적극 지지하며 일본의 재침과 재식민화를 공공연히 추구하고 있다. 일본의 나치 세력과 한국의 매국 세력은 이른바 '유사시'에 한반도 침략을 공언하고 있다. 이런 점에서 일본은 가상 적국을 넘어선 실질 적국이다.

일본은 세계 3위의 경제대국이자 세계 5위의 군사대국으로서 미사일은 이미 오래 전에 개발했을 뿐만 아니라 수천 개의 핵폭탄을 불과 한

달 안에 조립해서 생산할 수 있는 상태에 있다. 일본은 지난 2천년 동안 전혀 변하지 않았다. 일본은 언제나 한반도를 침략해서 식민지로 만들고자 한다. 이 엄혹한 사실을 직시하고 적극 대응해야 한다.[135] 일본은 여전히 나치 세력이 지배하고 언제나 한반도 침략을 추구하고 있다.

표 14 한반도 주변국의 군사력

구분		미국	러시아		중국		일본	
총 병력		1,373,050	900,000		2,035,000		247,150	
육군		481,750	280,000		975,000		150,850	
해군		337,100	150,000		250,000		45,350	
공군		325,900	165,000		395,000		46,950	
기타	해병대 해안경비	186,300 42,000	공수 전략미사일 지휘/지원 철도군 특수군 준군사	45,000 50,000 180,000 29,000 1,000 554,000	로켓군 전략지원군 기타	120,000 175,000 120,000	통막	4,000

표 15 주요국의 국방비

2019년 기준

국가	GDP(억 달러)	국방비(억 달러)	GDP 대비 국방비(%)	병력(천 명)	국민 1인당 국방비(달러)
대한민국	16,463	425	2.43	579	816
미국	224,400	6,846	3.19	1,380	2,063
일본	51,500	486	0.94	247	386
중국	141,000	1,811	1.28	2,035	130
러시아	16,400	482	2.94	900	340
대만	5,860	109	1.87	163	464
영국	27,400	548	2.00	148	837
프랑스	27,100	523	1.93	204	773
독일	38,600	485	1.26	181	604

추기

2024년 12월 3일 윤석열의 계엄-반란/내란 범죄가 잘 보여주었듯이 군대는 반란/내란의 동력으로 악용될 수 있다. 특히 특전사(특수전투사령부)는 1980년 5월 전두환의 계엄-반란/내란에 이어 다시 계엄-반란/내란의 주역으로 선택되었다. 다행히 목숨을 건 국민들의 저항과 야당 의원들의 투쟁으로 윤석열의 계엄-반란/내란은 저지되었다. 얼마나 많은 사람들이 또 학살되었을지 모른다. 윤석열은 침투전의 특전사를 필두로 납치와 암살의 정보사, 정보 교란의 방첩사, 수도 방위의 수방사 등을 다 동원했다. 윤석열은 고등학교 선배 김용현을 국방장관에 임명하고 후배 여인형을 방첩사령관에 임명해서 방첩사가 계엄-반란/내란을 계획-지휘하게 했다. 군대는 엄정하게 관리되지 않으면 최악의 범죄 조직이 될 수 있다. 투입된 군인들이 부당한 명령에 회의를 품고 '태업'한 것은 큰 다행이었으나, 반란/내란 범죄에 대한 엄정한 처벌은 군을 지키기 위한 절대적 과제다

9장   경제 – 경제 대국

한국은 자유 국가로서 자유 경제를 시행한다. 자유와 풍요를 추구하는 것은 인간의 가장 기본적인 본성이다.[136] 자유 경제는 자본주의를 낳았다. 자본주의는 물자나 인력을 사서 사업할 수 있는 많은 돈인 자본을 중심으로 작동하는 경제로서 최고의 효율성을 갖고 있으나 인간 차별과 자연 파괴의 문제를 안고 있다. 사회주의-공산주의는 국가 권력으로 전면적인 통제를 시행해서 이상 사회를 이룬다고 공언(公言)했으나 이것은 그저 비현실적인 공언(空言)이었다. 통제는 자유를 추구하는 인간의 본성에 맞지 않고, 통제를 실행하는 극소수 권력자들이 왕족-귀족처럼 군림하고, 핵발전소 폭발과 아랄해 소멸 같은 엄청난 자연 파괴를 일으킨다. 우리는 자유주의에 기초해서 자유주의의 문제를 해소해야 한다. 그 최고의 결과가 바로 복지국가이다.

1. 헌법의 규정

한국의 경제는 일차적으로 헌법에 의해 규정되고 있다. 우선 헌법의 '전문'에서 다음과 같이 규정하고 있다. 여기서 주의할 것은 단순히 개인의 자유를 강조하는 게 아니라 모두의 기회를 균등히 하는 것과 능력을 최고로 발휘하게 하는 것을 강조하는 것이다. 개인의 자유는 모두의 기회 균등과 능력 발휘를 목표로 해야 한다.

"자율과 조화를 바탕으로 자유민주적 기본질서를 더욱 확고히 하여 정치·경제·사회·문화의 모든 영역에 있어서 각인의 기회를 균등히 하고, 능력을 최고도로 발휘하게"

경제에 관한 전반적인 규정은 '제9장 경제'의 제119조~제127조로 되어 있다. 전체 경제의 성격은 제119조로 규정되어 있다. 그 내용은 자유 경제를 기본으로 하되 '경제의 민주화'를 추구하는 것이다. 또한 120~122조는 국토와 자원의 보호, 농지와 농업의 보호를 규정해서 자유 경제가 국토와 농업을 파괴하지 못하도록 하고 있다.

제119조 ① 대한민국의 경제질서는 개인과 기업의 경제상의 자유와 창의를 존중함을 기본으로 한다.
② 국가는 균형있는 국민경제의 성장 및 안정과 적정한 소득의 분배를 유지하고, 시장의 지배와 경제력의 남용을 방지하며, 경제주체간의 조화를 통한 경제의 민주화를 위하여 경제에 관한 규제와 조정을 할 수 있다.

제120조 ①광물 기타 중요한 지하자원·수산자원·수력과 경제상 이용할 수 있는 자연력은 법률이 정하는 바에 의하여 일정한 기간 그 채취·개발 또는 이용을 특허할 수 있다.
②국토와 자원은 국가의 보호를 받으며, 국가는 그 균형있는 개발과 이용을 위하여 필요한 계획을 수립한다.

제121조 ①국가는 농지에 관하여 경자유전의 원칙이 달성될 수 있도록 노력하여야 하며, 농지의 소작제도는 금지된다.

②농업생산성의 제고와 농지의 합리적인 이용을 위하거나 불가피한 사정으로 발생하는 농지의 임대차와 위탁경영은 법률이 정하는 바에 의하여 인정된다.

제122조 국가는 국민 모두의 생산 및 생활의 기반이 되는 국토의 효율적이고 균형있는 이용·개발과 보전을 위하여 법률이 정하는 바에 의하여 그에 관한 필요한 제한과 의무를 과할 수 있다.

이처럼 헌법은 자유 경제를 규정하는 것과 함께 그 오남용에 대한 적극적 대응도 규정하고 있다. 여기서 더 나아가 '제2장 국민'의 여러 조항들에서 규정된 기본권은 정치는 물론 경제의 기준이자 목적으로 존중돼야 한다. 자유권은 물론이고 행복권, 재산권, 교육권, 노동권, 생활권, 복지권, 환경권, 주거권 등이 있다.

제10조 모든 국민은 인간으로서의 존엄과 가치를 가지며, 행복을 추구할 권리를 가진다. 국가는 개인이 가지는 불가침의 기본적 인권을 확인하고 이를 보장할 의무를 진다.

제23조 ①모든 국민의 재산권은 보장된다. 그 내용과 한계는 법률로 정한다.
②재산권의 행사는 공공복리에 적합하도록 하여야 한다.
③공공필요에 의한 재산권의 수용·사용 또는 제한 및 그에 대한 보상은 법률로써 하되, 정당한 보상을 지급하여야 한다.

제31조 ①모든 국민은 능력에 따라 균등하게 교육을 받을 권리를 가

진다.

제32조 ①모든 국민은 근로의 권리를 가진다. 국가는 사회적·경제적 방법으로 근로자의 고용의 증진과 적정임금의 보장에 노력하여야 하며, 법률이 정하는 바에 의하여 최저임금제를 시행하여야 한다.

제34조 ①모든 국민은 인간다운 생활을 할 권리를 가진다.
②국가는 사회보장·사회복지의 증진에 노력할 의무를 진다.
③국가는 여자의 복지와 권익의 향상을 위하여 노력하여야 한다.
④국가는 노인과 청소년의 복지향상을 위한 정책을 실시할 의무를 진다.
⑤신체장애자 및 질병·노령 기타의 사유로 생활능력이 없는 국민은 법률이 정하는 바에 의하여 국가의 보호를 받는다.
⑥국가는 재해를 예방하고 그 위험으로부터 국민을 보호하기 위하여 노력하여야 한다.

제35조 ①모든 국민은 건강하고 쾌적한 환경에서 생활할 권리를 가지며, 국가와 국민은 환경보전을 위하여 노력하여야 한다.
②환경권의 내용과 행사에 관하여는 법률로 정한다.
③국가는 주택개발정책 등을 통하여 모든 국민이 쾌적한 주거생활을 할 수 있도록 노력하여야 한다.

제37조 ①국민의 자유와 권리는 헌법에 열거되지 아니한 이유로 경시되지 아니한다.

2. 경제력 현황

한국은 GDP 기준으로 세계 10위이자 OECD 6-8위의 경제대국이다. 인구가 많아서 1인당 GDP의 순위는 훨씬 뒤이지만 3만 달러를 넘어서 사실 대단히 많은 수준이다. 이렇게 소득이 많기에 외국 여행을 즐기는 한국인들이 많은 것이다.

- 2020년 GDP 1조6309억 달러 (세계 10위)
- 2020년 1인당 GDP 3만1497달러 (세계 29위)

"착실한 성장은 2018년 국민총소득(GNI) 3만1349달러로 2006년 2만 달러 돌파 이후 처음으로 3만 달러를 넘어서면서 30-50클럽(1인당 국민총소득 3만 달러 이상, 인구 5000만 명 이상의 조건을 만족하는 국가) 가입으로 이어졌다. 이는 미국, 독일, 일본, 영국, 이탈리아, 프랑스에 이어 세계 7번째이며 식민 지배를 경험한 국가로는 최초다.

한국을 대하는 국제사회의 자세도 달라졌다. 대표적인 예가 주요 7개국(G7) 정상회의에 한국이 2020년에 이어 올해까지 2년 연속 초대된 것과 유엔무역개발회의(UNCTAD)가 한국의 국제 지위를 선진국그룹으로 변경한 것이다. UNCTAD는 지난 7월 한국의 지위를 개발도상국 회원인 그룹A에서 선진국 회원인 그룹B로 격상했다. 이는 1964년 UNCTAD 설립 이후 약 57년 만의 일이자 세계 최초의 사례다."
('대한민국 달라진 국제 위상…지표로 살펴보니-세계 10위 경제대국으로 성장',
〈대한민국 정책 브리핑〉 2021.10.8.)

그런데 이런 놀라운 성과가 그야말로 하루아침에 무너지게 되었다.

2022년 5월 윤석열 정권[137]이 들어서고 정치, 국방, 외교는 물론 경제에서도 정책의 잘못이 급속히 커진 것이다. 2022년 12월에 한국은 25년만에 처음으로 9개월 연속 무역 적자를 기록했는데, 그 총액은 역대 최대 무역적자였던 1996년 203억 달러의 2.3배인 500억 달러(64조원)를 넘어섰다. 이어서 2023년 1월에 불과 20일만에 무역적자가 무려 103억 달러에 이르렀다. 1996년의 무역 적자는 1997년 11월 IMF 사태[138]로 폭발했다. 한국 경제의 기본은 수출이다. 이런 점에서 대규모 무역 적자의 발생은 그야말로 '경제 폭망'이 실현되는 핵심 지표였다.

경제의 질적 특성을 알기 위해서는 산업 구조를 봐야 한다. 한국의 산업 현황[139]은 다음과 같다. 대략 1차 산업 2%, 2차 산업 35%, 3차 산업 63% 정도라고 할 수 있다.

2021년 농임업 생산액은 61조3940억원, 어업 생산액은 9조2692억원이었고, 농민은 221.5만 명, 임민은 21.9만 명, 어민은 9.4만 명이었다. 농임어업이 전체 GDP에서 차지하는 비중은 2.0%이지만, 농임어민이 전체 인구에서 차지하는 비중은 5%에 이른다.

표 16

농림어업	2.0
광업	0.1
제조업	27.9
경공업	4.4
중공업	23.5
전기·가스·수도업	1.9
건설업	5.6
서비스업	62.5
정부	11.4
기타*	51.1

* 도소매, 음식, 숙박, 운수, 통신, 금융, 보험, 부동산 등을 포함.

2021년 제조업 생산액은 1765조8천억원, 종사자 수는 293.8만 명이었다. 한편 광업은 3조3천억 원, 종사자 수는 1만1천 명이었다. 제조업은 공업을 뜻한다. 오늘날 한국은 세계적인 공업국이다. 주요국들 중에서 공업의 비중이 가장 높고, 세계에서 공업의 경쟁력도 대단히 높다.

"한국은 전체 GDP에서 제조업이 차지하는 비중이 27.5%로 주요국(미국 10.9%, 독일 19.1%, 일본 20.7%, 프랑스 9.8%, 영국 8.7%)에 비해 높은 수준이고, 유엔 산업개발기구(UNIDO)가 발표한 '세계 제조업 경쟁력 지수'(CIP, 2018년 경제지표 분석)에서 한국은 독일·중국에 이어 152개국 중 3위에 올랐다."(송경호, 2022).

2021년 서비스업의 매출액은 2814조원, 종사자 수는 1385만여 명이었다. 그런데 여기[140]에서 금융 부문은 제외되어 있다. 2020년 금융 부문의 매출액은 약 1060조 원, 종사자 수는 약 72만9천 명이다.[141] 종사자 수는 도소매업 > 보건사회복지 > 숙박음식업 > 교육서비스업의 순이다.[142]

그림 24

3. 특징과 문제

한국의 경제성장은 세계적으로 유일한 사례로 꼽힌다. 2차 세계대전 이후 독립한 국가들 중에서 이렇게 놀라운 경제성장을 이룬 나라는 한국이 유일하다. 한국의 성공은 어떻게 해서 이루어진 것인가? 한국인의 노력과 미국의 지원에 의한 것이다. 이승만-박정희-전두환 도당이 주도한 매국과 독재의 비리 세력에 의해 부패가 창궐해서 망국의 나락으로 떨어질 수 있었으나, 한국인은 불굴의 의지로 민주화=합리화 투쟁을 전개해서 비리 세력을 저지하는 동시에 열심히 공부하고 또 공부해서 세계에 우뚝 설 수 있는 실력을 쌓았다.[143]

첫째, 한국은 경제대국이다. 한국은 절대 가난한 나라가 아니라 부유한 나라다. 우선 이 사실을 올바로 인식해야 한다. 한국 경제는 세계 10위 수준의 방대한 규모를 갖고 있다. 국토는 세계 109위이고 인구는 세계 26위인 것으로 보자면, 한국은 더욱 더 놀라운 경제력을 갖고 있는 것이다. 한국의 경제성장은 노동과 자연에 대한 이중 착취를 기초로 과학-기술의 개발에 성공해서 이루어진 것이다. 한국이 군사-개발독재로 남미의 국가들처럼 몰락하지 않은 것은 민주화 운동이 가열차게 전개되어 비리 세력을 견제했기 때문이며, 미국이 냉전의 최전선에 있는 한국의 망국을 방치할 수 없어서 비리 세력을 주로 지원하면서도 민주 세력을 지원했기 때문이다.

둘째, 이른바 '식민지 근대화'론은 틀렸다. 일본은 35년 강점, 정확히는 40년 강점 또는 50년 강점으로 한국에서 엄청난 인적 및 물적 수탈을 자행했을 뿐만 아니라 한국의 내적 발전을 강력히 저지하고 왜곡했다. 일본의 강점이 아니었다면 한국은 동학혁명의 바탕 위에서 이미 20세기 초에 유럽식 복지국가로 나아갔을 것이다. 더욱이 일본의 강점으로 한국은 결국 분단의 비극을 강요당했고 세계사적 비극인 한국전쟁이 초래되고 말았다. 일본은 한국의 발전을 저지하고 왜곡한 최악의 적이다. 일본의 '식민지 근대화'로 한국이 발전했다는 것은 나치의 유태인 학살로 유태인이 독일의 야만성을 밝히고 이스라엘을 건국해서 잘 살게 됐다고 주장하는 것과 같다.

셋째, '박정희 기적'론은 틀렸다. 박정희는 일본 천황에게 충성을 맹세하는 혈서를 써서 일본의 만주군관학교와 육군사관학교에서 공부하고 만주의 관동군에 배치되어 독립군을 상대로 전투를 벌인 최악의 민족 반역자였다. 이승만은 일제 부역 매국노들과 야합해서 권력을 장악하고 독재를 자행했다. 박정희를 비롯한 일본군 출신 매국노들이 한국군을 장악했다. 1950년 5월 16일 박정희는 군사반란을 일으켜서 권력을 찬탈했다. 419혁명으로 들어선 민주당의 민족민주 정권을 짓밟고 매국 비리 세력의 국가를 만들기 위해서였다. 군사독재는 무려 30년 동안 자행됐다. 그 결과 극심한 불평등과 반인권의 국가가 되고 말았다. 영남은 그 기지가 되었다.

넷째, 한국은 기술대국이다. 세계 최고의 기술대국인 미국에 비해 80% 정도인 것으로 평가되었고 중국이 열심히 추격하고 있지만 전자와 기계를 비롯한 여러 분야에서 한국은 세계 최고의 수준에 이르러 있다. 현대 경제는 무엇보다 기술 경제다. 일찍이 요세프 슘페터가 주창한 대로 과학-기술이 경제를 주도한다. 한국이 경제대국이 된 것은 과학-기술의 연구와 활용에 크게 성공했기 때문이다. 그러나 여전히 기초 과학과 원천 기술은 약한 상태이고, 최고 수준의 기술도 빠르게 추격당하고 있는 상태이다(과기정통부, 2021).

다섯째, 한국은 노동 억압국이다. 한국은 박정희-전두환의 30년 군사개발독재에서 극심한 노동 착취국이었다.[144] 노동운동과 농민운동이 반독재 민주화 운동의 사회적 기반이 되었다. 오늘날 한국은 노동자의 권리가 크게 향상되고 보호되고 있으나 여전히 여러 문제들을 안고 있다. 장시간 노동, 저임금, 산업재해가 3대 문제이다. 그런데 이 문제들은 노동자의 상태에 따라 큰 차별을 보인다. 노동자 중에서 비정규직이 44%에 이르고, 경제활동인구에서 비임금 노동자(자영업자)가 24%에 이른다. 한국에는 회원 수가 각각 100만 명이 넘는 민주노총과 한국노총의 거대 산별노조가 있으나 안타깝게도 또는 한심하게도 노동권의 확대와 사회 질의 향상을 주도하지 못하고 있다.[145]

여섯째, 한국은 자연 착취국이다. 자연은 사회의 기초이고 경제의 기초이다. 경제는 자연을 이용해서 인간의 욕구와 욕망을 충족하는 활동이다. 그것은 자연을 있는 그대로 이용하는 것(수렵-채취), 자연을 수동적으로 변형해서 이용하는 것(농업), 자연을 파괴적으로 변형해서 이용하는 것(공업)으로 대별된다. 경제는 생산-소비-폐기의 전 과정에서 자연을 훼손하고 파괴하게 된다. 우리는 자연 속의 존재이므로 우리 자신의 생존을 위해서도 자연을 잘 지켜야 한다. 그러나 공기, 물, 흙의 오염과 생물종의 감소가 잘 보여주듯이 우리는 자연을 너무나 많이 파괴하고 있다. 산, 들, 강, 바다 등도 심하게 파괴되어 원래의 자연 상태를 유지하고 있는 곳이 계속 줄어들고 있다.

일곱째, 한국은 토건국가이다. 토건국가(construction state)는 토건업이 병적으로 과잉성장해서 불필요한 토건사업이 끝없이 시행되며 국토를 파괴하고 혈세를 탕진하고 부패를 퍼뜨리고 투기를 촉진하는 비리 국가를 뜻한다. 토건업의 공식 명칭은 건설업이다. 2020년 현재, GDP[146]에서 건설업의 부가가치 비중은 6% 정도이고, GDP 대비 건설 투자[147]의 비중은 15% 정도이다. '선진국'에 비하면 건설업의 경제적 비중이 2배 정도 높다. 더욱이 건설업은 각종 부패와 부실, 착취, 투기 등의 문제가 심하다. 건설업은 파괴, 투기, 산재의 문제를 강력히 보이고 있다. 재벌들과 함께 거대 개발공사들이 이 문제를 주도하고 있다. 토건 국가의 혁파는 국가 개혁의 핵심 과제이다.[148]

여덟째, 한국은 재벌 국가이다. 재벌(財閥)은 일본에서 만들어진 말로 '부자 집안'이라는 뜻이다. 삼성, 현대, LG, GS, SK 등을 비롯해서 거대 기업들이 이 나라의 경제를 지배한다. 그냥 '대기업'이라는 말은 재벌의 문제를 은폐하는 것이다. 황당하게도 재벌은 1%도 안 되는 주식을 소유해서 거대한 기업군을 지배하고 있다. 삼성의 이재용은 불과 16억원의 상속세를 내고 삼성이라는 초거대 기업군을 상속받아 지배한다. 삼성의 방계인 신세계의 정용진은 '멸콩 쇼'를 벌이며 세상을 우롱한다.[149] 재벌의 소유와 지배는 그 자체로 불합리와 불공정의 대표이고, 문어발 경영, 타기업 착취, 노동자 억압, 탈세와 파괴 등의 문제도 끝없이 제기되고, 합당한 처벌과 정상화를 피하기 위해 정관경 유착을 자행하고, 검판변 법비들이 재벌을 가축처럼 사육하며 나라를 망친다.[150]

아홉째, 한국은 취약한 중산층 국가이다. 한국은 가난한 국가가 아니라 부유한 국가이다. 경제는 부의 생산과 분배를 핵심으로 한다. 모든 경제는 성장을 일차적 목표로 하지만 오늘날 그것은 자연의 한도를 지키는 지속성과 사회의 갈등을 줄이는 포용성을 전제로 해야 한다. 이런 점에서 경제적 문제는 생태적 파괴성과 사회적 편파성에 초점을 맞추어 살펴볼 수 있다. 사회적 편파성은 소득과 자산의 불평등으로 확인된다. OECD 38개 국에서 한국의 경제력은 8위에 이르렀지만 불평등도 그 수준이 되었다. 소득에서 교육과 주택에 쓰는 비용이 많고, 특히 주택은 자산 불평등의 핵심이 되었다. 중산층의 확대와 강화를 위해서는 소득과 자산의 불평등을 완화하고 과도한 교육비도 해소해야 한다.

열째, 금융산업, 정보산업, 문화산업, 그리고 배달산업/O2O산업이 급성장하고 있다. 1990년대 이후 금융산업의 규모가 급성장했다. 단기시장과 자본시장의 합산 규모가 2021년 5662조 원으로 GDP의 285%에 이르는 굉장한 규모다. 전자산업은 세계 최고 상태이고, 정보산업과 문화산업이 급성장하고 있다. 전자산업은 하드웨어, 정보산업은 소프트웨어, 문화산업은 콘텐츠라고 할 수 있다. 컴퓨터 게임산업은 정보산업과 문화산업의 결합체다. 2020년 1월에 시작된 '코로나 사태'로 배달산업이 더욱 더 급성장하게 되었다. 배달산업/O2O산업의 급성장은 주거-도로의 변화와 전자-정보산업을 바탕에 두고 있으며, 모든 분야에서 매장 영업의 전반적인 축소를 야기하고 있다.

자유주의는 정치적으로 민주주의로, 경제적으로 자본주의로 구현됐다. 그런데 자유주의는 그냥 방치하면 약육강식의 정글 사회로 귀결되고 결국 자유를 부정하는 신분제로 나아갈 수 있다. 한국의 재벌과 언벌은 이런 문제를 명확히 보여준다. 사회에서 자유는 제약되는 게 마땅하다. 자유주의를 지키기 위해서도 민주주의가 자본주의를 제약해야 한다. 그 역사적 정점이 바로 복지국가이다. 복지국가는 인류가 이룩한 현실적 이상이다. 우리는 이미 복지국가이지만 독일과 북구를 모범으로 해서 더욱 더 강화해야 한다. 영국의 기업살인죄와 미국의 징벌적 손해배상제도 적극 도입해야 한다.[151]

10장   과학기술 – 선도 국가

오늘날 기술은 대체로 과학에 근거해서 개발된다. 이 때문에 과학기술이라는 말을 일반적으로 쓰게 되었다. 한국은 뛰어난 과학기술의 역사를 갖고 있다. 세종대왕(1397~1450)은 한글을 만들었을 뿐만 아니라 당대 최고의 과학기술자였던 장영실(1390?~?)을 중용해서 기술의 개발을 독려했다. 그러나 조선은 주자학, 즉 성리학의 주술에 사로잡힌 국가로서 세종대왕이 개창한 올바른 길을 가지 않고 그릇된 길에 빠졌다. 그런 잘못이 쌓여서 결국 일제의 극악한 침략에 당했다. 독립전쟁과 민주투쟁은 침략과 독재에 직접 맞서는 것과 함께 과학기술로 내적 실력을 키우는 것도 중시했다. 한국의 경제성장은 과학기술에 크게 의지해서 이루어졌다.

1. 과학기술의 중요성

현대 사회는 공업사회이다. 그런데 현대의 공업은 과학기술에 의거하고 있다. 이런 점에서 현대 사회는 과학기술 사회이다. 과학(science)은 세계에 대해 올바로 이해하는 것이고, 기술(technology)은 세계를 인위적으로 가공하고 이용하는 것이다. 공업(industry)은 세계를 인위적으로 가공해서 물자를 대대적으로 생산하는 산업이다. 기술이 공업의 기초이고, 과학이 기술의 원천이다. 공업사회는 공업혁명을 통해 형성되었는데, 공업혁명은 방직기[152]가 주도한 기계혁명, 증기기관이 주도한 동력혁명,

제철이 주도한 소재혁명 등을 3대 축으로 해서 전개되었다.

 공업혁명은 기술의 발달과 함께 계속 진화했다. 1948년에 미국의 수학자 노버트 위너(Nobert Wiener, 1894~1964)는 당시의 전자기술을 망라한 '사이버네틱스'(cybernetics, 자동조절학, 인공두뇌학)라는 새로운 학문을 제창하면서 전자기술에 의한 '2차 공업혁명'을 제기했다. 이런 인식과 논의가 계속 이어져서 2016년에 '세계경제포럼'은 '4차 공업혁명'을 제기했는데, 그것은 1차 증기 기술 혁명, 2차 전기 기술 혁명, 3차 전자·정보 기술 혁명, 4차 AI 기술 혁명으로 요약할 수 있다. 사실 4차 공업혁명은 3차의 확대라는 성격이 강하며, AI 기술의 개발 정도에 따라 그 실질성이 평가될 것이다.

 20세기 중반 이후 세계는 케인즈(John Maynard Keynes, 1883~1946) 교수의 경제학 이론에 기초해서 국가의 적극적 개입을 통한 시장의 규제-조절과 복지국가의 형성-작동을 기본으로 하게 되었다. '케인즈 혁명-복지국가 혁명'이 현대 세계의 경제적 기초가 된 것이다. 그런데 20세기 말에 이르러 요셉 슘페터(Joseph Schumpeter, 1883~1950)의 경제학 이론이 갑작스레 크게 부각되었다. 여기에는 정보통신기술의 급속한 발달에 의한 이른바 '신경제'의 현상이 큰 영향을 미쳤다. 슘페터는 20세기 초부터 기술의 경제적 기능을 크게 강조한 경제학자였다. 그는 "마차를 아무리 연결해야 기차가 되지 않는다"는 말로 기술의 중요성을 간명히 제시했다.

 인류의 문명에서 기술이 중요하지 않은 적은 없었다. 인류는 뛰어난 두뇌로 도구를 만들어서, 즉 기술을 개발해서 자연의 패자가 될 수 있었다. 현대 사회는 아예 과학기술 사회라고 할 수 있다. 우리는 과학기술로 만든 것들 속에서 태어나고 살다가 죽는다. 현대의 과학기술은 우주의 초거시 세계로 인류를 나아가게 했고, 소립자들의 초미시 세계로 인류를 들어가게 했다. 인류는 과학기술로 극히 복잡한 인공의 세계를 만들어서 살게 되었다. 과학기술은 인류의 뛰어난 능력을 입증하고, 인류의 존재 자체를 바꿔놓는 것처럼 보인다. 그러나 인류는 자연의 산물이고, 결국 자연으로 돌아가게 된다. 과학기술을 통한 자연의 무분별한 변형-훼손-파괴는 결국 인류 자신의 파괴로 귀결된다.

현대의 과학기술은 막대한 풍요의 원천이자 거대한 위험의 원천이다. '인류세'로 제기되는 생태적 파국의 위험은 과학기술의 문제를 잘 보여준다. 그렇다고 해서 과학기술을 부정하는 것은 잘못이다. 중요한 것은 과학기술의 한계와 문제를 올바로 인식하고 그것이 일으키는 폐해를 완화하고 해소하는 것이다. 이것은 정치적 결정과 직결되어 있다. 오늘날 과학기술은 강력한 정치적 논란의 원천이다. 비리 세력이 과학기술을 장악하고 지배하게 되면 세계가 망하고 만다. 과학기술을 내세운 훼손과 파괴가 만연해 있는 현실을 직시해야 한다. 비리 사회는 '과학기술 사기'를 핵심 기반으로 한다.

과학기술의 중요성은 무엇보다 경제와 생활의 면에서 두드러진다. 과학기술은 2차 산업은 물론 1차 산업, 3차 산업도 모두 지탱하고 있다. 문화산업-창조산업도 그렇다. 우리의 생활도 과학기술에 의지해서 이루어진다. 현대 사회를 내적으로 지지하는 전자산업은 양자역학과 전자공학의 산물이다. 과학기술은 저기 어디 실험실에 있는 것이 아니라 우리의 경제와 생활 속에 충만해 있는 것이다. 오늘날 과학기술의 연구와 개발은 대학, 기업, 정부를 대표 주체로 해서 이루어진다. 모든 정부는 국가 차원의 과학기술 계획과 정책을 수립하고 추진한다.

2. 국가 과학기술 정책

한국은 <과학기술기본법>을 제정해서 과학기술 정책을 시행하고 있다. 그 주요 내용은 다음과 같다.

제6조(국가과학기술혁신체제의 구축) ① 정부는 기업, 교육기관, 연구기관 및 과학기술 관련 기관·단체가 지식기반경제사회에 부응하는 과학기술을 혁신하기 위한 활동을 적극 수행할 수 있도록 효과적인 국가과학기술혁신체제를 구축하여야 한다.
② 정부는 제1항에 따른 국가과학기술혁신체제를 구축하기 위한 환경과 기반을 만들어야 하고, 기업, 교육기관, 연구기관 및 과학기술 관련 기관·단체 또는 그 구성원들이 서로 인력, 지식, 정보 등을 원활하게 교류하고 연계하며 공유할 수 있도록 필요한 시책을 세우고 추진하여야 한다.

제7조(과학기술기본계획) ① 정부는 이 법의 목적을 효율적으로 달성하기 위하여 과학기술발전에 관한 중·장기 정책목표와 방향을 설정하고 「국가과학기술자문회의법」에 따른 국가과학기술자문회의(이하 "과학기술자문회의"라 한다)의 심의를 거쳐 확정하여야 한다.
② 과학기술정보통신부장관은 5년마다 제1항에 따른 과학기술발전에 관한 중·장기 정책목표와 방향을 반영하고 관계 중앙행정기관의 과학기술 관련 계획과 시책 등을 종합하여 과학기술기본계획(이하 "기본계획"이라 한다)을 세우고 과학기술자문회의의 심의를 거쳐 확정하여야 한다.

제12조(국가연구개발사업에 대한 조사·분석·평가) ① 과학기술정보통신부장관은 매년 국가연구개발사업에 대한 조사·분석 및 평가(이하 "평가 등"이라 한다)를 하여야 한다. 이 경우 평가에 관한 사항은 「국가연구개발사업 등의 성과평가 및 성과관리에 관한 법률」에서 정하는 바에 따른다.

제13조(과학기술예측) ① 정부는 주기적으로 과학기술의 발전 추세와 그에 따른 미래사회의 변화를 예측하여 그 결과를 과학기술정책에 반영하여야 한다.

제14조(기술영향평가 및 기술수준평가) ① 정부는 새로운 과학기술의 발전이 경제·사회·문화·윤리·환경 등에 미치는 영향을 사전에 평가(이하 "기술영향평가"라 한다)하고 그 결과를 정책에 반영하여야 한다.
② 정부는 과학기술의 발전을 촉진하기 위하여 국가적으로 중요한 핵심기술에 대한 기술수준을 평가(이하 "기술수준평가"라 한다)하고 해당 기술수준의 향상을 위한 시책을 세우고 추진하여야 한다.

　〈과학기술기본법〉은 자연과학과 공학을 대상으로 하는 것이지만, 자연·경제·생활에 미치는 영향이 전제되어 있고, 나아가 자연과학과 인문·사회과학의 균형적 발전이 제시되어 있다. 과학기술의 위력은 너무나 강하고 그 영향은 너무나 크기에 이렇게 포괄적이고 복합적인 관점에서 과학기술의 발전을 추구해야 하는 것이다. '과학기술기본계획'이 국가의 과학기술 정책에서 근간을 이루는 것인데, 그것을 위한 가장 기본적인 자료는 '기술수준평가'를 통해 제시된다.

한국과학기술기획평가원(Korea Institute of Science & Technology Evaluation and Planning, KISTEP)에서 '기술수준평가'를 2년마다 시행한다. 문재인 민주 정권 때인 2020년의 평가 결과는 2021년 3월에 발표됐다(국가과학기술자문회의, 2021).

평가의 대상은 '제4차 과학기술기본계획('18~'22) 상의 120개 중점과학기술'로서 건설·교통, 재난·안전, 우주·항공·해양, 국방, 기계·제조, 소재·나노, 농림·수산·식품, 생명·보건·의료, 에너지·자원, 환경·기상, ICT·SW 등 '11대 분야'로 구분되어 있다.[153] 11대 분야별 기술수준을 보면, 4-5위로서 높은 기술력을 갖고 있다. 그러나 주요 경쟁국인 중국의 기술수준이 빠르게 높아지고 있어서 크게 주의해야 하는 상황이다.

표 17 기술수준평가의 대상

11대 분야	건설 교통	재난 안전	우주 항공 해양	국방	기계 제조	소재 나노	농림 수산 식품	생명 보건 의료	에너지 자원	환경 기상	ICT SW
120개 기술	11	4	7	3	13	5	9	21	18	12	17

○내용) 120개 중점과학기술별 주요 5개국(한국, 중국 일본, EU, 미국)의 기술수준(%) 및 기술격차(년)를 평가
 - 최고기술 보유국과 대비하여 국가별 기술수준(%)과 기술격차(년)를 평가하고, 정책제언 제시

표 18 전체 기술수준

〈국가별 전체 기술수준(%) 및 기술격차(년) 변동〉

구분	한국		중국		일본		EU		미국	
	'18	'20	'18	'20	'18	'20	'18	'20	'18	'20
기술수준(%)	76.9	80.1	76.0	80.0	87.9	87.3	94.8	95.6	100.0	100.0
기술격차(년)	3.8	3.3	3.8	3.3	1.9	2.0	0.7	0.7	0.0	0.0

○ 한국의 11대 분야별 기술수준은 6대 분야에서 4위, 5대 분야('우주·항공·해양', '국방', '생명·보건의료', '에너지·자원', 'ICT·SW')에서 5위로 평가

※ 특히, 생명·보건의료와 에너지·자원 분야의 경우 '18년 대비 중국이 한국의 기술수준을 역전함.

…

○ 11대 분야 중 10대 분야에서 미국이 1위를 차지하였으며, '기계·제조' 분야는 EU가 1위로 평가

- 중국, EU 및 미국 11대 분야의 기술수준 모두 '18년 대비 유지 또는 증가하는 경향(각각 1.0~5.5%p, 0~1.5%p, 0~0.3%p)을 보임.

※ 일본의 경우, 3대 분야('우주·항공·해양', '국방', '에너지·자원')를 제외한 8대 분야의 기술수준이 감소(-0.1~-2.7%p)

윤석열-국힘당 비리 정권이 들어서고 얼마 뒤인 2022년 10월 과학기술정보통신부는 대통령이 의장인 '국가과학기술자문회의'의 '12대 국가 전략기술-50대 세부 중점기술 육성 방안'을 발표했다. 12대 국가 전략기술과 50대 세부 중점기술의 선정은 2022년 8월 미국의 '반도체와 과학법', 일본의 '경제안정보장법' 등에 대응-모방하는 성격을 갖고 있다. 그것은 과학기술이 경제의 핵심이기 때문에 경제 정책의 핵심을 이루는 것이기도 하다. 따라서 국가 과학기술 정책이 잘못되면, 결국 경제가 잘못되기 십상이다.

그림 25 국가 전략기술 육성 정책의 목표

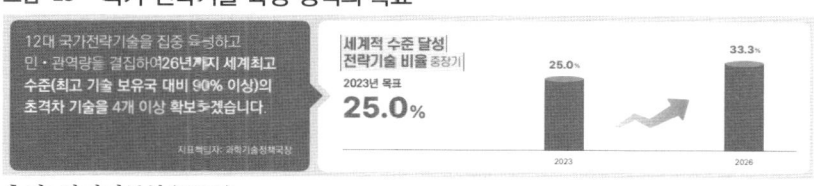

출처: 과기정통부(2023)

그림 26   국가 전략기술 육성 계획

출처: 과기정통부(2022)

'국가 전략기술 육성 정책'은 "기술패권 경쟁구도 속 대내·외 환경을 종합, ❶공급망·통상, ❷신산업, ❸외교·안보 등 기술주권 관점에서의 전략적 중요성을 토대로 민관 합동으로 검토·분석"한 결과로 제시됐다. 구체적으로 3개 기준의 6개 세부 지표에 의해 기존의 '10개 필수 전략기술'을 개정한 것이다.

그런데 '차세대 원자력'이 잘 보여주듯이 그 선정이 정말 객관적-과학적 연구에 입각한 것인가에 대해 큰 의문이 들지 않을 수 없다. '인류세'의 생태위기는 핵폭탄과 핵발전의 방사능 오염이 대표한다. 이 때문에 '탈핵'은 세계의 불가피한 기본이 되었고, 독일은 완전한 '탈핵'을 실행하기 시작했다. 이런 세계의 전환과 추세를 무시하고 '차세대 원자력'을 '국가 전략기술'로 선정한 것은 잘못된 것이다.[154]

국가 전략기술의 기술수준을 보면 문제는 더 크고 많다. '차세대 원

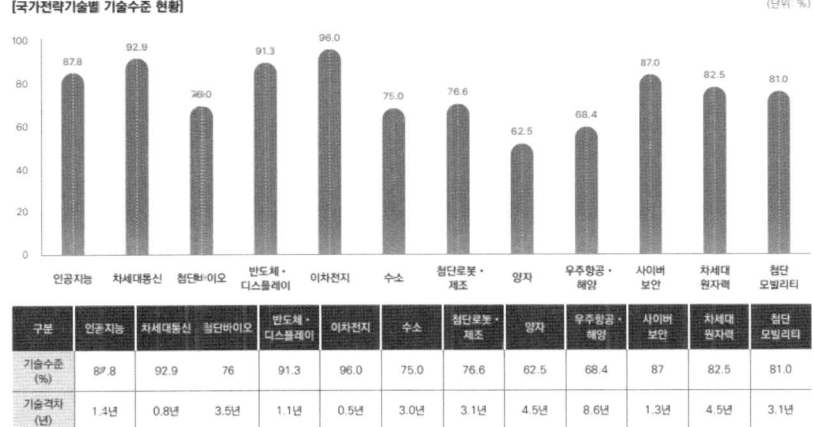

그림 27 국가 전략기술의 기술수준

출처: 과기정통부(2023)

자력'은 비교적 높은 기술수준이나 원천적 문제를 안고 있고, 양자·수소·첨단바이오·첨단로봇 등은 기술수준이 낮은 편이고, 양자·수소는 기술의 실효성에 논란이 크다. '차세대 원자력'은 불필요한 기술이고, 양자·수소는 필요성의 논란이 크고, 첨단바이오·첨단로봇은 필요성이 크다.[155] 이런 심층적 토의는 없고, 오직 일방적 선전만 있다.

3. 인공지능 기술

이른바 '4차 공업-산업혁명'의 면에서 보자면, 가장 중요한 기술은 바로 '인공지능'이다. 인공지능(Artificial Intelligence, AI)의 실체는 인간의 지능처럼 자동으로 작동하는 컴퓨터 프로그램이다(홍성태, 2023). 그런데 인간(동물)의 지능은 자율적이고 인공지능은 타율적이어서 인공지능은 지능처럼 보이나 사실 지능이 아니다(이대열 2017).

인공지능은 컴퓨터 기술의 한 분야이다. 따라서 인공지능의 개발은 컴퓨터 기술의 연장선에 있는 것이지 새로운 게 아니다. 인공지능의 직접적 실체는 컴퓨터 프로그램이지만 초성능 컴퓨터[156], 초연결 통신망, 초거대 데이터가 결합되어 비로소 작동된다. 따라서 인공지능의 개발은 세 가지가 모두 결합되어 이루어져야 한다. 여기에는 굉장히 많은 자원이 필요하기 때문에 미국의 인공지능 개발이 잘 보여주듯이 대기업 또는 대자본이 인공지능의 개발을 주도하고 있다.

한국도 삼성, LG, SK, 네이버, 카카오 등의 대기업들이 AI의 개발을 적극 실행하고 있다. 주요국들과 비교해서 한국의 AI 기술수준도 거의 비슷한 상태에 있다. 2021년에 한국은 일본을 앞선 것으로 평가되고 있다.

인공지능은 최고 수준의 보편적 정보처리 기술로서 막대한 경제적-사회적 가치를 갖고 있다. 물론 그것은 심각한 정치적, 사회적, 인간적 문제를 안고 있기도 하다. 그러나 그 가치가 너무나 크기에 인류의 문명을 지탱하는 기반 기술로 확립될 것이다. 챗지피티, 미드저니 등이 보여준 놀라운 인공지능 표현의 세계는 인공지능의 능력을 보여주는 가시적 예에 불과하다. 정치, 사법, 군사, 경제, 의료, 학문, 교육, 운동, 예술 등

그림 28 한국의 AI 기술수준

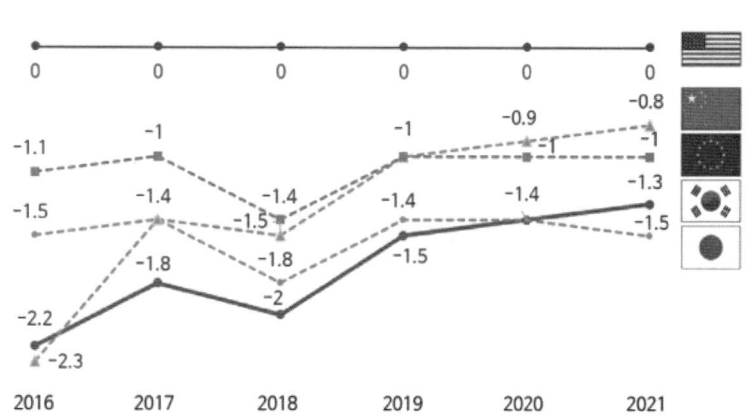

출처: 봉강호(2023)

실로 모든 분야에서 인공지능은 활발히 사용되며 인류의 문명을 인공지능 문명으로 전환해 놓을 것이다. 우리는 어떤 상태에 있는가?

> 객관적으로, 우리나라의 AI 기술수준은 아직 세계 최고기술 보유국인 미국과 중국, 유럽 등에 비해 다소 미흡한 것이 사실이다. 그러나 우리나라는 지난 몇 년 사이에 AI 기술 분야에서 눈부신 발전을 이룩했으며, 주요 선진국을 빠르게 추격해왔다. 그리고 현재 우리나라가 AI 분야에서 선진국들을 위협하는 수준에 이르렀다고 보는 것이 무리는 아니다. …
> 그럼에도 불구하고, 우리나라가 직면하고 있는 AI 기술패권 경쟁은 여전히 현재진행형이며, 인간 수준의 차세대 AI 시대가 다가오면서 이러한 경쟁이 더욱 치열하게 전개될 것으로 전망되고 있다. 이는 결코 반드시 암울한 이야기만은 아니며, 우리나라가 그간의 성과를 넘어 AI 글로벌 강국으로 도약하는 절호의 기회가 될 수 있다고 사료된다(봉강호, 2023).

궁극적으로 가장 중요한 것은 정치적 능력이다. 정치가 망가지면 국가의 의사결정이 잘못되고, 따라서 아무리 좋은 기술 능력도 제대로 발현되지 못하게 되고, 우수한 경제도 갑작스런 위기와 파국을 맞게 된다. 한국은 세계적인 정보통신 기술/산업의 강국이다. '12대 국가 전략기술'에 인공지능, 차세대 통신, 반도체 등 정보통신 기술이 세 가지나 들어 있다. 인공지능 정책은 ICT 산업 정책의 일환이다. 한국은 세계 ICT 산업의 성장에 맞추어서 지속적인 성장을 목표로 하고 있다. 그러나 2022년에 정치가 크게 잘못되어 한국의 ICT 산업은 반도체 산업을 중심으로 심각한 위기를 맞게 되었다.

그림 29 한국 ICT 산업의 매출 목표

출처: 과기정통부(2023)

4. 과학기술의 성찰

현대 사회를 '과학기술 사회'라고 부르는 것에서 잘 알 수 있듯이 과학기술의 영향은 보편적이고 대단히 크다. 과학기술은 가장 강력한 생산력이자 살상력이다. 과학기술의 양면성을 결코 잊어서는 안 된다. 인류는 과학기술로 막대한 풍요를 누리게 된 동시에 극심한 위기를 겪게 되었다. 그렇다고 과학기술을 폐기할 수는 없다. 우리가 해야 할 일은 '탈핵'을 중심으로 과학기술을 현명하게 개발하고 이용하는 것이다.[157]

여기서 우리의 '과학기술 기본법'으로 돌아가 보자. 그 '목적'은 과학기술 혁신, 국가 경쟁력 강화, 국민경제 발전, 국민의 삶의 질 향상, 인류 사회의 발전 등 다섯 가지로 제시되어 있다. 사실 궁극적인 목적은 국민의 삶의 질 향상이다. 우리의 삶의 질을 향상하지 않는 것이라면, 우리가 과학기술을 존중하고 육성할 필요가 없을 것이다. 여기에 제시된 다섯 가지 목적들은 사실은 수단과 목적의 관계를 이루고 있다. 국민의 삶의 질이 궁극 목적이고, 나머지 네 가지는 그것을 위한 수단이다. 단순히 그럴 듯한 가치들을 나열하는 것은 혹세무민의 문제를 안고 있다. 이 점을 올바로 인식해야 한다.

제1조(목적) 이 법은 과학기술발전을 위한 기반을 조성하여 과학기술

을 혁신하고 국가경쟁력을 강화함으로써 국민경제의 발전을 도모하며 나아가 국민의 삶의 질을 높이고 인류사회의 발전에 이바지함을 목적으로 한다.

다음에 '기본이념'은 인간의 존엄, 자연환경 및 사회윤리, 경제·사회 발전의 원동력, 과학기술인의 자율성과 창의성, 자연과학과 인문·사회과학의 균형 발전 등 다섯 가지로 제시되어 있다. 그런데 '국가 전략기술'의 선정 과정을 보면, 이 '기본이념'이 전혀 지켜지고 있지 않다. 사실 '목적'도 지켜지고 있지 않다. 세계적으로 '인류세'라는 대파멸의 위기가 제기되고 있는 현실에서 탈핵발과 탈토건을 삶의 질을 위한 최고의 과학기술 과제로 여기고 추구해야 하는데 한국의 과학기술 정책은 전혀 그렇지 않다. 극소수 과학자-기술자-공무원-기업인 등이 결합해서 과학기술 정책을 결정한다.

> 제2조(기본이념) 이 법은 과학기술혁신이 인간의 존엄을 바탕으로 자연환경 및 사회윤리적 가치와 조화를 이루고 경제·사회 발전의 원동력이 되도록 하며, 과학기술인의 자율성과 창의성이 존중받도록 하고, 자연과학과 인문·사회과학이 서로 균형적으로 연계하여 발전하도록 함을 기본이념으로 한다.

과학기술은 현대 사회를 '위험사회'(Risk Scociety)로 만들었다. 핵발전이 그 핵심 지표다. 그런데 '위험사회'는 너무 일반적인 개념이어서 현실을 파악하기에 문제가 크다. 과학기술의 위험도와 사회체계의 정비도를 두 기준으로 해서 현실을 파악해야 한다.[158] 위험도와 정비도를 각각 고와 저로 하면 다음과 같이 모두 네 가지 유형이 제시된다. 여기서 ①이 위험사회로 독일이 대표적인 예이고, ②는 사고사회로 한국이 대표적인 예이다. 위험사회는 사회체계가 잘 정비되어 있어서 비리가 마구 자행되지 않으며, 따라서 핵발전으로 대표되는 과학기술의 위험에 적극 대비한다. 이에 비해 사고사회는 사회체계가 잘 정비되어 있지 않아서 비리가 마구 자행되며, 따라서 핵발전은 물론 각종 과학기술 위험이 마구 사고로 발현된다(홍성태, 2017).

표 19 위험사회와 사고사회

	사회체계 정비 고	사회체계 정비 저
과학기술 위험 고	①	②
과학기술 위험 저	③	④

현대 사회에서 과학기술의 성찰은 대단히 중요하다. 한국은 사고사회(accident society)이기 때문에 과학기술의 성찰이 더욱 더 중요하다. 성찰은 단순히 윤리적 자세로 자신의 존재를 돌아보는 것이 아니다. 그것은 개인적 성찰이 아닌 사회적 성찰로서 개방적 논의를 기초로 잘잘못을 가리고 잘못을 엄단해서 비리를 척결하는 것을 뜻한다. 독일이 그 대표적인 모범이다. 독일은 이런 방식으로 나치를 척결했고, 마침내 완전한 탈핵을 이루었다.

4부 한국 문화의 이해

11장   문화 – 한류의 힘

1990년대 초부터 한국의 문화가 대중문화를 중심으로 크게 흥성하게 되었고, 1900년대 말에는 '한류'(韓流)라는 말이 나타나서 쓰이기 시작했다. 1987년 6월 항쟁을 통해 시작된 민주화가 그 바탕에 놓여 있었다. 한국의 문화는 이미 1970년대 초에 상당한 수준에 이르렀으나, 박정희 독재에 의해 강력히 억압됐고, 전두환 독재에 의해 강력히 왜곡됐다. 이명박-박근혜 비리 정권은 '블랙 리스트'[159]로 문화를 억압하고 왜곡했다.[160] 민주화의 핵심에 표현의 자유가 있고, 민주화는 문화의 발전을 촉진하게 된다. 우리가 '한류'에 대해 말할 때 가장 기본적으로 유념해야 할 것은 민주화의 중요성이다.

1. 문화화의 시대

오늘날 넓은 의미에서 문화는 인간이 만들어서 사회를 통해 전수되는 모든 것을 뜻한다. 여기에는 좋은 것과 나쁜 것, 옳은 것과 틀린 것이 있다. 우리는 좋은 것과 옳은 것을 기르고, 나쁜 것과 틀린 것을 없애야 한다. 교양은 이런 뜻을 담고 있으며, 문화의 본래 뜻도 사실 이것이다. 동물과 달리 본능대로 사는 것이 아니라 좋은 것과 옳은 것을 추구하는 것이 인간이다. 문화는 그 말 자체는 글을 익히는 것이라는 뜻이나 교양을 갖추어서 인간답게 되는 것을 뜻한다. 이 점에서 인간은 '문화적 동물'(homo cultura)이다.

문화(文化)는 본래 이천년 전에 중국에서 만들어진 말이지만 19세기 말에 일본에서 영어 culture의 번역어로 채택되어 한·중·일에서 널리 쓰이게 되었다. culture는 원래 '경작하다'는 뜻의 말인데, 이천년 전 로마 공화국의 키케로(Cicero, 서기전 106~43)가 'cultura animi'(영혼의 경작)이라는 말을 한 것에서 culture는 인간의 정신을 기르는 것을 뜻하게 되었다. 19세기 말에 일본에서 culture는 문화와 함께 교양(敎養)으로 번역되었는데 인간의 정신을 가르쳐 기른다는 뜻으로 이 말이 '영혼의 경작'이라는 뜻을 더 명확히 제시한다. 사실 19세기 말~20세기 초에는 culture의 번역어로 문화보다 교양이 더 많이 사용되었다.

문화는 인간의 정신에 의해 만들어진 것이다. 인간은 오랜 진화에 의해 뛰어난 두뇌를 갖게 되었고, 두뇌의 작용인 정신으로 문화를 만들어 살게 되었다. 문화에 관한 논의에서 가장 먼저 제시되는 것은 문화와 문명의 구별이다. 문명(文明)은 삼천년 전에 중국에서 만들어진 말로서 역시 19세기 말에 일본에서 civilization의 번역어로 채택됐다. civ가 어근인 civilization은 도시를 이루고 사는 것을 뜻한다.[161] 흔히 문화는 정신적인 것이고 문명은 물질적인 것이라고 한다. 그런데 이 대비는 19세기에 독일에서 만들어진 것[162]으로 사실 잘못된 것이다. 문명은 문화의 한 양상이다.

문화는 인간의 정신과 사회의 산물로서 인간은 문화에 의해 존재하기에 문화는 대단히 다양하고 복잡하다. 문화는 우선 관념 문화(ideal culture)와 물질 문화(material culture)로 나눌 수 있다. 관념 문화는 물질적으로 구현되는 것이 아니기에 비물질 문화로 제시되기도 한다. 전자는 규범, 종교 등으로, 후자는 도시, 기술 등으로 대표된다. 다음에 문화는 정신 문화(mental culture), 육체 문화(physical culture)로 나눌 수 있다. 전자는 예술로, 후자는 운동으로 대표된다. 전통 문화와 현대 문화의 구분도 대단히 중요하다. 시기적으로 전통과 현대를 한 축으로 하고, 관념과 물질, 정신과 육체를 다른 축으로 하는 방식으로, 또는 의식, 관계, 표현, 운동, 생산, 생활 등을 나열하는 방식으로 문화를 구분해 볼 수 있다.

표 20 문화의 구분

	관념	물질
전통	관념	정신
현대	물질	육체

오늘날 문화는 거대한 산업을 이루고 있다. 사회는 크게 정치, 경제, 문화로 작동된다.[163] 사회는 그 자체로 목적이 아니라 생활을 위한 수단이다. 문화는 즐거운 생활을 추구한다. 정치와 경제가 안정될수록 문화는 번성한다. 그 결과 인류 역사는 자유화와 공업화를 기초로 풍요화, 정보화, 그리고 '문화화'(culturification)로 나아가게 되었다. 20세기에 들어와서 선진국은 문화산업, 문화도시, 문화사회를 추구했다. 한국은 1990년대의 민주화를 기초로 '문화화'의 길에 들어서게 되었다. 그러나 비리세력이 지배하는 상황에서 이 중대한 역사적 발전은 대단히 어렵게 진행되고 있다.

일찍이 김구 선생(1876~1949)은 '나의 소원'이라는 글에서 이 변화를 독립된 대한민국의 최고 과제로 제시했다. 민족의 지도자를 넘어서 인류의 지도자의 면모를 여실히 보여준 위대한 역사적 주장이다.

"내가 원하는 우리 민족의 사업은 결코 세계를 무력으로 정복하거나 경제력으로 지배하려는 것이 아니다. 오직 사랑의 문화, 평화의 문화로 우리 스스로 잘 살고 인류 전체가 의좋게, 즐겁게 살도록 하는 일을 하자는 것이다. 어느 민족도 일찍이 그러한 일을 한 이가 없으니 그것은 공상이라고 하지 마라. 일찍이 아무도 한 자가 없기에 우리가 하자는 것이다. 이 큰 일은 하늘이 우리를 위하여 남겨 놓으신 것임을 깨달을 때에 우리 민족은 비로소 제 길을 찾고 제 일을 알아본 것이다."

2. 한국의 문화

이제 한국의 문화에 대해 전통과 현대의 시기 구분을 기초로 의식, 표현, 생활 등으로 나누어서 살펴볼 것이다. 의식은 종교, 표현은 예술과 대중문화, 생활은 의식주로 나누어 살펴본다.

① 한글의 가치

그런데 사실 한국의 문화에서 가장 기본적인 것은 한국말과 한글이다. 한국말은 교착어에 속하며 만주와 한반도의 지역에서 발달한 고립어이고, 중국의 강한 영향으로 한자 낱말이 대단히 많이 쓰이고 있다. '간혹', '도대체', '심지어', '별안간' 등도 모두 한자다. 한글은 조선의 네번째 왕이었던 세종이 만들어서 '훈민정음'이라는 이름으로 발표했다. 한글은 발음할 때 발음기관의 형태를 본따서 만든 극히 과학적인 문자이다. 그러나 외국인은 한글을 기하학의 도형으로 인식하는 경향이 있다고 한다. 조선을 지배한 양반은 한자로 정보와 지식을 독점해서 지배했다. 이 때문에 한글은 공식 문자로 쓰이지 못했다. 1896년 '독립신문'이 창간되면서 한글은 우리 역사의 전면에 나서게 되었다. 한글은 너무나 중요한 한국의 문화유산이고 인류의 문화유산이다.

② 의식 문화

　의식(意識, consciousness)은 보통 인간의 정신 능력이나 정신 상태를 뜻하지만 문화적으로는 두뇌의 작용인 정신(精神, mind)으로 인식하고 생각하는 것을 뜻한다. 우리가 인간과 세계에 대해 생각하는 것은 타고나는 것이 아니라 사회에 의해 문화적으로 길러지는 것이다. 이것을 가리켜 사회화(socialization)나 문화화(culturification)라고 한다. 수만 년 전에 인간은 신이라는 초월적 존재를 상상해서 인간과 세계에 대한 기본적인 인식을 확립했다. 이렇게 종교가 형성됐다. 종교와 그것의 기본을 이루는 인식은 사라지지 않는다. 인간은 한계를 갖고 있고, 사회는 신뢰가 필요하기 때문이다. 종교적 인식은 사회를 지탱하는 기본 인식을 이룬다.

　한국의 전통 종교는 무속 신앙으로 시작되어 중국에서 전래된 불교, 도교, 유교로 대별된다. 불교는 인도에서 시작되어 중국을 거쳐 한국으로 전해졌다. 무속 신앙은 만물에 영령이 있다고 믿는 영령론을 기초로 그것에 복을 비는 기복론을 핵심으로 하는 원시 종교다. 그 주요 제례 방식은 '굿'이다. '굿은' 전통 문화로서 큰 가치와 의미를 갖고 있지만 그 혹세무민의 문제를 잊어서는 안 된다. 중국에서 들어온 불교, 도교, 유교의 바탕에도 무속이 놓여 있고, 근대에 서양에서 들어온 구-신 기독교의 바탕에도 무속이 놓여 있다.[164] 유교는 조선에서 500년 동안 국가의 윤리이자 종고로서 강제되어 한국인의 의식과 생활에 강력한 영향을 남겼다. 오늘날 유교는 크게 약화되었지만 연령주의를 중심으로 여전히 기본 의식으로 작동하고 있다. 무속과 유교가 한국인의 기본 의식에서 지배적이다.

　한국의 종교는 불교와 기독교로 대별된다. 불교는 조계종이 지배적이지만 천태종, 진각종이 함께 3대 종파를 이루고, 많은 사이비들이 곳곳에서 혹세무민하고 있다. 건진 법사니 천공 법사니 하는 것들은 그 단적인 예이다. 한국의 기독교[165]는 천주교(가톨릭)와 개신교로 크게 나뉘고, 개신교는 장로교와 감리교가 지배적이지만 침례교, 성결교, 순복음교[166] 등도 큰 종파를 이루고 있고, 불교보다 더 많은 사이비들이 곳곳에서 혹세무민하고 있다. 금란교회는 신도가 10만 명이 넘는 세계 최대 감리교회이고, 여의도 순복음교회는 신도가 100만 명이 넘는 세계 최대 기독교회이다. 통일교(세계평화통일가족연합), 전도관(천부교), 신천지(신천지 예수교 증거장막 성전), 안증회(하나님의 교회), jms(정명석교), 만민교회 등 거대한 사이비들이 모두 기독교 계열이다. 한국의 개신 기독교는 한국에서 가장 강력한 종교이나 그 폭력성과 부패성에 의해 가장 문제적 종교로 비판받고 있다.[167]

그런데 사이비 문제와 관련해서 가장 중요한 것은 사이비 자체가 아니라 주류의 사이비적 행태이다. 주류 불교와 기독교가 모두 극심한 사이비적 행태로 크게 비판받고 있다. 타락과 방종이 극심해서 최대 성범죄 집단으로 꼽히며, 매국-독재 비리 세력의 핵심으로 발호한다.[168] 그저 복(구원)을 극렬히 추구하며 올바른 삶을 무시하는 것은 결코 올바른 종교적 행태가 아니다. 굿, 예불, 예배 등 종교 의식은 무엇보다 올바른 삶을 위한 실천이어야 한다. 올바른 삶은 무엇인가? 공자, 노자, 석가, 예수 등이 잘 보여주었듯이 성실히 살 뿐만 아니라 사람을 존중하고 약자를 배려하는 사는 것이다. 기성 종교의 타락으로 한국인은 종교인보다 무종교인이 훨씬 더 많다.[169]

③ 표현 문화

표현(表現, expression)은 생각을 겉으로 드러내는 것이다. 인간의 진화와 함께 인간의 표현 수단은 몸짓, 표정, 소리, 그림, 말, 글 등으로 다양해졌다. 문화는 좁은 의미와 넓은 의미로 대별되는데, 좁은 의미의 문화는 바로 표현 문화를 뜻하고, 넓은 의미의 문화는 인간이 만든 모든 것을 뜻한다. 그런티 표현도 역시 좁은 의미와 넓은 의미로 나눌 수 있다. 전자는 무엇인가 멋지게 드러내 보여주는 것이고, 후자는 그냥 드러내 보여주는 모든 것이다. 보통 표현 문화는 전자를 뜻하고, 그 대표는 바로 예술이다. 예술은 표현 수단을 중심으로 무용, 연극, 음악, 그림, 글, 사진, 영화 등으로 구분된다. 예술 작품은 크게 심미 가치와 오락 가치를 갖는다. 예술은 심미 가치를 더 중시하는 본격 예술과 오락 가치를 더 중시하는 대중 예술로 크게 나눌 수 있다.

한국은 규모와 수준의 양 면에서 예술이 아주 훌륭한 상태에 이르러 있다. 예술의 상태는 크게 인력, 시설, 작품의 세 기준으로 평가해 볼 수 있는데, 한국은 세 기준에서 모두 높은 상태에 있다. 그런데 시설은 많지만 인력과 작품이 부족하다는 비판도 제기되고 있다. 이것은 이른바 '예술 토건'의 문제와 연관된다. 예술을 내세워서 각종 예술 시설을 만드는 토건 사업을 벌이고 끝나는 것이다. 예술 인력의 육성과 지원이 더욱 강화될 필요가 있다. 문화화의 시대적 추세에 비추어 보자면 더욱 더 그렇다. 문화사회의 핵심에 예술이 놓여 있다. 이와 함께 주의해야 할 것은 지역적 편중의 문제다. 지역 쇠퇴를 막기 위해서는 지역에서 삶의 질을 높이는 게 중요하고 그 핵심에 문화 생활이 놓여 있다. 지역의 문화적 전환은 지역 재생, 지역 혁신, 지역 발전의 기본이다.

오늘날 표현 문화는 대중 문화(mass culture) 또는 인기 문화(popular culture)로 대표된다. 대중 문화는 다소 완화된 형태의 예술이다. 대중 문화는 많은 사람들이 좋아하는 인기 문화가 되기 위해 오락 가치를 더 중시해서 심미 가치를 추구한다. 대중 문화는 많은 사람들에게 동시에 정보를 전달할 수 있는 대중 매체(mass media)와 직결되어 있다. 대중 매체는 인쇄 매체(신문, 잡지), 방송 매체(라디오, TV), 인터넷 매체로 이루어져 있고, 한국은 세계 최고 수준의 대중 매체 국가이자 세계 최고 수준의 대중 문화 국가이다. 영화와 음악이 세계 최고 수준으로 공인되었지만 사실 무용, 연극, 음악, 그림, 글, 사진, 영화 등 모든 분야에서 한국의 대중문화는 세계 최고 수준에 이르러 있다.

본격 예술과 대중 예술을 떠나서 한국의 표현 문화가 안고 있는 가장 기본적인 문제는 표현의 자유(free expression)라는 자유주의의 최고 기본 가치에 대한 잘못된 제약과 왜곡이다. 표현의 자유에 대한 억압은 크게 정치적 이유와 문화적 이유로 행해지는데, 전자는 보통 북한이나 사회주의/공산주의와 연관되고, 후자는 흔히 '미풍양속'이라는 것과 연관된다. 일제의 식민지배에서 시작되어 이승만-박정희-전두환 독재에서 크게 악화되고 악용됐던 이 문제는 서구의 선진국과 비교해서 한국의 자유화가 여전히 불완전하다는 것을 잘 보여준다. 최악의 문제국에서 최고의 모범국으로 발전된 독일이 잘 보여주듯이 나치와 같은 반인륜 비리 세력에 관한 미화를 철저히 처단해야 한다.[170]

④ 생활 문화

생활은 삶을 이어가기 위한 기본적인 활동으로 보통 '의·식·주'로 제시된다. 생활 문화도 근대화와 함께 크게 변했으나 여전히 많은 것이 지켜지며 한국 문화의 기본을 이루고 있다. 본래 한국 문화는 한국이라는 곳에서 한민족이라는 사람들에 의해 형성되고 운위되어 온 문화를 뜻한다. 근대 이전에 이것은 무엇보다 생활 문화에서 명확하게 드러났다. 다른 민족의 문화도 마찬가지이다. 서구에서 근대화(modernization)는 본질적으로 전근대에서 근대로의 역사적 변화이지만, 비서구에서 근대화는 본질적으로 서구화(westernization)라는 사회적 변화이다. 그 결과는 지구적 차원의 문화적 동형화-동질화로 나타났다. 그러나 이 거대한 변화에서도 유지되고 있는 것이 있다.

의 생활. 한복(韓服)의 변화. 의는 옷을 뜻하지만 머리카락과 수염으로 대변되는 겉모습을 포함한다. 한국인의 머리는 본래[171] 남자는 댕기머리(미성년)와 상투머리(성년), 여자는 댕기머리(미성년)와 쪽머리(성년)였으나, 1895년 12월의 '단발령'으로 남자는 댕기와 상투를 자르고 짧은 머리를 하게 됐다. 한국인의 옷은 본래 남자는 저고리와 바지, 여자는 저고리와 치마였고, 이 상태는 현재도 기본적으로 유지되나 실제 형태는 크게 바뀌었다. 오늘날 한국은 세계적인 의류 산업 국가로 전체 의류 산업의 규모는 50조원 정도이나 한복 산업의 규모는 1조원 정도이다. 한국인은 전통 의상인 한복을 잘 입지 않고 예복으로 겨우 입는 수준이다. 그러나 '한류'의 영향으로 한복을 체험하는 외국인 관광객은 많이 늘어났다.

식 생활. 한식(韓食)의 변화. 한식에서 주식은 쌀밥, 부식은 김치와 국[172], 양념은 된장과 고추장으로 대표된다. 김치는 고춧가루로 배추를 버무려 발효시킨 음식으로 고춧가루가 빚어낸 빨간색이 강렬한 인상을 준다. 그런데 고추는 남미가 원산지로 임진왜란(1592~98) 때 일본을 통해 들어온 향신료 식물이다. 김치의 역사는 2천년 전으로 올라갈 수 있지만 고춧가루 김치의 역사는 400여 년이 됐다. 한국인은 고추로 장도 만들어서 즐겨 먹는다. 된장은 콩으로 만드는데 콩은 만주와 한반도가 원산지이다. 콩으로 된장을 만드는 것을 변형해서 고추로 고추장을 만드는 것이다. 한국인은 기본적으로 채식이다. 한국인은 세계에서 가장 많은 종류의 식물을 먹는다.[173] 그런데 한국인은 육식도 즐겼는데, 고기는 굽고 삶고, 뼈는 우려서 국을 만드는 방식이 발달했다. 소, 돼지, 닭, 염소에 개가 주요 육식의 재료였다. '개고기'는 세계적 논쟁의 대상이 되기도 했는데, 다른 육식이 대단히 쉬워지고 반려견 문화가 널리 확산되면서 크게 줄었다. 근대 이전에 개는 가장 기르기 쉽고 잡아먹기 쉬운 가축이었다. 오늘날 한국인은 밥과 함께 면[174]과 빵을 주식으로 한다. 또한 오

늘날 한국인은 육식을 대단히 즐기고[175], 그 주요 대상은 소, 돼지, 닭이다.[176]

주 생활. 한옥(韓屋)의 변화. 한옥은 지붕을 기준으로 크게 초가와 기와로 나뉘는데, 초가 지붕은 보통 볏짚으로 만들고, 기와는 진흙을 구워 만든다. 몸체는 기둥과 벽으로 이루어지는데, 기둥은 나무로 만들고, 벽은 진흙과 수숫대로 만든다. 몸체는 방과 마루로 나뉘는데, 방은 온돌로 바닥 난방을 하고, 마루는 벽이 없이 나무로 만든다. 온돌은 춥고 마른 만주 지역에서 내려왔고, 마루는 덥고 습한 남방 지역에서 올라왔다. 바닥 난방은 방 밖의 아궁이에서 불을 지피고 그 열기가 방바닥의 아래로 지나가면서 방바닥을 덥히는 방식이다. 아궁이의 불로 음식을 만들기에 아궁이가 있는 곳이 부엌이다. 이 때문에 한옥의 부엌은 방보다 낮다. 오늘날 한국은 '아파트 공화국'으로 불릴 정도로 아파트가 많다. 그런데 아파트에도 바닥 난방은 유지되고 있다. 그리고 내부 구성도 복도식이 아니라 마당식으로 되어 있다. 문을 열고 들어가면 좁은 복도의 양 옆으로 방들이 있는 게 아니라 우선 넓은 거실이 있고 그 뒤로 방들이 있다. 이것은 마당과 마루를 아파트의 내부로 들여온 것이다. 또한 한옥은 신발을 벗고 방에 들어가고 마루에 올라간다. 이것이 아파트에도 유지되고 있다.[177]

3. 한류의 전개

한류(韓流, Hallyu, Korean Wave)는 한국의 대중문화가 외국으로 퍼져 나간 것을 가리키는 말로 1990년대 말에 중국과 대만에서 만들어졌다. 2023년 현재 한류는 어느덧 30년에 이른 현상이 되었다. 한류의 초기에 한류는 몇 년 지나지 않아서 곧 사라질 것이라는 우려가 강력히 제기되기도 했다. 그러나 한류는 사라지지 않았고 오히려 세계의 대중문화를 바꾸었다. 한류는 한국에만 특별한 현상이 아니라 아시아에, 세계에 특별한 현상이다. 1970-80년대에 일본과 홍콩의 대중문화가 잠시 아시아와 서구에서 인기를 끌기도 했으나 사실 세계의 대중문화는 서구가 계속 지배했다. 한류는 이런 상태를 크게 바꾸었다.

2022년 현재, 어느덧 30년에 이른 한류는 발아기, 성장기, 확산기로 나누어 살펴볼 수 있다. 발아기는 1990년대 초로서 1992년에 '서태지와 아이들'이 나타나서 한국의 대중문화가 크게 바뀌게 되었는데, 그 무렵 김완선, 클론 등의 '댄스 가수'들이 대만으로 진출해서 큰 인기를 끌면서 한류가 시작됐다. 성장기는 1990년대 말과 2000년대 초로서 1996년에 결성된 남성 아이들 그룹인 HOT의 중국 진출, TV극 '사랑이 뭐길래'의 중국 진출과 '겨울연가'의 일본 진출로 한류가 본격적으로 전개되었다. 확산기는 2010년대로서 2012년 싸이의 '강남 스타일'과 2013년 방탄소년단(BTS)의 등장으로 한류는 아시아를 훌쩍 넘어 세계로 활짝 퍼져나갔다. 그리고 이어서 2020년 영화 '기생충'이 아카데미 작품상을 수상했고, BTS가 미국에서 최고의 평가를 받았다.

한류는 우선 문화적인 면에서 살펴봐야 한다. 대중 예술은 본격 예술에 비해 완화된 형태의 예술이나 예술로서 완전성을 갖는다. 한류가 계속 지속되고 확대되어 세계 최고의 평가를 받게 된 것은 한국의 대중 예술이 세계에서 최고의 수준으로 우뚝 서게 된 것을 뜻한다. 이 놀라운 성과는 네 가지 면에서 검토될 필요가 있다.

첫째 역사적인 면이다. 한류는 19세기 말-20세기 초에 시작된 한국의 대중 예술이 쌓인 결과이다. "로마는 하루아침에 이루어지지 않았다"는 말처럼 한류도 그렇다. 한류는 100년이 넘는 긴 시간 동안 수많은 사람들이 쌓은 역량의 산물이다. 둘째, 정치적인 면이다. 1987년의 6월 항쟁으로 민주화의 길이 열리면서 오랜 시간 쌓인 문화적 역량이 분출될 길이 열렸다. 셋째, 경제적인 면이다. 1990년대 초 사회주의의 몰락으로 자유주의-자본주의의 지구화와 함께 세계적으로 문화산업의 성장이 가속화되었다. 한국에서도 새로운 문화산업 회사들이 속속 나타나고, 젊은 이들의 진출이 크게 활성화되었다.

여기서 결정적으로 중요한 것은 무엇일까? 그것은 바로 정치적인 면이다. 정치는 예술 전반에 대해 강력한 규정력을 행사한다. 역사적으로 한국의 대중예술은 이미 1960년대에 세계적인 수준에 이르렀다. 그러나 박정희 독재의 강력한 억압과 왜곡으로 삽시간에 무너져 버렸다. 이 문제는 1980년대에 전두환 독재로 이어졌다. 전두환 독재는 예술을 정치적 마취의 도구로 사용했다. 2010년대에 이명박-박근혜 비리 정권의 '블랙 리스트'로 한국의 예술은 심각한 위기를 맞았고, 2022년에 출범한 윤석열-김건희 비리정권으로 한국의 예술은 또 다시 심각한 위기를 맞았다.

그림 30   2022년 콘텐츠산업 매출 예측

한국콘텐츠진흥원(2022), 〈콘텐츠산업 2022 결산 2023 전망 세미나〉

그림 31   2021년 콘텐츠산업 분야별 수출

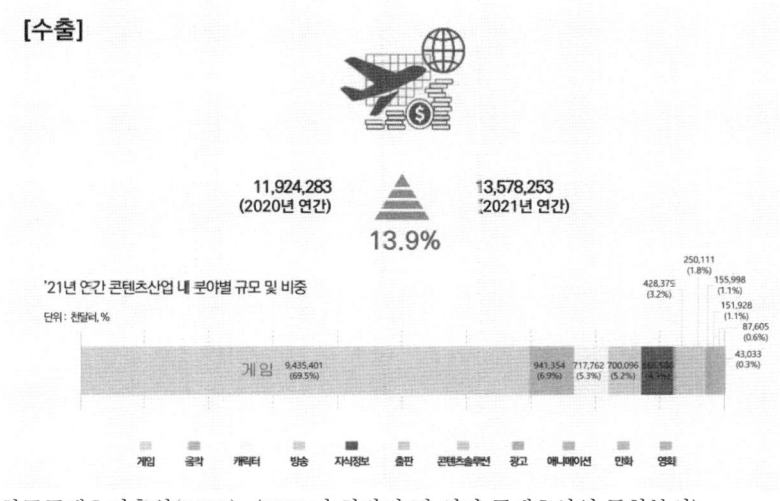

한국콘텐츠진흥원(2022), 〈2021년 하반기 및 연간 콘텐츠산업 동향분석〉

한류는 또한 경제적인 면에서 살펴봐야 한다. 오늘날 대중문화는 커다란 경제적 기능을 수행한다. 대중문화는 전문가들이 대중을 대상으로 문화상품을 만들어서 파는 방식으로 운영된다. 한국의 문화산업은 콘텐츠산업으로 집계된다. 2022년 콘텐츠산업의 종사자는 65.7만 명, 매출액은 146.9조 원, 수출액은 130.1억 달러에 이르렀다.

그런데 한류에서 우리는 보통 일반적인 대중문화를 떠올리지만 그 수출을 보면 대단히 특이한 상태를 알 수 있다. 바로 '게임'이 무려 70%를 차지하는 것이다. 그 다음이 음악 7%, 마지막이 영화 0.3%이다. 한국의 문화산업에서 세계에 가장 널리 알려진 것은 사실 '게임'이다. '게임'은 오랫동안 대중문화로 여겨지지 않았으나 2022년에 관련 법이 개정되어 이제 법적으로 대중문화로 여겨지게 되었다. 이것은 시대의 변화에 따른 올바른 개정이다. '게임 한류'는 정보화-문화화의 시대적 추세에 따라 더욱 더 중요해질 것이다. 게임이 음악, 캐릭터, 지식, 출판, 광고, 애니, 만화, 영화 등과 결합하는 현상이 더욱 더 강화될 것이다. 게임을 선두에 두고 문화산업과 한류를 인식하는 관점의 전환이 필요하다.

　　한류는 음악, TV극, 영화가 중심인 것 같지만 실은 게임이 가장 큰 비중을 차지하고 있으며, 시간이 지나면서 대중문화를 넘어서 한국의 문화와 예술 전반으로, 더 나아가 역사와 생활로 확대되었다. 한류는 세계에서 한국을 널리 알리고 올바로 세우는 강력한 견인차의 역할을 하고 있다. 한류는 문화의 힘을, 특히 대중문화의 힘을 잘 보여주는 세계적 사례이다. 대중문화는 결코 무시될 것이 아니다.[178] 대중문화는 대중의, 즉 모든 사람의 삶과 직결되어 있다. 그리고 선진국들이 잘 보여주듯이 대중문화의 성장과 발전은 민주주의와 직결되어 있다. 민주화가 왜곡-저지되면 대중문화는 망가진다. 아니, 모든 문화가 망가진다. 민주화를 무시하고 문화를 말하는 것은 잘못이다.[179]

12장   언론 – '기레기' 문제

언론(言論)[180]은 세상의 모든 것에 대해 사람들에게 보도하고 평가해서 사람들이 세상의 모든 것에 대해 인식하고 평가하게 하는 활동이다. 언론은 사람들의 인식을 규정할 수 있기 때문에 언론인과 언론사는 대단히 중요하다. 민주주의는 언론의 자유를 기본으로 한다. 그러나 언론의 자유는 주권자의 올바른 인식과 선택을 위한 수단이지 그 자체로 목적이 아니다. 민주주의의 기초는 모든 사람들이 주권자로 정치에 참여하는 것이며, 언론은 주권자의 올바른 인식과 선택을 위한 기초로서 결정적 의미를 갖는다. 언론인과 언론사가 언론의 자유를 악용해서 '가짜 뉴스'를 퍼트리고 주권자의 올바른 인식과 선택을 해치는 것은 사회의 기초를 무너트리는 근원적 범죄로서 철저히 엄벌돼야 한다. 한국은 이 문제가 너무나 심각해서 기자들이 '기레기'로 불리고 있다. '기레기'는 '기자 쓰레기'의 준말이다.

1. 신문

신문은 언론 매체, 대중 매체의 시작이다. 한국의 신문은 1896년 4월에 창간된 <독립신문>으로 본격 시작되었다. 이 신문의 창간에 이어서 1896년 7월에 '독립협회'가 설립되었고, <독립신문>은 '독립협회'의 기관지로 1899년까지 발행되었다. 서재필, 박영효, 유길준, 윤치호 등이 주도한 <독립신문>과 '독립협회'에서 '독립'은 일본으로부터 독립이 아니라 청으로부터 독립을 뜻했다.[181] 당시 조선은 공식적으로는 청의 '속국'이었는데, 이 상태에서 벗어나서 독립국을 이루자는 것이었다. 서재필은 1884년 '갑신정변'[182]에 참여했다가 미국으로 망명했었다. 서재필은 1895년의 극악한 '을미사변'[183] 이후 정세의 변화로 귀국할 수 있었고, 민중의 각성을 위해 일본의 도움을 받아서 〈독립신문〉을 창간했다.[184]

〈독립신문〉은 순한글로 제작해서 누구나 쉽게 읽을 수 있도록 했고, 띄어쓰기를 도입해서 한글 문장을 쉽게 읽을 수 있도록 했다. 〈독립신문〉의 정신과 내용은 신문의 규범을 잘 실행한 것으로 〈독립신문〉은 신문의 모범이라고 할 수 있다. 이 때문에 고종은 〈독립신문〉을 폐간시켜 버렸다. 고종은 이상재(李商在, 1850~1927)가 1898년 '만민공동회'를 통해 제안했듯이 '입헌군주제'로 개혁해서 민중과 함께 외세에 맞섰어야 했으나 그렇게 하지 않고 '대한제국 쇼'로 무너지는 왕국에 매달리는 짓이나 했다. 1904년 일본은 러일전쟁에서 승리해서 조선에 대한 지배를 거의 완전히 굳히게 되었다. 1905년 일본과 미국은 서로 조선과 필리핀에 대한 지배를 인정하는 밀약을 체결했고, 일본은 조선을 상대로 '을사늑약'을 체결해서 조선을 사실상 식민지로 만들었다. 1910년 결국 조선은 패망하고 일본의 식민지가 되었다.

1919년 3월 1일 수많은 한민족이 거리로 나서서 만세 운동을 벌였다. 이것은 단순히 운동이 아니라 일본을 상대로 한 민족 전쟁이자 '대한민국'을 건국시킨 민주 혁명이었다. 4월 11일 중국의 상하이에서 '대한민국 임시정부'가 수립됐고, 이와 함께 간도-만주에는 많은 독립군 부대들이 창설됐다. 일본은 총칼로 지배하는 '무단통치'에서 유화책을 통한 '문화통치'로 식민 지배의 방식을 상당히 바꾸었다. 이것은 '무단통치'의 기반 위에서 '문화통치'를 가미해서 한민족을 현혹하고 분열시키고자 한

책동이었다. 그 결과 교육과 언론에서 큰 변화가 나타났다. 그 핵심은 경성제국대학의 설립, 조선일보와 동아일보의 창간이었다. 1930년대에 조선일보와 동아일보는 친일 확성기로 변질되어 일제에 적극 복무했다.

민족 해방 뒤에도 일제 부역 세력은 처벌되지 않고 오히려 계속 지배 세력으로 군림했다. 조선일보와 동아일보의 문제는 전혀 해결되지 않았다. 이승만의 친일파 독재는 박정희의 친일파 독재로 이어졌다. 일제의 관동군 출신 친일파인 박정희의 군사독재가 자행되던 1965년에 중앙일보가 창간됐다. 중앙일보는 삼성 재벌의 이병철이 만들어서 사돈인 홍진기[185]에게 맡겼다. 이렇게 '조중동'이 형성됐다.

오늘날 한국에는 많은 신문들이 있으나 조선, 동아, 중앙이 3대 신문으로 이 셋을 합쳐서 흔히 '조중동'이라고 부른다. 그런데 이 셋은 커다란 문제를 안고 있어서 이것을 흔히 '조중동 문제'라고 부른다. 사실 이 문제는 한국 언론의 가장 커다란 문제라고 할 수 있다. 첫째, 일제 매국 문제이다. 조선 방응모, 동아 김성수, 중앙 홍진기는 모두 주요 일제 부역자였다. 둘째, 독재 부역 문제이다. 조선, 동아, 중앙은 이승만-박정희-전두환-노태우 44년 독재의 기반으로 작용했다. 셋째, 왜곡 보도 문제이다. 매국과 독재는 사실에 입각한 정론이 아니라 왜곡에 입각한 곡론으로 유지된다. 언론 개혁은 반독재 민주화의 핵심 과제였으나 제대로 이루어지지 못했다.

1987년 6월 10일에 시작된 '6월 민주 항쟁'으로 군부 독재가 종식되고 민주화의 길이 크게 열리게 되었다. 민주화를 염원한 운동가, 지식인, 정치인, 수많은 시민들이 참여해서 1988년 5월 〈한겨레신문〉이 창간됐다. 〈한겨레신문〉은 매국과 독재의 문제를 널리 알리고 한국의 민주화가 진행되는 데 크게 기여했다. 그러나 2008-09년에 〈한겨레신문〉은 '노무현 죽이기'에 적극 가담했고, 2019년 9월 이래로 '조국 죽이기'

에 적극 가담했다. 여기서 <한겨레신문>은 검찰의 주장을 일방적으로 계속 퍼트렸고, 이로써 '검비의 확성기'라는 강력한 비판을 받게 되었다. 2023년에는 법조팀장이었던 자가 9억원의 뇌물을 받았다는 놀라운 사실이 밝혀졌다.

　'조중동' 대 한겨레는 이른바 보수와 진보의 구분을 대표하는 것으로 여겨졌다. 오늘날 보수와 진보는 모두 민주주의를 기본으로 한다. 민주주의는 단순히 국민의 자유투표로 이루어지는 것이 아니다. 자유투표는 중요하나 시작일 뿐이다. 자유투표가 올바로 실행되기 위해서는 국민이 올바른 정보로 올바른 판단을 할 수 있어야 한다. '조국 죽이기'에서 너무나 잘 드러났듯이 오늘날 한국은 왜곡 보도가 창궐한 나라이다. 자유투표의 기초가 크게 잘못되어 있는 것이다. 이 점에서 '조중동' 대 한겨레의 차이는 크지 않다. 나아가 보수와 진보의 구분도 크게 왜곡되어 있다. 보참비(보수 참칭 비리)가 지배하고 진참비(진보 참칭 비리)가 보조하는 상태라는 비판이 강력히 제기되어 있는 상태이다.

2. 방송

　방송(broadcasting)은 전파를 이용해서 많은 사람들에게 동시에 동일한 정보를 전달하는 것을 뜻한다. 방송은 크게 소리만 전달하는 라디오 방송과 소리와 모습을 전달하는 텔레비전 방송의 두 가지로 나뉜다.[186] 또한 정보의 처리 방식에 따라 방송은 아날로그와 디지털의 두 가지 방식이 있다. 0과 1의 이진수로 시·청각 정보를 변환해서 처리하는 디지털 방식은 컴퓨터가 정보를 처리하는 방식으로 컴퓨터 기술의 발달에 따라 방송은 아날로그에서 디지털로 변화했다. 현재 한국의 모든 방송은 디지

그림 32 지상파와 공중파

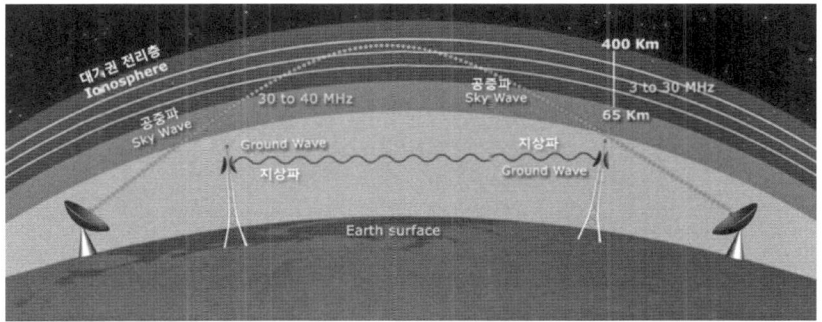

출처: 이흐대(2011)

털 방송이다.

　　방송은 지상에 가까운 대기권 아래로 전파를 보내서 지상파(地上波, ground wave) 방송이라고 한다. 공중파(空中波, sky wave)는 대기권 위의 전리층으로 전파를 보내는 것이다.[187] 지상파 방송은 방송국이 송신탑으로 전파를 송신하고 수신자가 안테나로 전파를 수신하는 방식으로 이루어진다. 지상파 방송은 전파 장애의 문제와 전파 확산의 문제를 안고 있다. 전자는 산이나 건물에 전파가 막히는 것이고, 후자는 먼 곳으로 전파를 보내기에 어려운 것이다.

　　한국의 지상파 방송은 kbs(한국방송공사, 1961년 개국), mbc(문화방송, 1961년 창립), sbs(서울방송, 1991년 창립) 등 3개 방송사가 대표하며, 여기에 ebs(교육방송)을 추가할 수 있다. kbs는 공사이고 mbc는 주식회사이나 둘 다 공영 방송이고[188], sbs는 태영건설이 지배하는 민영 방송[189]이나 지상파 방송이어서 강한 규제를 받는다. 지상파는 한정된 공적 자원이어서 그 이용을 정부가 규제할 필요가 있다.

　　방송은 유선 방송(cable broadcasting)의 발전과 함께 큰 변화를 겪었다. 본래 방송은 전파로 정보를 전달하는 무선 방송[190]인데, 전류로 정보를 전달하는 유선 방송이 무선 방송을 보완했다.[191] 유선 방송은 지상파 방송을 유선으로 전달해 주는 것으로 시작됐다. 유선 방송은 지상파 방송의 전파 장애 문제를 보완하는 구실을 했다. 그런데 유선 방송 기술이 발전하면서 1990년대에 들어와서 유선 방송의 새시대가 열렸다. 전선(케이블, cable)을 이용해서 하나의 전선으로 수백 개의 방송 채널을 운용할 수 있게 된 것이다. 이것을 기존의 지상파 방송 중계 유선 방송과 구분해서 '케이블 방송'이라고 불렀다. 이로써 방송은 다수의 공감을 추구하는 '넓게 보내기'(broad casting)에서 소수의 취향을 존중하는 '좁게 보내기'(narrow casting)를 실행할 수 있게 되었다.

새로운 유선 방송은 망 사업자(NO, Network Operrator), 종합유선방송사업자(SO, System Operator), 방송채널사용사업자(PP, Program Provider)의 세 위계로 이루어져 있다. NO가 방송을 위한 통신망을 설치하고, SO가 방송을 위한 설비를 제공하고, PP가 채널을 확보해서 프로그램을 방송하는 것이다. 예컨대 KT가 NO이고, CMB가 SO이고, OCN이 PP에 해당된다.

이명박 비리 정권은 한편으로 지상파 방송을 장악하고, 다른 한편으로 유선 방송을 변형해서 활용하는 방송 장악 정략을 극렬히 강행했다. 전자는 부당 해고와 경영 장악으로, 후자는 '종편'의 창설로 실현됐다. '종편'(종합편성채널)은 지상파 방송과 비슷한 것으로 엄청난 특혜를 누린다. 이명박 비리 정권은 tv조선, jtbc, 채널a, mbn 등 네 개를 만들었는데, 이것은 사실 너무나 문제가 많은 '조중동'이 tv 방송을 하게 해 준 것이다. 이로써 한국의 언론 지형은 더욱 더 심하게 왜곡되어 버렸다. 이명박 비리 정권은 단순히 나쁜 정책을 강행한 것이 아니라 언론의 완전 장악으로 비리 세력의 영구독재를 추구했다.[192] 사기는 물론이고 학살도 서슴지 않는 매국과 독재의 비리 세력이 신문과 방송을 다 장악하고 지배하게 하려 했던 것이다.

3. 인터넷

인터넷은 컴퓨터를 통해 이용하는 지구적 차원의 개방형 정보통신망이다. 1989년에 영국의 수학자로 유럽 입자물리연구소의 정보관리 책임자였던 팀 버너스-리가 '월드 와이드 웹'(WWW)을 개발해서 공개함으로써 인터넷은 다매체 초본문(multimedia hypertext) 정보통신망으로 변모했다. 이어서 웹 브라우저, 검색엔진 등의 프로그램들이 개발되어 누구나 쉽고 편리하게 인터넷을 이용할 수 있게 되었다. 이로써 인류의 정보통신 방식에서 대격변이 이루어졌고, 지구적 차원의 거대한 사회적 변혁이 이루어졌다.

인터넷은 누구나 참여할 수 있는 개방형 정보통신 매체이고, 누구나 서로 대화할 수 있는 양방형 정보통신 매체이다. 이 점에서 인터넷은 기존의 언론 매체와 크게 다르다. 기존의 언론 매체는 소수가 독점해서 운영하는 폐쇄형 정보통신 매체이고, 발신자와 수신자가 서로 대화할 수 없는 일방형 정보통신 매체이다. 이런 인터넷의 특성은 표현의 자유를 촉진하고 민주주의를 확대하는 것으로 칭송되었다. 인터넷은 세계 각지에서 억압에 맞서고 거짓을 밝혀서 사회의 발전을 이루었다.

그러나 인터넷은 심각한 문제를 낳았다. 아무리 좋은 기술도 심하게 악용될 수 있다. 나쁜 자들이 인터넷을 악용해서 거짓을 퍼트리고 혹세무민한다. 컴퓨터 기술이 발전해서 진짜 같은 가짜를 만들기가 쉬워지면서 이 문제는 계속 더 커지고 있다. 또한 나쁜 자들이 인터넷을 악용해서 착한 이들을 공격하고 괴롭히는 문제도 계속 더 커지고 있다. 인터넷을 악용한 사기와 폭력의 문제가 이미 대단히 심각한 상태이다. 이명박-박근혜 정권은 아예 정부를 동원해서 이런 짓을 저질렀다.

이런 현실을 염두에 두고 인터넷과 언론에 대해 살펴보자. 인터넷은 본래 핵전쟁에 대비한 긴급 통신망으로 개발됐고, 이어서 문자와 기호의 정보를 전하는 정보통신망으로, 최종적으로 동영상 정보를 전하는 정보통신망으로 계속 발전했다. 이렇게 해서 인터넷은 모든 정보통신 활동의 지구적 기반으로 변모하게 되었다. 인터넷은 언론의 면에서 새로운 언론 매체의 형성과 기성 언론 매체의 변화를 일으켰다.

첫째, 신문의 변화. 컴퓨터로 전자 신문을 만들어서 인터넷으로 공표하는 인터넷 신문이 나타났다. 1998년에 창간된 김어준의 〈딴지일보〉는 엄청난 인기를 끌면서 이 변화를 주도했다. 〈딴지일보〉는 흥미로운 문체와 컴퓨터 그래픽으로 인터넷을 통한 새로운 언론의 길을 활짝 열었다. 이어서 〈오마이뉴스〉가 창간되어 새로운 일반 신문으로서 인터넷 신문의 가능성을 확립했다. 〈오마이뉴스〉는 일반 신문과 같이 진지한 보도를 하나 인터넷의 특성을 살려서 개방, 참여, 소통을 전면화했다. 시간이 지나면서 기성 신문들도 모두 종이 신문과 인터넷 신문을 함께 발간하게 되었다.

둘째, 방송의 변화. 인터넷 라디오 방송은 김어준의 '나는 꼼수다'가 공전의 인기를 끌면서 커다란 붐을 이루게 되었다. 인터넷 텔레비전 방송도 김어준의 '다스뵈이다'가 큰 인기를 끌고 있다. 김어준은 새로운 언론 매체로서 인터넷의 활용에서 가장 큰 성과를 거둔 인터넷 시대의 언론인이다. 일반적인 텔레비전 방송의 면에서 인터넷은 유선방송의 인터넷 판인 IP TV(Internet Protocol TV)와 지구적 차원의 IP TV인 OTT(Over the Topbox)를 낳았다. 더욱 큰 변화는 '아프리카 tv'와 '유튜브' 등의 동영상 서비스를 이용해서 개인 tv 방송의 시대가 활짝 열렸다는 것이다.

한국은 세계 최고 수준의 인터넷이 구축되어 있고, 스마트폰의 보급율도 세계 최고 수준이다. 한국은 인터넷 언론의 물적 기초가 세계 최고 수준의 상태에 있고, 실제 인터넷 언론의 활성화도 세계 최고 수준의 상태에 있다.

그러나 여기에는 대단히 심각한 문제가 놓여 있다. 인터넷에 만연한 사기와 폭력의 문제는 인터넷 언론에서도 마찬가지인 것이다. 인터넷 이용자들이 속지 않도록 주의하는 게 당연한 상태가 되었다. 비리 세력이 언론의 외형을 빌어서 인터넷을 악용하는 문제가 너무나 심각하다. '일베'로 잘 알려졌듯이 '커뮤니티'를 내걸고 비리 세력이 모여서 사기와 폭력을 강력히 집단화-조직화했다.[193] 이런 나쁜 변화가 모여서 정치의 타락이 촉진되고 망국의 위기가 조장된다.

4. 법률과 기구

기술적으로 보아서 언론은 정보통신 활동이기 때문에 정보통신 매체의 변화에 의하여 큰 영향을 받게 된다. 예컨대 인쇄 기술로 신문이 등장해서 언론의 본격화가 이루어졌고, 방송 기술로 언론의 지구적 확산이 이루어졌고, 인터넷으로 언론의 개인화가 이루어졌다. 이렇게 언론의 형성과 발전이 이루어지는 과정은 민주화가 확산된 과정이기도 했다. 이 때문에 정보통신 매체의 발달로 언론의 발전이 이루어지고, 이에 따라 민주화가 진척된다는 인식이 형성되었다. 이른바 '매체 결정론'은 이런 인식의 결정판이다.

그러나 현실이 잘 보여주듯이, 정보통신 매체의 발달로 언론이 발전이 이루어지지 않을 수 있고, 심지어 민주화가 왜곡되고 저지될 수 있다.

히틀러의 독일, 히로히토의 일본, 스탈린의 소련, 모택동의 중국, 김일성의 북한, 박정희-전두환의 한국 등 그 예는 아주 많다. 지구적 개방형 정보통신망인 인터넷도 마찬가지이다. 이명박-박근혜 비리 정권은 국가기구들을 동원해서 인터넷을 통한 여론 왜곡 범죄를 저질렀고, 수많은 언론사들이 인터넷을 적극 악용해서 여론을 호도하려 한다. 인터넷이 민주화의 진척에 이바지하는 것도 분명하지만 그 악용으로 민주화가 왜곡되고 저지되는 것도 분명하다.

정보통신 매체가 자동적으로 언론의 발전과 민주화의 진척을 이루는 것은 아니다. 모든 기술은 선과 악의 양면성을 갖고 있고, 따라서 사회에 의해 적절히 조절되어야만 한다. 언론은 수많은 정보를 사회에 퍼트려서 주권자의 인식과 판단에 큰 영향을 미치게 된다. 나쁜 언론이 횡행해서 가짜 정보가 만연하게 되면, 주권자의 인식과 판단이 망가지고 나라가 무너지게 된다. 극악무도 나치의 공범인 일본을 칭송하고, 그 종범인 친일 매국노들을 칭송하는 것은 그 중대한 예이다. 사회의 유지와 발전을 위해 언론 개혁의 중요성은 다시 말할 필요가 없다. 언론은 저절로 지켜지지 않는다.

독일은 우리에게 중요한 모범이다. 독일은 나치를 철저히 척결해서 다시 선진국이 될 수 있었다. 히틀러와 괴벨스가 잘 보여주었듯이, 나치는 이른바 '가짜 뉴스', 즉 거짓 정보를 널리 유포해서 권력을 장악했다. 독일은 2017년에 '소셜 네트워크 실행법'을 제정해서 인터넷을 통한 혐오 표현과 허위 정보의 유포에 최대 600억원의 벌금을 부과할 수 있게 했다. 나치를 규제하듯이 일제를 규제해야 한다. 나치와 일제는 역사상 최악의 권력 범죄와 전쟁 범죄를 저질렀다. 서양의 최악이 나치이고, 동양의 최악이 일제이다. 유태인에게 최악이 나치이고, 한국인과 중국인에게 최악이 일제이다. 나치와 일제는 인류에게 최악이다.

언론은 너무나 중요한 사회적 활동이라 헌법과 법률로 상세히 규정되어 있다. 언론의 타락과 악용을 막기 위해서는 관련 법률들을 세밀히 검토하고 계속 개정해야 한다. 나치와 일제는 공범이고 우리에게는 나치보다 일제가 훨씬 더 나쁘다. 이런 일제를 극렬히 칭송한 언론 매체들이 여전히 최강의 언론 매체로 군림하는 참담한 현실을 직시해야 한다. 한국의 언론은 기본부터 크게 잘못되어 있는 것이다. 이런 잘못을 바로잡기 위한 헌법과 언론 관련 3개 법률들의 개정이 이루어져야 한다.

'헌법'은 다음과 같이 언론의 자유를 규정하고 있다. 여기서 알 수 있듯이 언론의 자유는 국민의 기본권이지 언론사의 기본권이 아니다. 언론사는 국민의 언론을 위해 보호되는 것일 뿐이다. 언론사가 그 권한을 악용하는 것은 국민의 기본권을 침해하는 것으로 엄정히 처벌돼야 한다.

제21조 ①모든 국민은 언론·출판의 자유와 집회·결사의 자유를 가진다.
②언론·출판에 대한 허가나 검열과 집회·결사에 대한 허가는 인정되지 아니한다.
③통신·방송의 시설기준과 신문의 기능을 보장하기 위하여 필요한 사항은 법률로 정한다.
④언론·출판은 타인의 명예나 권리 또는 공중도덕이나 사회윤리를 침해하여서는 아니된다. 언론·출판이 타인의 명예나 권리를 침해한 때에는 피해자는 이에 대한 피해의 배상을 청구할 수 있다.

'신문법'은 신문의 종류에 대해 규정하고 그 자유와 책임을 제시하고 있다. 정부는 물론 업주도 신문의 편집을 침해할 수 없으며, 신문은 인권과 민주주의를 추구해야 한다.

제3조(신문 등의 자유와 책임) ① 신문 및 인터넷신문에 대한 언론의 자유와 독립은 보장된다.
② 신문 및 인터넷신문은 제1항의 언론자유의 하나로서 정보원에 대하여 자유로이 접근할 권리와 그 취재한 정보를 자유로이 공표할 자유를 갖는다.
③ 신문 및 인터넷신문은 인간의 존엄과 가치 및 민주적 기본질서를 존중하여야 한다.

제4조(편집의 자유와 독립) ① 신문 및 인터넷신문의 편집의 자유와 독립은 보장된다.
② 신문사업자 및 인터넷신문사업자는 편집인의 자율적인 편집을 보장하여야 한다.

'방송법'은 방송의 종류에 대해 규정하고 그 자유와 책임을 제시하고 있다. 방송에 대한 규정이 더 상세한 것은 그만큼 방송의 영향력이 더 크기 때문이다.

제4조(방송편성의 자유와 독립) ①방송편성의 자유와 독립은 보장된다.
②누구든지 방송편성에 관하여 이 법 또는 다른 법률에 의하지 아니하고는 어떠한 규제나 간섭도 할 수 없다.
③방송사업자는 방송편성책임자를 선임하고, 그 성명을 방송시간내에 매일 1회 이상 공표하여야 하며, 방송편성책임자의 자율적인 방송편성을 보장하여야 한다.
④종합편성 또는 보도에 관한 전문편성을 행하는 방송사업자는 방송프로그램제작의 자율성을 보장하기 위하여 취재 및 제작 종사자의 의

견을 들어 방송편성규약을 제정하고 이를 공표하여야 한다.

제5조(방송의 공적 책임) ①방송은 인간의 존엄과 가치 및 민주적 기본 질서를 존중하여야 한다.
②방송은 국민의 화합과 조화로운 국가의 발전 및 민주적 여론형성에 이바지하여야 하며 지역간·세대간·계층간·성별간의 갈등을 조장하여서는 아니된다.
③방송은 타인의 명예를 훼손하거나 권리를 침해하여서는 아니된다.
④방송은 범죄 및 부도덕한 행위나 사행심을 조장하여서는 아니된다.
⑤방송은 건전한 가정생활과 아동 및 청소년의 선도에 나쁜 영향을 끼치는 음란·퇴폐 또는 폭력을 조장하여서는 아니된다.

'인터넷 멀티미디어 방송법'은 인터넷을 이용한 방송을 규정하고 있고, 방송이기에 그 자유와 책임은 '방송법'을 따르는 것이 된다.

제1조(목적) 이 법은 방송과 통신이 융합되어 가는 환경에서 인터넷 멀티미디어 등을 이용한 방송사업의 운영을 적정하게 함으로써 이용자의 권익보호, 관련 기술과 산업의 발전, 방송의 공익성 보호 및 국민문화의 향상을 도모하고 나아가 국가경제의 발전과 공공복리의 증진에 기바지하는 것을 목적으로 한다.

신문에 관한 주요 기구는 신문윤리위원회와 인터넷신문위원회가 있는데, 전자는 신문사가 만든 자율 규제기구이고, 후자는 업계와 학계를 주축으로 하는 자율 규제기구이다. 한국언론진흥재단은 신문을 지원하기 위해 신문법에 의거해서 설립된 준정부기관이다.

방송과 정보통신은 방송통신위원회와 방송통신심의위원회(방심위)에서 규제하는데, 전자는 대통령 직속 중앙행정기관이고, 후자는 방송법과 방송통신위법에 의거해서 설립된 민간 독립기관이다. 방심위가 규제 여부를 정하고 방통위가 규제 정도를 정하기 때문에 방심위는 사실상 국가 규제기관의 구실을 수행한다.

　언론의 보도 문제에 대응해서 '언론중재 및 피해구제 등에 관한 법률'이 제정되었고, 이에 따라 준사법적 독립기구로 '언론중재위원회'가 설립되어 있다. 이 위원회가 설립되어 신문윤리위원회는 사실상 유명무실한 것이 되었다.

13장   교육 – 과잉 경쟁

교육은 국가의 백년 대계라고 한다. 교육이 국가의 백년을 규정한다는 것이다. 교육은 후세를 가르쳐서 사회적 주체로 길러내는 것으로 국가의 유지와 발전을 위해 가장 기초적인 활동이다. 교육은 제도 교육과 비제도 교육으로 크게 나뉘는데, 전자는 국가가 공인하는 학교를 통한 교육이고, 후자는 그렇지 않은 여러 형태의 교육이다.

현대의 교육은 초등학교, 중학교, 고등학교, 대학교의 순서로 이어져 있으며, 모든 국가에서 의무교육 제도를 실시하고 있다. 한국은 초등학교와 중학교의 교육이 의무교육으로 규정[194]되어 있는데, 지식사회로서 현대 사회의 특성을 고려했을 때, 고등학교까지 의무교육을 확대해야 하며, 대학교 진학도 더욱 적극 지원해야 한다.

한국의 제도 교육은 초등학교-중학교-고등학교-대학교의 순서로 6-3-3-4년으로 되어 있다. 그런데 맞벌이와 조기 교육의 보편화에 따라 유치원이 거의 보편화되어 있는 상황이다. 이에 따라 교육부의 <교육 기본통계 조사>도 유치원을 포함하고 있다. 최근의 현황은 <2022년 교육 기본통계 조사>로 확인된다.

1. 법률과 행정

한국의 교육은 <헌법> 제31조에서 기본적으로 규정되어 있다. 이 조항은 다음과 같이 6개 항목으로 되어 있다.

제31조 ① 모든 국민은 능력에 따라 균등하게 교육을 받을 권리를 가진다.
② 모든 국민은 그 보호하는 자녀에게 적어도 초등교육과 법률이 정하는 교육을 받게 할 의무를 진다.
③ 의무교육은 무상으로 한다.
④ 교육의 자주성·전문성·정치적 중립성 및 대학의 자율성은 법률이 정하는 바에 의하여 보장된다.
⑤ 국가는 평생교육을 진흥하여야 한다.
⑥ 학교교육 및 평생교육을 포함한 교육제도와 그 운영, 교육재정 및 교원의 지위에 관한 기본적인 사항은 법률로 정한다.

여기서 '능력에 따라 균등하게'는 대단히 모호한 규정이다. 만일 능력이 경제적 능력을 뜻한다면, 이 조항은 빈부 차별을 인정하는 것이다. '능력에 따라 균등하게'는 삭제해야 한다.

<헌법>에 이어서 교육을 규정하는 법은 <교육기본법>이다. 교육 제도에 관한 기본 조항은 다음과 같다.

제3조(학습권) 모든 국민은 평생에 걸쳐 학습하고, 능력과 적성에 따라 교육 받을 권리를 가진다.
제4조(교육의 기회균등 등) ① 모든 국민은 성별, 종교, 신념, 인종, 사회적 신분, 경제적 지위 또는 신체적 조건 등을 이유로 교육에서 차별을 받지 아니한다.
제8조(의무교육) ① 의무교육은 6년의 초등교육과 3년의 중등교육으로 한다.
제9조(학교교육) ① 유아교육·초등교육·중등교육 및 고등교육을 하

기 위하여 학교를 둔다.

<교육기본법>은 유아교육도 학교 교육으로 규정하고 있다. 즉 유치원은 학교에 속한다. 그러나 유아교육은 의무교육은 아니다. 관련 법률들은 <유아교육법>, <초·중등교육법>, <고등교육법>으로 제정되어 있다. '초·중등교육'은 초등학교, 중학교, 고등학교를 뜻하고, '고등교육'은 대학교를 뜻한다.

제2조(학교의 종류) 초·중등교육을 실시하기 위하여 다음 각 호의 학교를 둔다.
1. 초등학교
2. 중학교·고등공민학교
3. 고등학교·고등기술학교
4. 특수학교
5. 각종학교

제2조(학교의 종류) 고등교육을 실시하기 위하여 다음 각 호의 학교를 둔다.
1. 대학
2. 산업대학
3. 교육대학
4. 전문대학
5. 방송대학·통신대학·방송통신대학 및 사이버대학(이하 "원격대학"이라 한다)
6. 기술대학

7. 각종학교

<헌법>과 <교육기본법>에 규정된 교육은 '공교육'(公敎育, Public Education)[195]이다. 이것은 국가가 국민의 교육받을 권리를 보장하고 교육 과정과 내용을 인정하는 것으로 이루어진다. 공교육은 무엇보다 공립학교로, 즉 국가가 설립하고 운영하고 학교로 실행된다. 그런데 국가가 모든 교육을 전담하기에는 교육의 재원이 부족하고 교육의 다양성도 약화될 수 있기에 대체로 공립학교를 기본으로 해서 사립학교를 보조로 인정하고 있다. 여기서 중요한 것은 사립학교도 '공교육'의 주체이지 '사교육'의 주체가 아니라는 사실이다. '사교육'은 학교를 벗어나서 행해지는 각종 교육을 뜻한다.

사립학교는 공립학교와 함께 '공교육'의 양대 주체로서 대단히 중요하다. 이 때문에 사립학교에 대해서 '사립학교법'을 따로 제정해서 규정하고 있다.

> 제2조(정의) 이 법에서 사용하는 용어의 뜻은 다음과 같다.
> 1. "사립학교"란 학교법인, 공공단체 외의 법인 또는 그 밖의 사인(私人)이 설치하는 「유아교육법」 제2조제2호, 「초·중등교육법」 제2조 및 「고등교육법」 제2조에 따른 학교를 말한다.
> 2. "학교법인"이란 사립학교만을 설치·경영할 목적으로 이 법에 따라 설립되는 법인을 말한다.

그런데 한국의 사립학교는 너무나 문제가 많다. 사립학교는 설립자의 사유재산이 아니나 사실상 그렇게 다루어지고, 가족-친족들이 장악해서 등록금 횡령, 보조금 횡령, 공사비 횡령, 교직원 착복, 부동산 투기

등 온갖 비리 범죄를 저질렀다. 이 문제는 <사립학교법>의 임원 규정과 직결되어 있다.

한국의 교육 행정은 교육부를 정점으로 하고, '지방교육자치'에 따라 17개 광역시도의 교육감-교육청을 보조로 하고 있다. '지방교육자치에 관한 법률'로 규정되어 있고, 그 주요 내용은 대체로 다음과 같다(<위키백과>의 '대한민국의 교육감').

> 대한민국의 교육감(教育監)은 각 광역자치단체(총 17개)의 교육에 관한 사무를 총괄 처리 하는 직위를 말한다. 대한민국의 모든 광역자치단체에 설립되는 지방교육청의 수장으로 차관급 지방정무직 대우를 받는다
> 군수 구청장 등 지방자치단체의 장과 권한을 나눠 갖는 시도지사와는 달리 교육감의 권한은 분산되지 않는다. ... 대통령이나 국회의원은 교육감의 정책에 대해 간섭할 권한이 일부 제한되어 있다. 정당과 기호번호는 없다. ... 출마를 하려면 지방선거로부터 12개월 전까지는 탈당을 해야 한다. 2010년부터는 모든 지역에서 직선제를 하고 있다.

2021년 7월 <국가교육위원회 설치 및 운영에 관한 법률>이 제정되어 2022년 7월 국가교육위원회가 설치되었다. 국가교육위원회는 교육 정책과 제도의 중장기 개선 계획에 관해 논의하고 조정하는 대통령 소속 행정위원회로 위원은 21명(3명은 상임위원)이다.[196]

2. 학교 현황

<2022년 교육 기본통계 조사>에 따르면, 2022년 현재 유치원

8,562개, 초등학교 6,163개, 중학교 3,258개, 고등학교 2,373개, 일반 대학교 190개(전체 고등교육기관 426개)가 운영되고 있다.

전국 유·초·중등학교 수는 20,696개교로 전년(20,772개교) 대비 76개교(0.4%↓) 감소하였는데, 이 중 초등학교 및 중학교 수는 9,421개교로 전년(9,402개교) 대비 19개교(0.2%↑) 증가하였으며, 특수학교도 전년 대비 5개교 증가하였다.

초등학교는 6,163개교로 6개교(0.1%↑), 중학교는 3,258개교로 13개교(0.4%↑), 기타학교*는 340개교로 5개교(1.5%↑)가 각각 증가하였으며, 기타학교 중 권역별 장애인 교육복지 지원 확대를 위한 (공립)특수학교가 5개교(2.7%↑) 증가하였으나, 유치원은 8,562개원으로 98개원(1.1%↓), 고등학교는 2,373개교로 2개교(0.1%↓)가 각각 감소하였다.

* '특수학교, 고등공민학교, 고등기술학교, 각종학교[197], 방송통신중·고등학교'이며, '각종학교'는 '초·중등교육법'과 '고등교육법'에 규정되어 있다.

전체 고등교육기관 수는 426개교로 전년과 동일*하였다. 유형별 고등교육기관 수는 일반대학 190개교, 교육대학 10개교, 전문대학 134개교, 기타** 47개교, 대학원대학 45개교이다.

* 일반대학 1개교(한려대학교) 폐교, 1개교(한국에너지공과대학교) 신설
** 산업대학, 방송통신대학, 사이버대학, 기술대학, 각종학교, 전공대학, 원격대학 형태의 평생교육시설, 사내대학형태의 평생교육시설, 기능대학 포함

고등교육기관의 학생 수는 재적 기준으로 2022년 현재 318만 명 정도(일반대학 학생 수는 189만 명 정도)로 인구 감소에 따라 계속 감소하는 추세에 있다.

전체 재적학생 수*는 3,117,540명으로 전년(3,201,561명) 대비 84,021명(2.6%↓) 감소하였다. 일반대학은 1,888,699명으로 49,555명(2.6%↓), 교육대학은 15,091명으로 318명(2.1%↓), 전문대학은 539,306명으로 36,735명(6.4%↓), 기타는 340,537명으로 3,905명(1.1%↓) 감소하였고, 대학원(대학원대학 및 부설대학원 포함)은 333,907명으로 6,492명(2.0%↑) 증가하였다.
* 재적학생 수=재학생 수+휴학생 수+학사학위 취득 유예생 수

한국의 대학 진학률은 70%를 넘어서 세계 최고 수준이다. 1990년대에 33%에서 68%로 폭증했다. 2005-09년은 80%를 넘었는데, 2010년

표 21 추학률과 진학률

		2020	2021	2022
유치원	취학률	49.2	50.8	53.4
초등학교	취학률	98.2	98.1	98.5
	상급학교진학률	100.0	100.0	100.0
중학교	취학률	95.1	97.3	98.2
	상급학교진학률	99.7	99.7	99.7
고등학교	취학률	90.5	95.3	94.2
	상급학교진학률	72.5	73.7	73.3
고등교육기관	취학률	71.0	72.0	73.8

주: 대학 진학률은 대학 등록자 기준
출처: 〈e-나라지표〉의 '취학률 및 진학률'

그림 33　대학 진학률의 추이, 1980~2010

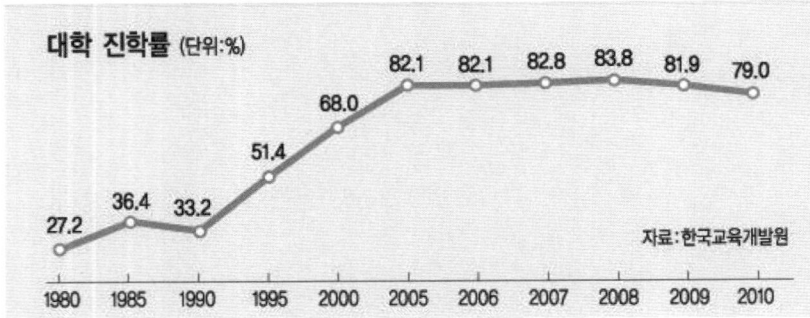

출처: 교육부(2018), '대학 진학과 취업', m.blog.naver.com/

표 22　연령별 대학 진학률

연령별	무학	초등	중학교	고교	대학
합계[전체]	3.2	9.2	8.4	31.3	47.8
20~24세	0.2	0	0.5	14.2	85.2
25~29세	0.1	0	0.7	14.4	84.8
30~34세	0.1	0	0.8	20.6	78.5
35~39세	0.1	0	1.0	28.0	70.9
40~44세	0.1	0.2	1.9	41.5	56.4
45~49세	0.1	1.3	4.5	48.3	45.7
50~54세	0.2	5.1	11.3	47.6	35.8
55~59세	0.3	12.0	19.6	43.4	24.7
60~64세	1.9	21.4	23.4	35.5	17.8
65~69세	5.1	30.5	22.2	28.0	14.2
70~74세	12.8	38.7	18.1	19.5	10.9
75~79세	22.3	40.5	13.4	14.7	9.1
80~84세	34.7	37.4	9.6	11.1	7.4
85세 이상	51.5	30.6	6.7	6.6	4.6

자료: 통계청, <2015년 인구총조사>의 '연령별 교육 정도'
출처 : 한승은(2019)

이후 70%대가 됐다.

　연령별 대학 진학률을 보면, 70대 이상은 10% 이하, 60대는 15% 정도, 50대는 30% 정도, 40대는 50% 정도, 30대는 74% 정도, 20대는 85% 정도에 이른다.

대학 진학률로 보자면 한국은 1990년대에 세계적인 '지식사회'가 되었다. 민주화를 바탕으로 고성장과 정보화를 이루고 지식화도 이루었던 것이다.[198] 그러나 고등교육의 확대가 곧 올바른 사회적 주체의 확대로 이어지는 것은 아니다.[199] 중요한 것은 순순히 고등교육의 확대가 아니라 '무엇을 어떻게 교육할 것인가'이다.

3. 사립학교 문제

한국의 교육 제도에서 가장 크게 유의해야 할 것은 사립학교 문제다. 사립학교의 비중이 너무 크고, 그 문제는 더욱 더 크다.

현대의 모든 국가는 국가가 교육의 목표, 과정, 내용을 규정하는 '공교육'을 실행한다. 그 주체는 크게 공립학교와 사립학교의 둘이다. 사립학교는 학교의 운영에 상당한 자율을 보장받고 학교의 경영에 필요한 자원도 많이 지원받는다. 사립학교는 그 사회적 기능과 기여를 전제로 특별한 지위와 혜택을 받고 있는 것이다. 그런데 바로 이로부터 사립학교의 타락이라는 심각한 문제가 만연할 수 있다.

한국의 교육은 초등 6년-중등 6년-고등 4년의 3단계로 이루어져 있는데, 사실은 유치원 2년을 포함해서 4단계 18년의 과정으로 이루어져 있다. 유치원은 70%가 사립, 초중고는 상당수가 사립, 대학교는 대부분이 사립이다. 국가가 '공교육'을 사실상 받기하고 있는 상태인 것이다. 사립학교는 법으로는 '공교육'을 실행하는 '공적 교육기관'이나 실제로는 설립자의 개인 재산으로 악용되는 상태에 있다.

'교육 관련 기관의 정보공개에 관한 특례법'에 따라 공시된 자료에 의하면 2021학년도 기준 전문대를 포함한 한국의 대학은 325개에 이른다.[200] 사립대학이 278개(85.5%)나 되고 국공립은 47개(14.5%)에 불과하다. 이를 4년제 대학으로 좁혀보아도, 193개의 대학 중 국·공립대학이 40개(20.7%)인 반면에 사립은 153개(79.3%)에 이른다. 특히 수도권 밖에 소재하는 사립대학은 89개로 전체 사립 중 58.2%이며, 전체 지방대학 중 73.6%나 차지한다.

...

한국의 사립대학에 필요한 '정의로운 전환'이란 긴 안목에서는 사립대학들을 국립 또는 공립대학으로 전환함을 말한다. 그리고 가깝게는 사립대학의 공공성을 확보하는 데 필요한 무상교육, 교육하거나 노동하는 이들의 모두가 참여하는 학교법인 이사회의 민주적이고 개방적인 재구조화, 그리고 교육의 위계와 노동의 위계를 철폐하는 데 국가가 그 책무를 다하는 전환을 말한다. 물론 이 위기를 극복하는 과정에서 이해관계자들이 의사결정과정에 동등하고 실질적으로 참여해야 한다. 이를 통해 국가와 지방자치단체는 이 정의로운 전환에 필요한 인적·물적 부담을 공정하게 나누어야 할 뿐 아니라 이 위기의 극복을 사회적·경제적 평등을 도모하고 호혜적 문명의 지속성을 보장해야 할 민주주의의 문제로 인식하여야 한다(고영남, 2022).

사립학교의 문제는 한국 교육 제도의 가장 큰 문제이고, 부실한 '사립학교법'이 이 문제의 가장 큰 법적 원천이다.[201] 부실한 '사립학교법'은 이른바 '사학 비리 세력'의 막강한 위력을 생생히 입증한다.[202] 기독교 재단의 사립학교는 학생들에게 기독교를 강요하는 종교 강요의 잘못을 저지르고 있기도 하다. 이런 사립학교의 문제를 무시하고 교육 제도의 개혁은 허황된 것이기 십상이다.

2017년 기준 전국 초·중·고는 1만1천872개로, 초등학교 6천270개, 중학교 3천242개, 고등학교 2천360개가 사립학교다. 이 가운데 사립 비율은 초등 1.2%(74곳), 중학교 20%(637곳), 고등학교 40%(947곳)이다. 중등교육의 40%, 전문대학의 94.02%, 대학교육의 80%가 사립이 차지하고 있다. 중·고교를 합치면 약 30%로 경제협력개발기구(OECD) 회원국 중 사립 비중이 가장 높다. 말이 사립학교지 사실은 교사의 임금에서부터 모든 운영비는 국민의 혈세다.

비리 백화점이 되고만 사학의 비리는 왜 그칠 줄 모르고 계속되는가? 사립학교법을 들여다보면 실체가 드러난다. 사립학교법 어디에도 직원의 임용, 면직, 해임·파면 등에 관한 규정이 없다. 국민의 세금으로 월급을 주는 사립학교다. 교사 외에도 공립처럼 행정실 사무직원에 관한 법 규정조차 따로 없다. 중등학교는 유치원이나 초등학교와 달리 사립과 국공립 간 교육 내용, 교사 급여, 건물 신·개축, 학부모 부담금 등 차이가 거의 없다.

우리나라의 사학은 대부분 법인 이사회와 이사장에 의해 배타적으로 운영되고 있어서 교육주체인 교원, 학생, 학부모 등의 참여와 권한은 인정되지 않고 있다. 이에 따라 사학법인의 전횡의 가능성이 상존하여 사학 비리 문제가 구조적으로 빈번하게 발생하고 있는 것이다.

수익자부담이 고등학교도 아닌 의무기간인 초중학교에서조차 공립은 심의기구, 사립은 자문기구다. 사립학교의 학교운영위원회가 초·중등교육법에 의하여 설치되어 있기는 하지만, 그 위상이 자문기구이고, 위원의 구성과 운영 등에 관한 것을 정관으로 정하도록 하고 있어서 실질적인 역할을 하지 못하고 있다.(국공립학교는 학운위원을 직접 선출로 득표순으로 임명하지만 사립학교는 후보만 정하고 학교장이 임명권을 가지도록 정관에 정하고 있다.)(참교육, 2018)

사립학교는 사유재산이 아니라 공교육기관이다. 따라서 사립학교에 대한 정부의 강력한 감독은 당연한 것이다. 사립학교의 운영에 막대한 공적 지원이 이루어지고 있기에 더욱 더 그렇다. 여기서 나아가 의무교육은 모두 공립학교로 하는 게 맞고, 고등교육도 사립학교의 비중을 10% 정도로 줄이는 게 옳다. 한국이 올바른 지식사회가 되기 위해서 반드시 사립학교의 '정의로운 전환'을 이루어야 한다.

4. 개혁 과제

한국은 교육으로 자원 부족의 문제를 이기고 민주화와 경제 성장을 이룬 대표적인 국가이다. 이를테면 한국은 '교육 입국'(敎育 立國)의 대표적인 사례에 해당된다. 국민들의 교육 의지가 강했고, 그 결과 인적 자원이 활발히 양성됐고, 그 결과 민주화와 경제 성장이 적극 이루어질 수 있었다.[203] 그런데 한국의 민주화와 경제 성장에 큰 문제가 있듯이 한국의 교육에도 큰 문제가 있다.

첫째, 과잉 경쟁의 문제. 교육이 성공은 물론 생활과 생계의 기본으로 인식되고 있어서 교육에서 과잉 경쟁이 일반화되어 있다. 한국인의 목에는 두 개의 맷돌이 걸려 있다. 과다한 주거비와 과다한 교육비가 그것이다. 이 문제는 1960년대부터 본격화되었다. 이 문제는 '사교육', 즉 학교 교육 외의 과외 교육으로 직결되어 있는데, 2022년에 사상 최악의 수준으로 악화되고 말았다. 학생 수는 4만 명이 줄었으나 사교육비는 10.8%나 늘었다.[204]

〈2022년 사교육비 조사 결과〉를 보면, 지난해 전국 초·중·고 학생이 쓴 사교육비 총액은 26조원으로 2021년 23조4천억원에 견줘 10.8% 증가했다. 코로나19 유행 초기인 2020년 다소 줄었던 사교육비 총액은 2021년 유행 이전 수준 이상으로 반등하면서 '역대 최대'를 기록했는데, 1년 만에 학생 수가 4만명 줄었음에도 이 기록을 다시 갈아치운 셈이다. 지난해 연간 소비자물가 상승률은 5.1%로, 사교육비 증가율이 물가 상승률의 두배에 달했다. 사교육 참여율은 78.3%로 2007년 조사 첫해 77% 이후 최고치였다('윤 정부 1년차 사교육비 역대 최대', <한겨레> 2023.3.7.).

둘째, 학력 사회의 문제. 과잉 교육 경쟁은 학력 사회의 산물이다. 학력, 즉 초졸, 중졸, 고졸, 대졸 등의 교육 정도에 따른 차별과 불평등이 대단히 강해서 모든 사람이 과잉 교육 경쟁에 참가하지 않을 수 없다. 그런데 현대 사회는 지식사회로서 선진국이 되기 위해서는 고등학교까지 의무교육은 물론이고 대학교도 보편교육으로 변화해야 한다. 국가의 주도로 전반적 고학력화가 실행돼야 한다.

셋째, 학벌 사회의 문제. 학벌(學閥)은 학교를 서열화해서 나타나는 현상이다. '閥'은 위세를 떨치는 집안을 뜻한다. 학벌은 사회적으로 크게 인정받는 학교를 뜻한다. 이 문제는 모든 나라에서 다 볼 수 있다. 미국의 '아이비 리그'도 그 유명한 예이다. 한국은 '서울대'를 정점으로 모든 대학교가 서열화되어 있고, 모든 국민이 이 서열화를 기준으로 과잉 교육 경쟁을 벌인다.

넷째, 학연의 문제. 사람들이 학력-학벌을 중시하는 것은 그것을 사회적 성공으로 여기기 때문이다. 학교 교육과 함께 학연이라는 연줄이 사회적 성공에 미치는 영향이 크기 때문이다. 모든 사회는 '연줄 사회'의 성격을 갖고 있다. 혈연, 지연, 학연은 3대 연줄이다. 연줄은 사적 관계로서 공적 질서를 훼손하는 문제를 안고 있다. 학연은 학벌 차별 문제를 더욱 더 악화한다.

다섯째, 사립학교 문제. 앞에서 살펴본 것처럼 한국의 교육은 과도한 사립학교 의존의 문제를 안고 있다. 사립학교는 사유재산이 아니라 공교육기관이고 막대한 국가의 지원을 받고 있는데도 이에 대한 감시와 처벌은 제대로 이루어지지 않고 있다. 사립학교에 대한 감시와 처벌을 실질화하고 공립학교를 크게 늘리는 '정의로운 전환'이 가장 시급한 교육 개혁 과제다.

여섯째, 서울 집중 문제. 서울은 국토의 0.6%이나 인구의 1/5 정도가 모여 있고, 수도권은 국토의 12%이나 인구의 1/2이 넘게 모여 있다. 한국의 서울/수도권 집중은 세계 최고의 과밀 상태이다. 단순히 인구가 많이 모여 있는 게 아니라 정치, 사법, 경제, 언론, 문화, 교육 등이 다 많이 모여 있다. '국가 균형 발전'을 실현하기 위해서는 서울/수도권의 인구 분산과 기능 분산을 실현해야 한다.

일곱째, 서울대 문제. 서울대를 정점으로 한 대학교의 서열화를 해체해야 지방의 국립대들이 제 기능을 하고 '국가 균형 발전'을 추동할 수 있다. 서울대를 폐지하고 '한국대'를 신설하되, '한국대'는 전국의 주요 도시들로 분산해야 한다. 부산, 대구, 대전, 광주, 전주, 인천, 제주 등에 '한국대'를 설치해서 운영할 수 있다. 서울대는 교육이 형성하는 '근대적 봉건성'의 최고 구현체로서 폐지해야 한다.[205]

여덟째, 학문의 도구화. 교육은 학문을 바탕으로 한다. 학문이 바로 서지 않으면, 교육이 바로 설 수 없고, 사실 나라가 바로 설 수 없다. 그런데 한국에서 학문의 도구화는 대단히 심각한 상황이다. 정치와 경제의 저열한 도구로 학문이 극심하게 타락해서 악용되고 있다. 4대강 사업과 핵발전에서 이 문제는 극명히 드러났다. 김건희의 박사 학위는 이 문제의 너무나 저열한 폐이다.

아홉째, 학교의 도구화. 대학교는 학문을 탐구하고 교육해서 국가의 지적 기반을 조성하고 인재를 양성하는 곳이다. 그러나 사립학교 재단의 발호와 학력-학벌-학연의 강력한 작용으로 말미암아 대학교의 타락이 이미 오래 전부터 큰 문제가 되었다. 학력-학벌-학연 장사를 위한 사이비 대학원 과정이 만연해 있다. 김건희의 박사 학위는 이 문제가 너무나 저열한 상태에 있는 것을 입증한다.[206]

이처럼 한국의 교육은 양적으로 세계 최고의 수준에 이르렀으나 질적으로 대단히 심각한 문제들을 안고 있다. 이와 관련해서 문맹율과 문해력에 관한 논란이 제기됐다. 학력 수준이 크게 향상되고 문맹율은 0%에 가깝게 됐으나 문장을 올바로 이해하는 문해력은 별로라는 것이다. 그러나 조사 결과를 제대로 살펴보면, 학력이 높은 연령대일수록 문해력도 높다. 청(소)년 층의 문제는 문해력이 낮은 것이 아니다. 사실과 진실을 올바로 알면서도 자기 이익을 위해 교묘히 또는 억지로 사실과 진실을 왜곡하고 기만하는 것이 청(소)년 층의 문제다. 비리 세력이 언론과 교육을 장악하고 있는 것이 이런 참담한 사태의 중요한 배경이다. 독일의 나치 척결과 비리 타파를 철저히 배워야 한다.

독일은 세계의 모범이며, 우리에게는 더욱 중요한 모범이다. 참혹한 현대사(비리 세력의 발호, 민족의 분단)와 인구의 크기 면에서 비슷해서 그렇다. 그런데 독일이 '교육 유토피아'여서 선진국이 된 것처럼 선전하는 것은 심각한 사실 왜곡에 해당된다. 독일은 '만 6-9살 초등학교, 만 10-11살 진로 모색~만 12-18살 중등학교(김나지움/실업-직업학교), 만 19살 대학/취업'의 과정으로 되어 있다. 독일은 만 10살에 인생의 기본이 확정될 수 있고, 이미 이때 심각한 교육 경쟁/입시 경쟁을 겪는다. 독일에도 학교의 순위와 서열이 있고, 학력-학벌 경쟁이 있고, '특목고'와 '8학군'

이 있다. 한국만큼 심하지 않은 이유는 만 10살에 초등학교에서 크게 결정되기 때문이다.

독일의 대학 진학율이 낮았던 것은 직업학교의 교육으로 충분히 취업할 수 있는데 비해 대학은 학사와 석사를 통합해서 졸업까지 너무 시간이 많이 걸렸기 때문이었다. 그러나 지식사회로의 변화에 따라 직업학교의 교육만으로 취업하기 어렵게 되고 취업해도 대학 졸업자에 비해 소득이 많이 적어서 대학 진학이 늘어나게 되었다. 이런 변화에 의해 1999년 '볼로냐 프로세스'(Bologna Process)가 성립했는데, 이것은 유럽 국가들의 고등교육 제도를 대거 현대화하는 것으로, 이에 따라 독일의 기이한 학사와 석사 통합 제도는 종식되고 일반적 대학 제도로 정상화되어 대학 진학이 대거 늘어나게 되었다. 2020년 현재 독일의 대학 진학률은 50%를 넘고 계속 늘어나고 있는 추세이다.

독일이 선진국이 된 것은 '교육 유토피아'여서가 아니다. 나치를 철저히 척결했고, 나치로 대표되는 비리를 철저히 척결했기에, 독일은 선진국이 될 수 있었다. 독일은 노동조합 중심 복지국가로서 진보 사민당과 보수 기민당의 정책 경쟁으로 선진국이 될 수 있었다. 독일의 교육 제도는 사실 낡은 것으로서 21세기에 들어와서 대거 개혁되었다. 독일에서 과잉 교육 경쟁이 벌어지지 않는 것은 노동이 존중되기 때문이며, 각종 교육 비리가 나타나지 않는 것은 비리가 철저히 척결되기 때문이다.

14장 생활 – 풍요 사회

생활(生活, life)은 생명활동이다. 모든 생물은 물질 대사로 살아가고, 번식을 통해 후손을 남긴다. 생물은 기계가 아니다. 기계는 인간이 만든 도구다. 인간은 의식과 의지를 갖고 자신의 생활을 영위하고, 기계는 의식과 의지를 갖고 있지 않고 그저 존재할 뿐이다. 생물은 시작부터 끝까지 전체로 존재하고, 기계는 그저 자유롭게 교체될 수 있는 부품들의 결합일 뿐이다. 아무리 정교한 기계도 그냥 물체일 뿐이다. 생물은 생활하고, 기계는 작동한다. 생활의 기본인 물질 대사는 물질을 소비해서 생물을 유지하는 것이다. 생활의 기본은 물질의 소비. 인간의 생활은 더없이 다채롭고 복잡하다. 인간은 대단히 다양한 물질을 소비해서 살아간다. 그 기본은 의식주이고, 일생에 걸쳐 변화한다.

1. 등록

인간의 생활은 출생과 함께 시작된다. 출생은 어머니의 뱃속에서 나오는 것이자 대체로 한 가족의 일원이 되는 것이다. 이런 점에서 가족은 인간과 사회의 근원이다. 출생 직후에 부모가 아이의 출생신고를 해야 하는데, 이때 당연히 아이의 이름을 지어서 제시해야 한다. 이렇게 해서 아이는 가족의 일원을 넘어 국가에 기록된 존재가 된다.

가족은 서로 다른 가족 출신의 남녀가 결혼하는 것으로 시작해서 자녀를 낳는 것으로 이어진다. 그런데 남녀는 다른 성명을 갖고 있는데, 한국에서 자녀는 아버지(부)의 성을 따른다. 이렇게 하는 것을 '부성(父姓)주의'라고 한다. 여기에는 커다란 문제가 있다. 이것은 부계만 조상으로 제시하는 것이기 때문이다. '족보'는 사실상 부계만의 기록이고, '제사'는 사실상 부계만의 기억이다. 조상의 수는 다음과 같이 2의 자승으로 늘어난다. 부성주의는 부계주의의 표현이고, 부계주의는 부계만 직접 조상으로 제시한다. 모계로 바꿔도 같은 문제가 나타난다. 이것은 인류의 가족 승계에서 나타나는 보편적인 문제이다.

그림 34 성씨와 가족 승계의 문제

	나
1대=2^1	**부** 모
2대=2^2	**부**모 부모
3대=2^3	**부**모 부모 부모 부모
4대=2^4	**부**모 부모 부모 부모 부모 부모 부모 부모

'성명'(姓名)에서 성(姓)과 명(名)은 다르다. 가족명을 뜻하는 성은 본래는 성씨(姓氏)로서 성은 여자의 호칭, 씨는 남자의 호칭이었으나 이제는 그냥 비슷한 것으로 쓰인다. 성씨 또는 가족명은 혈족-동족을 밝히는 것으로, 동양 쪽은 성씨를 앞에 두고 개인의 이름을 뒤에 두나, 서양 쪽은 성씨를 뒤에 두고 개인의 이름을 앞에 둔다.[207] 중국 문화권인 동아시아 3국은 성씨(姓氏)가 한자인 게 많아서 비슷해 보이지만 그 실제 내용은 상당히 다르다. 성씨에도 역사와 사회가 짙게 반영되어 있는 것이다.

중국과 한국은 비슷한 성씨가 많다. 공(孔) 씨, 홍(洪) 씨는 사실 중국에서 온 것이다. 그런데 중국은 같은 성씨는 다 같은 조상의 후예이지만, 한국은 그렇지 않다. 한국은 출신 혈통을 뜻하는 성씨보다 사실 출신 지역을 뜻하는 본관(本貫)이 더 중요하다. 김, 이, 박, 최 같은 한국의 대표 성씨들은 각각 수십 개의 본관을 갖고 있다. 일본은 중국, 한국과 달리 거의 대부분 성씨가 두 한자로 되어 있고, 모두 일본에서 만들어진 것이다. 본래 한국에는 300여 개의 성씨에 수천 개의 본관이 있었으나 1990년대 이후 외국인의 귀화가 늘어나면서 5천여 개의 성씨에 3만여 개의 본관으로 늘어났다. 중국에는 5천여 개의 성씨가 있고, 일본에는 10만 개가 넘는 성씨가 있다.

한국의 성씨는 김, 이, 박, 최 등 주요 성씨의 비중이 50%에 이를 정도로 대단히 크다. 일제의 통감부가 1909년에 '민적법'을 시행해서 모든 사람들이 성씨를 갖게 되었다. 당시는 사실상 일본의 식민지로 전락한 상태였고, 일제는 조선인을 철저히 통제하기 위해 이렇게 했다. 본래 조선에서 성씨는 양반만 갖는 것이어서 초기에는 10% 정도만 갖고 있었고 후기에도 40% 정도만 갖고 있었다. 일본은 1876년 '메이지 유신'으로 근대화를 추진하며 모든 사람이 성씨를 갖게 했다. 일본인은 자기 집의 위치, 동네의 특징, 하는 일 등을 성씨로 내세웠다. 이와 달리 조선인은 양반의 성씨를 따라서 자신의 출신을 감추고자 했다. 그 결과 김, 이, 박, 최 등 소수의 성씨가 큰 비중을 차지하게 되었다.

출생신고로 가족관계 장부인 호적에 기록되고 주민등록번호가 부여된다. 호적은 가족관계의 국가 기록이고, 주민등록은 이동 상태의 국가 기록이다. 한국인은 출생신고와 함께 국가로부터 주민등록번호를 부여받고, 만 17살에 열 손가락의 지문을 날인하고 주민등록증을 받아야 한다. 국가 주민등록번호와 지문 강제 날인은 박정희 독재가 시행한 것으로 명백한 인권 침해에 해당된다. 이에 대한 비판과 개혁 운동이 오래 전부터 전개됐으나 사실상 전혀 개선되지 않았다. 한국인의 일생은 실로 주민등록번호에 의해서 이루어진다. 한국인은 죽은 뒤에도 주민등록번호로 기록되고 관리된다.

2. 일생

인간의 일생은 수정-태아-영아-유아-소아-소년-청소년-청년-장년-중년-노년-사멸의 과정으로 이어진다. 이 과정은 여러 법률들과 연관되어 있다. '소년법'에서 소년은 19살 미만으로 규정되어 있고, '촉법소년'(觸法少年)[208]은 만 10-14살로 규정되어 있다. '청소년기본법'에서 청소년은 9살 이상-24살 이하로 규정되어 있고, '청년기본법'에서 청년은 19살 이상-34살 이하로 규정되어 있다. 또한 '민법'에서 성인은 만 19살 이상으로 규정되어 있고, '노인복지법'에서 노인은 만 65살 이상으로 규정되어 있다.

한국인은 만 5-6살 유치원, 만 7-12살 초등학교, 만 13-15살 중학교, 만 16-18살 고등학교, 만 19-22살 대학교로 대체로 14-18년 동안 학습하고, 여자는 만 23살에 사회생활을 시작하고, 남자는 군대 2년을 다녀와서 만 25살에 사회생활을 시작한다. 따라서 대체로 30여년의 사회생활을 하고 퇴직하게 된다. 2021년에 출생한 남자의 기대수명은 80.6년이고 여자는 86.6년이니, 노인으로 15-20년 정도 살다가 죽게 된다. 그런데 건강수명은 60대 중반이어서 다수의 노인이 병에 시달린다. 21세기에 들어서서 장례 문화가 크게 바뀌어서 이제 매장은 아주 드물게 되었다.

2022년에 화장은 92%에 이르렀다. 화장은 대체로 납골로 이어진다. 화장하고 남은 뼈를 쇄골하고 납골해서 납골묘에 두는 것이다. 전국의 묘지 면적은 약 1,025km²로 국토의 1%를 넘는 것으로 추정되는데, 2021년 도시지역의 주거 면적은 2,740km²로 국토의 2.6%였다.[209] 묘지의 신설은 금지하고, 기존 묘지는 공원화하고, 동네 납골묘를 시행해야 한다. 유럽과 미국은 동네에 매장묘도 납골묘도 다 있어서 가족들이 오며가며 묘지에 들러서 인사할 수 있다. 우리도 이렇게 해야 한다. 고인을 기억할 수단이 많기 때문에 구태여 납골하지 않고 골분을 묻거나 뿌리는 사람들이 훨씬 더 많다.

인간의 일생은 흔히 '생로병사'(生老病死), 즉 '태어나고 늙고 병들고 죽는다'는 말로 요약된다. 한국인의 생로병사는 병원에 의지해서 진행되고 있다. 대다수 한국인이 병원에서 태어나서, 병원을 드나들다가, 병원에서 죽는다. 건강검진의 보편화로 병원은 아파야 가는 곳이 아니라 언제나 가야 하는 곳이 되었다. 의사의 진단· 조언이 사람들의 건강을 평가하고 생활을 규정한다. 우리는 확실히 '병원 사회' 또는 '의사 사회'에서 살고 있다. 병원이 병을 만든다는 이반 일리치의 비판이나 의사들이 위험사회의 핵심을 이룬다는 울리히 벡의 비판에 귀 기울여야 한다.

2021년 현재, 의료보장 적용인구는 5,293만 명, 건강보험 적용인구는 5,141만 명이었다.[210] 전체 요양기관(98,479개소)은 의료기관 및 보건기관 74,706개소(75.86%), 약국 23,773개소(24.14%)였고, 의료기관 및 보건기관 기관은 의원 33,912개소(45.39%), 치과 18,823개소(25.20%), 한방 15,005개소(20.09%)였다. 요양기관 인력은 의료기관 및 보건기관 407,821명(92.55%), 약국 32,844명(7.45%)이었고, 의료기관 및 보건기관의 인력은 종합병원 106,170명(24.09%), 상급 종합병원[211] 89,805명(20.38%), 의원 63,755명(14.47%), 치과 25,332명, 한방 25,332명, 보건기관 등 8,780명이었다. 요양기관의 소재지별 인력은 서울 113,110명, 경기 90,296명, 부산 34,463명, 경남 25,652명, 대구 24,807명, 인천 22,268명 등으로 서울-경기가 압도적이다(건강보험심사평가원, 2022).

2020년 현재, 의사 수는 103,739명(인구 1천명당 2.7명), 치과의사 수는 26,978명, 한의사 수는 26,096명, 간호사 수는 382,839명이었다. OECD 평균은 인구 1천명당 의사 3.7명 정도로 한국의 의사 수는 크게 부족한 실정이고 지방은 더욱 더 그렇다. 그러나 의사들이 의사 수 증원과 지방 의사 제도에 극렬히 반대하고 있어서 문제가 시정되지 않고 있다.[212] 의사의 부족은 간호사의 과로와 불법 시술로 이어진다. 이 심각한 문제를 해결하기 위해 '간호법'이 제정돼야 하나, 2023년 5월 윤석열-국힘당이 국회에서 통과된 '간호법'을 거부해서 폐기해 버렸다.[213]

3. 의식주

보통 의식주, 즉 옷, 밥, 집이 생활의 기본으로 제시된다. 생명을 이어가는 데 가장 기본은 먹는 것이기 때문에 식의주로 말하는 사람도 있다. 식은 개인적 일회성 소모품이고, 의는 준개인적 다회성 소모품이고, 주는 비개인적 장기성 소모품이다. 식의주의 물리적 성격과 기능이 크게 다르고, 이에 따라 사회적 공급과 소비의 방식도 크게 다르다.

경제가 성장하면 생산이 늘어나고, 소비되는 각종 물자가 늘어난다. 당연하게도 노동자들의 분배 요구가 계속 커지고, 민주화가 진행되어 사회 전체의 소비 능력이 커진다. 이렇게 해서 사회적으로 다양한 물자들이 넘쳐나고, 생산이 아니라 소비가 사회의 중심을 이루는 소비사회(consumer society)가 형성된다. 소비사회는 중산층이 다수를 이루는 중산층 사회이다. 한국은 박정희 독재 때인 1970년대 후반에 경제 규모가 이미 중진국 수준에 이르렀고, 전두환 독재 때인 1980년대 전반에 이미 소비사회에 이르렀다. 1987년 6월 민주 항쟁으로 전두환 독재가 타도되고 민주화가 시작되어 1990년대에 한국은 전면적인 소비사회를 이루게 되었다.

한국은 세계적인 의류 생산국이자 소비국이다. 2022년 한국의 의류 시장 규모는 45조8000억원에 이르렀다. 한국인은 많은 옷들을 소비하며 살고 있다. 그런데 2020년 한복 시장 규모는 7000억원 정도로 전체 의류 시장의 1.6% 정도였다. 전통 한복과 개량 한복을 합쳐도 한복은 널리 입는 옷이 아닌 것이다. 외국 관광객과 청년들의 한복 체험은 큰 인기를 끌고 있는데, 여기서 입는 한복의 진정성에 대해서는 비판적 의견이 많다. 오늘날 한국인에게 한복은 사실상 잊혀진 옷에 가깝다. 한국인이 입는 옷은 대부분 서양에서 유래된 옷이다. 사실 세계 어느 곳에서나 근대화=서구화를 가장 쉽게 알 수 있는 것은 바로 옷이다. 오늘날 세계가 서양 옷을 입고 있다.

한국은 세계적인 의류 생산국이자 소비국으로서 심각한 의류 쓰레기 문제를 안고 있기도 하다. 매년 세계 전체에서 약 1000억 벌의 옷이 만들어지고, 그 중 73%가 그냥 폐기되고 있다. 의류 산업에서 배출되는 이산화탄소는 전체의 10%를 차지하고, 의류 산업은 석유화학 산업에 이어 2위의 오염 산업이다. 그러나 한국은 의류 쓰레기의 배출과 처리에 대한 정확한 통계조차 없는 실정이다.[214]

2020년 한국의 식품 시장 규모는 266조원에 이르렀다. 2020년 한국의 GDP는 1940.7조원이었다. 한국의 식품 시장은 GDP의 12~3% 정도를 차지한다. 통계청의 조사에서 2020년 음식점 및 주점업의 수는 804,173개였다.[215]

> 지난 20년간 식품산업 규모는 지속 성장해 2020년 연매출 260조원을 넘어섰다. 종사자 수도 240만명에 달해 국민 25명 중 1명은 식품제조업 또는 외식업에 종사하는 것으로 나타났다. 특히 식품산업의 매출액이 종사자수보다 더 큰 폭으로 증가했는데, 이는 한국 식품산업이 노동집약적인 산업에서 자본집약적인 산업으로 서서히 변화해가고

있다는 방증이다.

2020년 기준 국내 식품시장은 266조원 규모로 2018년 대비 약 2.1% 성장했다. 부문별로는 식품제조업이 125조 9000억원, 외식업이 139조 9000억원으로 각각 2018년 대비 3.1%, 1.2% 성장했다. 2019년까지 식품제조업 및 외식업의 매출액은 지속적으로 증가했으나, 2020년에는 코로나19 등의 영향으로 다소 감소한 것으로 보인다(김선희, 2022).

한국인의 주식은 '밥'이었다. 그런데 경제 성장과 함께 쌀의 소비가 계속 줄어들고 고기의 소비가 늘어났다. 그 결과 2022년에는 한국인이 밥보다 고기를 더 많이 먹은 것으로 추정됐다.[216]

한국농촌경제연구원은 최근 발표한 '농업전망 2023'에서 3대 육류(돼지고기, 소고기, 닭고기)의 1인당 소비량이 2022년 58.4kg으로 추정된다고 밝혔다. 이는 2021년 56.1kg보다 2.3k 늘어난 것이다. 2002년 33.5kg과 비교하면 20년새 74%가 늘어났다. 연평균 2.8%씩 증가한 꼴이다.

반면 지난해 1인당 쌀 소비량은 55.6kg으로 고기 소비량에 못미치는 것으로 추정했다. 연구원은 아침식사를 하지 않는 사람이 많아지는 것과 함께 먹거리 다양화, 빵이나 샌드위치 같은 간편식 선호 증가를 쌀 소비 감소의 원인으로 꼽았다.

통계청이 지난달 발표한 '2022년 양곡 소비량 조사 결과'에서도 1인당 쌀 소비량은 2021년의 56.9kg보다 0.2kg이 줄어든 56.7kg으로 역대 최저치를 기록했다. 1992년 112.9kg과 비교하면 30년 사이에 1인당 쌀 소비량이 절반 수준으로 줄었다. 현재 한국인의 하루 쌀 소비량은 하루에 밥 한 공기 정도에 그친다.

쌀 뿐 아니라 다른 곡물의 소비량도 줄었다. 쌀을 포함한 보리, 밀, 콩, 옥수수, 감자, 고구마 7대 곡물의 1인당 소비량은 2002년 167.2kg에서 2021년 137.9kg으로 연평균 1.0%씩 감소했다. 2022년에는 감소폭이 1.8%로 더 커져 135.3kg으로 줄어든 것으로 추정됐다(곽노필, 2023).

식품의 소비가 크게 늘어나는 것과 함께 음식물 쓰레기의 양도 크게 늘어났다. 돈으로 환산하면 매년 20조원을 훨씬 넘는 음식물이 그냥 버려지고 있는 것으로 추정된다. 식품도 생태위기의 주범이다.

세계식량기구(FAO)는 매년 전 세계에서 생산하는 9400억 달러(약 1120조원)의 식품 중 30% 이상이 낭비된다고 추정한다. …
국내에서 하루 배출되는 식품 관련 쓰레기는 2만t이 넘는다. 올림픽 수영장(2500㎥) 8개를 가득 채울 수 있는 양이다. …
국회입법조사처가 지난해 공개한 식품 손실 관련 보고서에 따르면 종량제 봉투 혼합배출·분리배출·동식물성 잔재물을 모두 합친 식품 폐기물 전체 발생량은 2017년 1만9106t에서 2019년 2만1065t으로 증가했다. 2013년(1만6032t)과 비교하면 6년 만에 약 31% 늘었다. 1인당 식품 폐기물 발생량(2019년)도 하루 407g에 달한다. 모든 국민이 날마다 삼겹살 2~3인분을 버리는 셈이다. 특히 국내 음식 쓰레기의 4분의 1은 먹기도 전에 버려진다(정종훈 외, 2022).

주택은 자고 쉬는 곳이자 가장 중요한 재산이다. 2021년 한국의 주택 수는 2191만7200호로 주택 보급률은 102.2%에 이르렀다. 가구 수는

2144만8463호로 주택 수가 조금 더 많았다. 주택 보급률은 가구 수를 넘지만 실제 자가 보유율은 60% 정도다. 주택 종류는 공동주택 14,728천 호(78.3%), 단독주택 3,871천 호(20.6%)이고, 공동주택은 아파트 63.5%, 연립/다세대 14.8%이다.[217] 한국은 확실한 '아파트 공화국'이다. 도시는 크기를 떠나서 아파트가 우점종을 이루고 있고, 비도시 지역에도 아파트가 난립해 있다. 산간, 강변, 해변을 가리지 않고 아파트가 들어서 있다. 이렇게 아파트가 마구 들어서 있는 나라는 세계에서 한국이 유일하다.

한국의 주택 총가격은 2020년에 5000조원을 넘어섰다. 2021년에는 폭등해서 6534조원으로 집계됐는데, 주거용 건물이 2065조원(31.6%), 부속 토지가 4469조원(68.4%)을 기록했다.[218] 박정희 군사-개발독재가 청계천을 복개하자 서울은 물론 전국에서 하천 복개가 줄을 이었다. 마찬가지로 박정희 군사-개발독재가 대대적 아파트 건설을 주요 주택 정책으로 극렬히 추구해서 서울은 물론 전국이 '아파트 공화국'으로 변모하게 되었다. 재벌은 물론 중견기업도 모두 건설사를 갖고 열심히 아파트 건설을 한다. 막대한 개발-투기 이익을 노린 무한경쟁이 수십년째 이어지고 있다. 가장 큰 문제는 공기업인 토지주택공사(LH)가 개발-투기의 최선봉에 있다는 사실이다.[219] 아파트가 끝없이 늘어나는 것은 단순히 사람들의 합리적 선택에 의한 것이 아니라 박정희 개발독재 이래의 토건국가에 의해 조성된 것이다(홍성태, 2011).

민주화 운동으로 경제성장이 지속되고 부의 분배가 강화되어 의와 식의 소비가 늘어나는 것은 물론 주의 소비도 늘어났다. 주의 소비에서 가장 기본적인 것은 1인당 주거 면적이다. 한국인의 1인당 주거 면적은 1970년 6.8m^2에서 2021년 33.9m^2로 크게 늘어났다. 그 동안 평균 가구원 수는 5.2명에서 2.2명 정도로 줄었고, 1인당 소득은 254달러에서 2021

그림 35   아파트의 증가

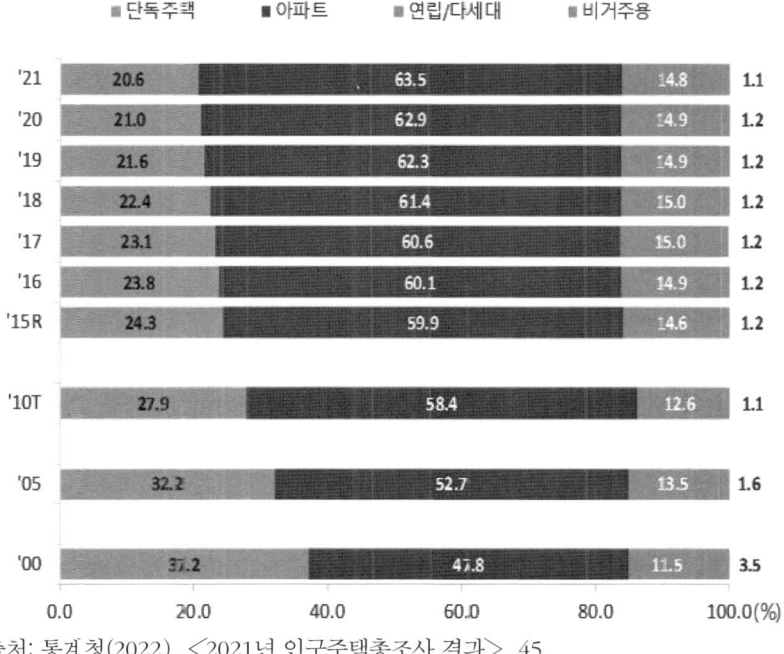

출처: 통계청(2022), <2021년 인구주택총조사 결과>, 45.

년 3만5373달러로 크게 늘었다. 그 결과 1인 가구 주택도 크게 늘었다. 그러나 2021년 현재, "한국은 선진국들에 비해 1인당 주거면적이 작은 편이다. 한국(33.9㎡, 2021년 기준)의 1인당 주거면적은 미국(65.0㎡, 2021년 기준)의 절반에 불과하고 일본(40.2㎡, 2018년 기준)이나 영국(42.2㎡, 2021년 기준)보다도 작다."[220]

주거의 양적 성장과 함께 질적 개선도 이루어졌다. 단적인 예는 바로 입식 주방과 수세식 변기이다. 오늘날 한국의 주택은 거의 모두 입식 주방, 위생 변기, 간이 욕실을 갖추고 있다. 한국은 세계 최고의 바닥 난방 문화를 하는 곳이기에 서구식 침대는 불필요할 뿐더러 사실 잘못된 것이다. 그러나 입식 주방, 위생 변기, 간이 욕실은 서구식이라고 해도 대단히 유용하다. 그런데 여기에는 상수도의 원활한 공급과 하수도의 철저한 처리가 결정적으로 중요하다. 오늘날 한국은 세계 최대 대형댐 국가다. 편리하고 보건적인 '수세식 사회' 한국은 국토가 대형댐들로 대거 훼손된 '토건국가' 한국과 긴밀하게 연결되어 있다. 대형댐들을 철거하고 '수세식 사회'를 유지하는 방안을 적극 추구해야 한다(홍성태, 2010).

4. 여가

사회의 궁극 목적은 모든 구성원들이 자유롭고 풍요로운 생활을 하는 것이다. 사람들의 능력과 노력의 차이, 그리고 운의 차이도 있어서 모든 사람들이 똑같이 자유롭고 풍요로운 생활을 할 수는 없다. 원리적으로 모든 사람들이, 실제적으로 대다수 사람들이 인간적 생활을 할 수 있도록 하는 것이 복지국가의 목표다. 복지국가는 인류가 이룩한 최고의 역사적 성취로서 계속 이어가야 한다.

1980년대 이후 복지국가는 경제 성장의 한계와 재정 위기에 의해 역사적 전환을 추구하게 됐다. 여기서 제시된 것이 '문화사회'(culture society)이다. 이어서 생태위기의 악화에 따라 복지국가는 더욱 근원적인 역사적 전환을 추구하게 됐다. 여기서 제시된 것이 '생태사회'(eco-society)이다. 정보사회(information society)는 물질적 풍요의 영원한 지속을 약속하지만 그것은 사실 이루어질 수 없는 약속이다. 오늘날 복지국가는 정보사회, 문화사회, 생태사회를 세 축으로 하며, 정보사회는 문화사회와 생태사회를 기반으로 해야 한다. 복지국가는 생태복지국가로 나아간다(홍성태, 2019).

여가는 생활에서 대단히 중요하다. 여가는 그냥 여분의 시간, 즉 남는 시간이 아니라 우리의 육체와 정신을 쉬게 해서 활력을 재충전하게 하고, 우리가 각자 하고 싶은 것을 해서 내적 만족을 이루게 하는 시간이다.[221] 여가를 제대로 보내지 못하게 되면 내적 만족을 이루지 못해서 불만과 불안이 쌓이게 되고, 나아가 활력의 재충전을 이루지 못해서 생명 자체가 위협받게 된다. 여가는 없어도 좋은 게 전혀 아니다. 여가는 생명을 지키기 위해 꼭 필요한 것이고, 인간으로서 만족을 이루기 위해 꼭 필요한 것이다.

하루 24시간은 모두에게 주어진 우주적 조건이다. 이 점에서 여가, 즉 자유시간은 생활에서 소득보다 더 근원적인 의미를 갖는다. 소득과 시간은 생활의 양대 기반이다. 인간다운 생활은 그를 위한 소득과 시간이 있어야 가능할 수 있게 된다.[222] 근대화는 시간의 사회적 관리를 세밀하게 확립했다. 그 기본은 '3분 구조', 즉 하루를 생리시간, 노동시간, 자유시간의 셋으로 나누는 것이었다. 생리시간은 생명을 유지하기 위해 필수적인 시간으로 수면, 식사, 배변, 청결 등의 시간이다. 노동시간을 늘리면 생리시간과 자유시간이 줄어든다. 이 때문에 적절한 노동시간을 위한 노동자들의 목숨을 건 투쟁이 전개됐다. 그 결과 세 영역이 각각 8시간으로 배분되는 방식이 서구에서 확립되어 세계로 확산됐다.

여가, 즉 자유시간은 각종 문화활동에 많이 쓰이는 시간이어서 문화시간으로도 불린다. 그런데 우리가 여가에 하는 활동은 대단히 많다. 그것은 문화, 공부, 사교, 운동, 여행, 휴식 등으로 나눠볼 수 있다. 게임은 문화의 중요한 부분이고, '멍 때리기'도 휴식의 중요한 방법이다. 한국인의 여가 시간은 대체로 하루 4시간 정도로 이상적인 시간인 8시간에 크게 모자란다. 특히 학생인 10대와 주요 경제활동 연령대인 30-50대의 여가가 많이 부족하다. 한국의 여가 시간은 참여정부가 2003년에 전격 시행한 '주 5일제'로 크게 개선되었다. 서구는 '주 4일제'로 나아간 상태

표 23 한국인의 여가 시간

			요일평균			
			2019	2020	2021	2022
전체			4.0	4.2	4.4	4.2
성		남자	4.1	4.3	4.4	4.2
		여자	4.1	4.2	4.4	4.2
연령집단		10대	3.7	4.0	4.1	3.8
		20대	4.1	4.4	4.5	4.4
		30대	3.6	3.7	4.1	3.8
		40대	3.6	3.8	3.9	3.7
		50대	3.8	3.9	4.2	3.9
		60대	4.4	4.5	4.6	4.4
		70대 이상	5.6	5.6	5.7	5.3

출처: <국가지표체계>의 '여가시간'

다.[223]

한국은 1990년대에 본격적인 소비사회가 되었고, 그 면모는 여가에서도 잘 알 수 있다. 2021년 문화산업의 매출액은 136조4000억원, 체육산업의 매출액은 63조9000억원이었다. 2022년 자동차 보유대수는 2500만 대를 돌파했고, 2019년 철도 이용자는 11억8300만 명을 넘었다. 2022년 이동전화 가입회선은 7381만 개, 스마트폰 회선은 5389만 개에 이르렀고, 2021년 ott 월 이용자 수는 2500만 명을 넘어섰다. 비용이 많이 드는 여가 활동인 골프 인구는 2021년 564만 명으로 일본을 앞질렀다.[224] 가장 비용이 많이 드는 외국 여행은 1989년 100만 명 돌파에서 2019년 2,871.4만 명으로 29배 증가했다.[225] 1987년 6월 민주 항쟁의 결과로 1989년 1월 1일에 외국 여행의 자유화가 이루어지자 외국 여행이 급증하게 되었다.[226]

한국은 민주화와 부유화로 '풍요 사회'(affluent society), '소비 사회',

그림 36 외국 여행자 수의 변화, 1988~2013년

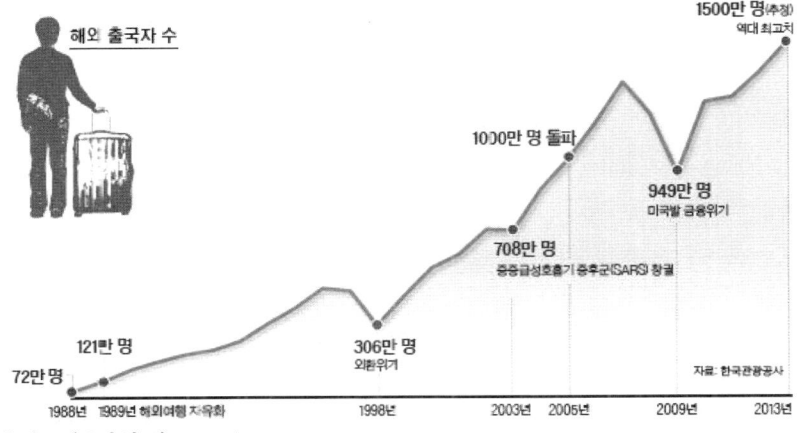

출처: 〈중앙일보〉 2014.1.3.

'중산층 사회'를 이루었다. 한국의 생활, 즉 의식주와 여가는 이 사실을 잘 보여준다. 그러나 한국의 생활은 취약한 민주화와 생태적 불안정의 위에 놓여 있다. 이 때문에 한국의 생활은 심각한 급락의 위험을 안고 있다. 생활을 지키기 위해서 사회를 규정하는 정치를 바로 세우는 것이 무엇보다 중요하다. 비리 세력이 정치를 장악하면, 풍요는 곧 고갈로, 파멸로 전락하고 만다. 생활에서도 한국의 가장 큰 문제는 비리 세력의 정치적 지배이다.

맺음말   선진 한국을 위한 과제

1.

인간은 행복을 추구하는 존재이고, 행복의 양대 기초는 자유와 풍요다. 자유와 풍요를 어떻게 이룰 것인가가 사회의 발전을 규정하는 기본이다. '근대화론'은 풍요를 이루게 되면 자유는 저절로 이루어진다고 주장했다. 그러나 자유는 결코 저절로 이루어지지 않는다. 자유가 올바로 이루어져야 정치적 민주화와 사회적 합리화가 제대로 이루어지고, 이에 따라 경제적 풍요도 제대로 이루어질 수 있게 된다. 자유가 왜곡되면 민주화, 합리화, 풍요화가 모두 왜곡되고, 소수가 사회를 지배해서 비리와 부패가 단연하는 상태가 된다.

'비판적 근대화론'(the critical modernization theory)의 관점에서 세계의 변화를 파악해야 한다. 근대화는 자유화, 민주화, 합리화를 통해 풍요화를 이룬 역사적 변화를 뜻한다. 근대화의 성과와 과정을 올바로 인식해야 한다. 근대화는 엄청난 성과를 이루었으나, 그 과정은 대단히 고통스러운 것이었다. 근대화는 수많은 사람들의 투쟁과 희생으로 진행됐다. 자유는 소수의 자유에서 모두의 자유로, 명목적 자유에서 규제된 자유로, 추상적 자유에서 사회적 자유로 변화했다. 그 결과 인류는 복지국가라는 역사적 성과를 이루게 되었다.

선진국은 복지국가이고, 그것은 자유화, 민주화, 합리화를 기초로 풍요화를 이룬 국가다. 기후위기로 대표되는 지구적 생태위기에 대응해서 복지국가는 생태복지국가로 전환하고 있다. 오늘날 선진국은 생태복지국가를 뜻한다. 이것이 '지속가능 발전'의 궁극적 목표다. 우리는 생태복지국가를 추구해야 한다. 그러나 그 구체적인 과제는 국가마다 다르다. 우리는 자유화, 민주화, 합리화를 추구하며, 재벌-토건-투기-학벌-분단 등의 문제를 개혁해야 한다. 그 기본은 매국-독재 비리 세력을 철저히 청산하는 것이다.

2.

오늘날 한국은 세계 220개 국가들 중에서 10위에 이르는 부유국이다. 한국의 경제력은 놀랍게 성장했다. 국내총생산은 1970년 2조7966억원에서 2020년 1940조7262억원으로 694배 증가했고, 1인당 국내총생산은 1970년 239달러에서 31,722달러로 133배 증가했고, 2020년 1인당 국민총소득은 1970년 256만원에서 2020년 3,530만원으로 14배 증가했다. 한국의 경제력은 참으로 놀랍게 커졌다.

한국은 아직 선진국이 아니다. 선진국이 '돈 많고 잘 사는 나라'라면, 한국은 '돈 많고 못 사는 나라'이다. 돈이 많다고 해서 잘 사는 게 절대 아니다. '부유한 것'과 '잘 사는 것'은 분명히 다른 것이고, 둘을 올바

그림 37 **국내총생산의 변화, 1954~2022**

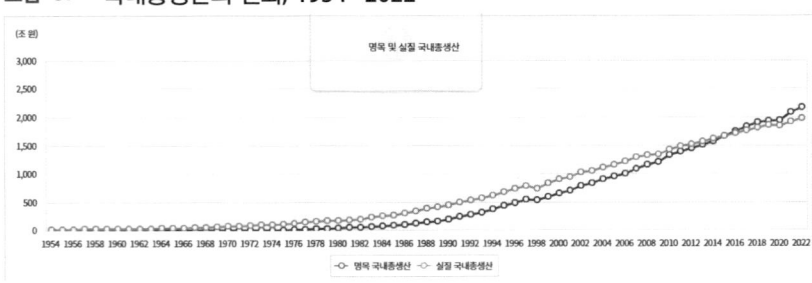

출처: 국가지표체계의 '국내총생산'

그림 38   1인당 국내총생산의 변화, 1970~2020

출처: Data Commons

로 구분할 줄 알아야 한다.

　한국은 자유화, 민주화, 합리화가 아직 부족하며, 그 결과 무분별한 풍요화가 추구되어 비리와 파괴가 널리 퍼져 있고, 이에 따라 일어나지 않은 사고가 빈발하는 '사고사회'의 상태에 있다. 한국은 엄청난 경제력과 문화력을 이루었으나 이 놀라운 성과가 대단히 취약한 상태에 있고 급속히 무너지고 있다. 그 원인에 대해 올바로 검토하고 잘못을 철저히 시정해야 한다. 문제의 원천은 바로 정치에 있다. 비리 세력이 한국의 정치를 규정하고 있어서 한국이 선진국이 되지 못하고 망하고 있는 것이다.

3.

　모든 사회는 정치에 의해 규정되고 자연에 의해 지탱된다. 정치를 바로 세우지 않으면 사회는 비리로 망하게 되고, 자연을 잘 지키지 않으면 사회는 무너지게 된다. 정치를 바로 세워야 사회가 올바로 작동되고

그림 39 정치와 자연의 사회적 규정성

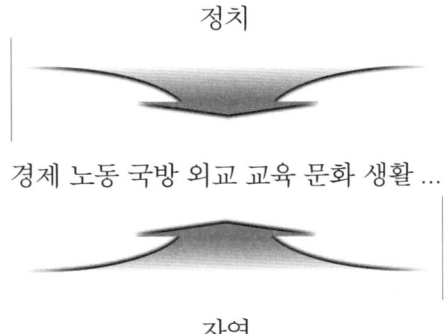

자연도 잘 지킬 수 있게 된다. 정치의 규정성이 사회의 기본이고 핵심이다. 올바른 정치는 정책의 대립과 타협이 활성화된 정치이고, 이를 위해서는 비리 세력이 철저히 척결되지 않으면 안 된다. 사기를 기본으로 하는 비리 세력이 보수나 진보의 탈을 쓰고 정치를 좌우하는 것은 후진적인 것을 넘어서 망국적인 문제이다.

한국이 선진국이 되기 위해서는 무엇보다 먼저 비리 세력의 지배라는 문제를 올바로 인식해야 한다. 비리 세력은 자기의 이익을 위해 사기는 물론 학살도 서슴지 않고 언제나 매국과 독재를 추구한다. 비리 세력이 발호하지 못하게 하는 게 민주화의 기본이고 선진국의 기본이다. 모든 선진국은 민주국이다. 민주화가 제대로 이루어지지 않으면 선진화는 절대 이루어지지 않는다. 독일과 프랑스가 잘 보여주듯이, 또한 영국과 미국이 잘 보여주듯이, 나치-일제로 대표되는 비리 세력의 척결이 민주화의 핵심이다.

한국은 나치-일제의 부역 세력인 매국 비리 세력이 해방 뒤에는 독재 비리 세력으로 변모해서 계속 지배 세력으로 군림했다. 1987년의 6월 민주 항쟁으로 군부 독재를 타도하고 어렵게 민주화가 시작됐으나, 매국-독재 비리 세력이 계속 발호하는 '포위된 민주화'(sieged democracy)와 그에 따른 '취약한 민주화'(weak democracy)의 상태에 있다. 나치-일제가 그랬듯이 비리 세력은 민주주의를 악용해서 민주주의를 훼손하고 비리-사고사회를 만든다. 인구의 3% 정도에 그쳐야 할 비리 세력이 오랜 매국-독재 비리 세력의 지배로 엄청난 연줄 형성과 세뇌가 자행되어 인구의 30% 정도에 이르고 있다. 이것들은 심지어 나치-일제를 칭송하고 독립전쟁과 민주투쟁을 매도한다.

한국의 보수 세력은 실제로는 비리 세력이다. 그러나 보수 세력만 이런 것이 아니다. 진보를 내건 쪽에도 실지로는 비리 세력인 것들이 적지 않다. 이른바 '보참비'(보수 참칭 비리)와 '진참비'(진보 참칭 비리)가 야합해서 민주화의 실체를 왜곡하고 민주주의를 훼손하고 나라를 망치고 있다. 한국은 재벌뿐만 아니라 만연된 토건과 투기를 개혁해야 하고, 참담한 전쟁 상태를 끝내고 분단을 넘어 통일로 나아가야 한다. 이런 역사적 변화가 바로 선진화의 실체를 이룬다. 선진국이 그랬듯이 비리 세력의 척결과 자유화, 민주화, 합리화의 증진이 선진화의 핵심을 이룬다. 선진국이 되는 것은 엉터리 보수와 엉터리 진보를 모두 타파하고 올바른 민주 개혁을 이루어야 가능하다.

4.

영국, 미국, 프랑스, 독일, 북구 등 모든 선진국은 무엇보다 먼저 나치를 척결해서 선진국이 될 수 있었다. 나치의 척결은 근대화의 3대 핵심인 개인의 자유화, 정치의 민주화, 사회의 합리화를 이루는 것을 뜻한다. 모든 구성원이 동등한 주체로 공생하는 것이 당연하고 옳은 것이기에 근대화는 복지국가로 나아가게 됐다. 그리고 21세기에 들어와서 생태 위기에 대응해서 복지국가의 생태적 전환을 전면적으로 추구하게 됐다. 생태복지국가(eco-welfare state)가 21세기의 선진국이다.

정치가 바로 서지 않으면 온갖 비리 무리가 날뛰며 나라가 완전히 망할 수 있다는 것을 우리는 생생히 경험했다. 망상적 혁명론이나 몽상적 생태론으로 세상은 더욱 혼란스럽게 망가질 수 있을 뿐이다. 선진국은 교육을 개혁하고 노동을 존중해서 선진국이 된 것이 아니라 나치로 대표되는 비리 세력을 척결하고 정치를 바로 세웠기에 교육 개혁, 노동 존중, 나아가 자연 존중의 선진국을 이룰 수 있었다. 이 역사적-사회적 관계를 오인하고 왜곡하면 올바른 개혁이 이루어질 수 없고 선진국은 그저 불가능한 꿈일 뿐이다.

민주화는 단지 자유선거로 이루어지지 않는다. 자유선거를 기초로 권력 분립이 올바로 시행되어야 하고, 이를 위해 무엇보다 먼저 비리 세력이 철저히 척결되지 않으면 안 된다. 이른바 '적폐 청산'은 괜히 과거에 집착하는 것이 아니라 현재도 발호-전횡하고 있는 극악무도한 반인류 범죄 세력인 매국-독재의 비리 세력을 척결해서 나라를 바로 세우는 것이다. 독일은 나치를 철저히 척결해서 대표적 선진국이 되어 세계를 이끌고 있고, 일본은 일제의 후예가 계속 지배해서 사이비 선진국이 되었다가 급속히 망하고 있다.[227]

올바른 개혁을 이루지 않으면, 비리 세력이 발호-전횡해서 나라가 망하고 만다. 나치를 방치해서 바이마르 민주주의는 처참히 무너지고 인류 역사상 최악의 학살과 파괴가 자행됐다. 나치-일제의 부역 세력이 지배하는 반인륜 상태를 해소하지 않고 선진화를 이룰 수 있는 길은 없다. 역사의 교훈을 잊지 않는 것으로는 전혀 충분하지 않다. 정말로 필요한 것은 그것을 올바로 실천하는 것이다.

부록

1. 대한민국 임시헌장
2. 조선혁명선언
3. 국기, 국가, 국경일, 기념일 문제
4. 일제군이 지배한 한국군
5. 윤석열 탄핵소추안 1차, 2차

부록1 　대한민국 임시헌장 / 대한민국임시정부 1919년 4월 11일

설명

　　1919년 3월 1일 일본 제국주의의 강점에 맞서서 삼천리 한반도는 물론 한민족이 있는 모든 곳에서 그야말로 거족적인 '만세 운동'[228]이 전개되기 시작했다. 이 놀라운 독립투쟁의 결과로 중국의 상하이에 여러 독립운동가들이 모여서 1919년 4월 11일 '대한민국 임시정부'를 수립하고 '대한민국 임시 헌장'을 선포했다. 대한민국의 최초 헌법인 이 임시헌장[229]에서 국호를 '대한민국'으로 하고, 국체를 '민주공화제'로 하는 것이 공표됐다. 이로써 한민족의 독립운동은 조선을 재건하는 것이 아니라 그것을 이어받되 민주제를 실행하는 '독립 민주 혁명'으로 확립됐다. 그 뒤 9월 11일에 '대한민국 임시정부'가 더욱 확대되고 '대한민국 임시정부 임시

헌법'이 공포됐다. 이렇게 '대한민국 임시정부'를 대표 조직으로 해서 일본 제국주의를 상대로 독립운동-독립투쟁-독립전쟁이 펼쳐졌다.[230]

대한민국 임시헌장 선포문

신인일치로 중외 협응하여 한성에서 기의한 지 30유여 일(有餘日)에 평화적 독립을 300여 주에 광복하고, 국민의 신임으로 완전히 다시 조직한 임시정부는 항구 완전한 자주독립의 복리로 아 자손 여민(黎民)에게 세전(世傳)키 위하여 임시의정원의 결의로 임시헌장을 선포하노라

대한민국 임시헌장

제1조 대한민국은 민주공화제로 한다.
제2조 대한민국은 임시정부가 임시의정원의 결의에 의하여 통치한다.
제3조 대한민국의 인민은 남녀, 귀천 및 빈부의 계급이 없고 일체 평등하다.
제4조 대한민국의 인민은 종교, 언론, 저작, 출판, 결사, 집회, 통신, 주소 이전, 신체 및 소유의 자유를 누린다.
제5조 대한민국의 인민으로 공민 자격이 있는 자는 선거권과 피선거권이 있다.
제6조 대한민국의 인민은 교육, 납세 및 병역의 의무가 있다.
제7조 대한민국은 신(神)의 의사에 의해 건국한 정신을 세계에 발휘하고 나아가 인류문화 및 평화에 공헌하기 위해 국제연맹에 가입한다.
제8조 대한민국은 구 황실을 우대한다.
제9조 생명형, 신체형 및 공창제(公娼制)를 전부 폐지한다.
제10조 임시정부는 국토 회복 후 만 1개년 내에 국회를 소집한다.

부록2   조선혁명선언 / 의열단 1923년 1월[231]

4.
조선민족의 생존을 유지하자면, 강도 일본을 쫓아내어야 할 것이며, 강도 일본을 쫓아내려면 오직 혁명으로써 할 뿐이니, 혁명이 아니고는 강도 일본을 쫓아낼 방법이 없는 바이다.

그러나 우리가 혁명에 종사하려면 어느 방면부터 착수하겠는가?

구시대의 혁명으로 말하면, 인민은 국가의 노예가 되고 그 위에 인민을 지배하는 상전 곧 특수세력이 있어 그 소위 혁명이란 것은 특수 세력의 명칭을 변경함에 불과하였다. 다시 말하면 곧 '을'의 특수세력으로 '갑'의 특수세력을 변경함에 불과하였다. 그러므로 인민은 혁명에 대하여 다만 갑·을 양세력 곧 신·구 양 상전의 누가 더 어질며, 누가 더 포악하며, 누가 더 선하며, 누가 더 악한가를 보아 그 향배를 정할 뿐이요, 직접의 관계가 없었다. 그리하여 "임금의 목을 베어 백성을 위로한다"가 혁명의 유일한 취지가 되고 "한 도시락의 밥과 한 종지의 장으로써 임금의 군대를 맞아 들인다"가 혁명사의 유일미담이 되었거니와, 금일 혁명으로 말하면 민중이 곧 민중 자기를 위하여 하는 혁명인 고로 '민중혁명'이라 '직접 혁명'이라 칭함이며, 민중 직접의 혁명인 고로 그 비등·팽창의 열도가 숫자상 강약 비교의 관념을 타파하며, 그 결과의 성패가 매양 전쟁학 상의 정하진 판단에서 이탈하여 돈 없고 군대 없는 민중으로 백만의 군대와 억만의 부력(富力)을 가진 제왕도 타도하며 외국의 도적들도 쫓아내니, 그러므로 우리 혁명의 제일보는 민중각오의 요구니라.

민중이 어떻게 각오하는가?

민중은 신인이나 성인이나 어떤 영웅호걸이 있어 '민중을 각오' 하도록 지도하는 데서 각오하는 것도 아니요, "민중아, 각오하자" "민중이여, 각오하여라" 그런 열렬한 부르짖음의 소리에서 각오하는 것도 아니다.

오직 민중이 민중을 위하여 일체 불평·부자연·불합리한 민중 향상의 장애부터 먼저 타파함이 곧 '민중을 각오케' 하는 유일한 방법이니, 다시 말하자면 곧 먼저 깨달은 민중이 민중의 전체를 위하여 혁명적 선구가 됨이 민중 각오의 첫째 길이다.

일반 민중이 배고픔, 추위, 피곤, 고통, 처의 울부짖음, 어린애의 울음, 납세의 독촉, 사채의 재촉, 행동의 부자유, 모든 압박에 졸리어 살려니 살 수 없고 죽으려 하여도 죽을 바를 모르는 판에, 만일 그 압박의 주인되는 강도정치의 시설자인 강도들을 때려누이고, 강도의 일체 시설을 파괴하고, 복음이 사해(四海)에 전하여 뭇 민중이 동정의 눈물을 뿌리어, 이에 사람마다 그 '아사(餓死 굶어죽음)' 이외에 오히려 혁명이란 일로가 남아 있음을 깨달아, 용기 있는 자는 그 의분에 못 이기어, 약자는 그 고통에 못 견디어, 모두 이 길로 모여들어 계속적으로 진행하며 보편적으로 전염하여 거국일치의 대혁명이 되면, 간활잔포(奸猾殘暴)한 강도 일본이 필경 쫓겨나가는 날이리라. 그러므로 우리의 민중을 깨우쳐 강도의 통치를 타도하고 우리 민족의 신생명을 개척하자면 양병 10만이 폭탄을 한번 던진 것만 못하며 억천장 신문 잡지가 일회 폭동만 못할 지니라.

민중의 폭력적 혁명이 발생치 아니하면 그만이거니와, 이미 발생한 이상에는 마치 낭떠러지에서 굴리는 돌과 같아서 목적지에 도달하지 아니하면 정지하지 않는 것이다. 우리의 경험으로 말하면 갑신정변은 특수세력이 특수세력과 싸우던 궁궐 안 한 때의 활극이 될 뿐이며, 경술 전후의 의병들은 충군애국의 대의로 분격하여 일어난 독서계급의 사상이며, 안중근·이재명 등 열사의 폭력적 행동이 열렬하였지만 그 후면에 민중적 역량의 기초가 없었으며, 3·1운동의 만세소리에 민중적 일치의 의기가 언뜻 보였지만 또한 폭력적 중심을 가지지 못하였도다. '민중·폭력' 양자의 그 하나만 빠지면 비록 천지를 뒤흔드는 소리를 내며 장열한 거동이라도 또한 번개같이 수그러지는 도다.

조선 안에 강도 일본이 제조한 혁명 원인이 산같이 쌓였다. 언제든지 민중의 폭력적 혁명이 개시되어 "독립을 못하면 살지 않으리라", "일본을 쫓아내지 못하면 물러서지 않으리라"는 구호를 가지고 계속 전진하면 목적을 관철하고야 말지니, 이는 경찰의 칼이나 군대의 총이나 간활한 정치가의 수단으로도 막지 못하리라.

혁명의 기록은 자연히 처절하고 씩씩한 기록이 되리라. 그러나 물러서면 그 후면에는 어두운 함정이요, 나아가면 그 전면에는 광명한 활기이니, 우리 조선민족은 그 처절하고 씩씩한 기록을 그리면서 나아갈 뿐이니라.

이제 폭력-암살·파괴·폭동-의 목적물을 열거하건대,

1) 조선총독 및 각 관공리
2) 일본천황 및 각 관공리
3) 정탐꾼·매국적
4) 적의 일체 시설물

이외에 각 지방의 신사나 부호가 비록 현저히 혁명운동을 방해한 죄가 없을지라도 만일 언어 혹 행동으로 우리의 운동을 지연시키고 중상하는 자는 우리의 폭력으로써 마주할 지니라. 일본인 이주민은 일본 강도정치의 기계가 되어 조선민족의 생존을 위협하는 선봉이 되어 있은즉 또한 우리의 폭력으로 쫓아낼 지니라.

부록3   국기, 국가, 국경일, 기념일 문제

한국의 국기는 태극 문양을 가운데에 두어서 '태극기'로 불린다. 1882년 박영효가 조선의 관료로 일본을 방문할 때 처음 만들었다. 중국의 고전으로 유교의 3대 경전인 『주역』은 태극(太極)과 팔괘(八卦)를 기초로 세상의 변화를 설명한다. 중국의 고대 사상에서 태극은 세상의 기초인 음(청색, 여자)과 양(적색, 남자)을 뜻하고, 팔괘는 음양이 발현되는 두 효(爻, 긴 것은 양=남자, 가운데가 잘린 것은 음=여자)를 엮어서 세상의 기본을

공식 태극기

김구 선생의 서명 태극기

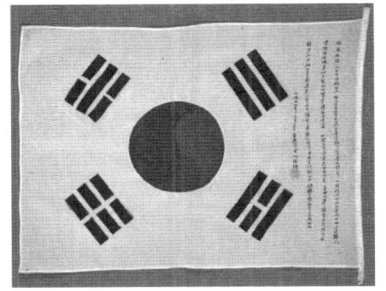

태극과 팔괘

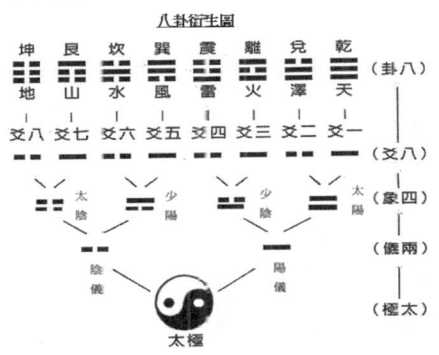

태극과 팔괘의 의미

표현한 것이다. 이것을 그림으로 그린 것이 '태극-팔괘도'인데, 박영효는 이것을 '태극-사괘도'로 변형해서 조선의 국기로 만들었다. 독립전쟁 과정에서 다양한 '태극기'가 만들어졌는데, 광복 후인 1949년에 현재의 '태극기'를 확정해서 공포했다. 박영효(朴泳孝, 1861~1939)는 철종의 부마로 고종의 매제가 되며, 조선의 고관으로 중요 친일반민족행위자가 됐다.

한국의 국가는 '애국가'로 불린다. 애국가(愛國歌)는 말 그대로 '나라를 사랑하는 노래'를 뜻한다. '애국가'의 가사는 윤치호(尹致昊, 1865~1945)가 짓고 안창호가 고친 것으로 알려졌는데 윤치호는 그 아버지와 함께 조선의 고관으로 중요 친일반민족행위자가 됐다. '애국가'의 곡은 1930년대 중반에 안익태(安益泰, 1906~1965)가 지었는데, 안익태도 중요 친일반민족행위자로 지적되고 있다.[232] '애국가'는 이처럼 심각한 '친일'의 문제를 안고 있어서 새로 국가를 제정해야 한다는 요구가 오래 전부터 강력히 제기되고 있다.

    동해물과 백두산이 마르고 닳도록
    하느님이 보우하사 우리나라 만세
    무궁화 삼천리 화려 강산
    대한 사람, 대한으로 길이 보전하세

광복 10주년인 1955년에 양명문 작사, 김동진 작곡의 '조국 찬가'가 발표됐다. '애국가'는 고답적 가사에 비장한 곡조로 국가에 맞지 않는다. '조국 찬가'는 밝고 장중해서 국가의 풍모를 갖고 있다. 그러나 김동진(金東振, 1913~2009)도 중요 친일반민족행위자이다. 그리고 이 노래의 2절은 사실상 '개발독재'를 미화하는 것이어서 박정희 독재에 의해 널리 퍼지게 되었다.

동방의 아름다운 대한민국 나의 조국
반만년 역사 위에 찬란하다 우리 문화
오곡백과 풍성한 금수강산 옥토낙원
완전통일 이루어 영원한 자유평화

태극기 휘날리며 벅차게 노래 불러
자유대한 나의 조국 길이 빛내리라

2008년에 한태수 작곡, 채정은 작사, 신문희 노래로 '아름다운 나라'라는 노래가 발표되었는데, 은은하고 밝은 가사와 곡조로 널리 퍼지게 되어 이 노래를 '국가'로 하자는 의견도 제기되었다.

저 산자락에 긴 노을지면
걸음 걸음도 살며시 달님이 오시네
밤 달빛에도 참 어여뻐라
골목 골목 선 담장은 달빛을 반기네
겨울 눈꽃이 오롯이 앉으면
그 포근한 흰빛이 센 바람도 재우니
참 아름다운 많은 꿈이 있는
이 땅에 태어나서 행복한 내가 아니냐
큰 바다 있고 푸른 하늘 가진
이 땅 위에 사는 나는 행복한 사람 아니냐

한국의 국경일(國慶日)은 '국경일에 관한 법률'에서 3·1절(3월 1일), 제헌절(7월 17일), 광복절(8월 15일), 개천절(10월 3일), 한글날(10월 9일) 등

5일로 정해져 있다. 여기서 제헌절은 헌법이 계승하고 있는 것으로 명확히 밝히고 있는 대한민국 임시정부의 법통으로 보자면 '대한민국 임시헌장'이 선포된 1919년 4월 11일이나 '대한민국 임시헌법'이 공포된 1919년 9월 11일을 따라야 한다.

정부가 주관하는 기념일은 '각종 기념일 등에 관한 규정'으로 모두 53일이 정해져 있다. 이 중에서 특히 주의해야 할 것은 '대한민국 임시정부 수립 기념일'(4월 11일), '현충일'(6월 6일), '국군의 날'(10월 1일)이다.

대한민국 임시정부 수립 기념일은 사실 대한민국 임시정부의 수립을 넘어서 '대한민국'이라는 국가가 수립된 날로 '건국의 날'로 기념할 필요가 있다. 대한민국 임시정부의 수립은 대한민국의 건국을 전제로 하는 것이다. 매국-독재 세력이 1948년 8월 15일을 건국절로 광분해서 주장하는 것은, 1919년 4월 11일의 대한민국 건국을 부정하고, 따라서 일본의 강점에 맞선 대한민국의 독립전쟁을 부정하고, 부일 매국노들을 건국의 주역으로 왜곡하기 위해서이다. 매국노들이 사실상 단 한 명도 처단되지 않고 계속 지배세력으로 군림한 참담한 현대사의 비극이 이렇게 완전한 역사 뒤집기로 이어지고 있는 것이다.

현충일은 1956년에 이승만 독재가 정한 날로 6월 6일은 국가와 민족에 대한 충성을 기리는 '현충'과 아무런 관계가 없다. 오히려 6월 6일은 대단히 슬프고 분노할 날이다. 1949년 6월 6일 이승만의 지시로 경찰이 '반민족행위 특별조사위원회'(반민특위)를 습격해서 사실상 강제해산시킨 것이다. 당시 경찰은 군과 마찬가지로 '부일파', 즉 부일 매국노 반역범들이 지배하고 있었다. 이로부터 20일 뒤인 1949년 6월 26일 이승만 쪽의 사주를 받은 육군 소위 안두희가 김구 선생을 암살하는 만행을 자행했다. 안두희, 김창룡, 전두환 같은 것들은 그 유골조차 이 땅에 머물게 해서는 안 된다.

국군의 날은 박정희 군사독재가 1970년에 제정한 것으로 10월 1일은 국군과 아무런 관계가 없는 날이다. 한국은 대한민국 임시의정원과 임시정부로 시작되었고, 국군은 대한민국 임시정부의 광복군으로 시작되었다. 광복군은 1940년 9월 17일 중국의 충칭(重慶)에서 창립되어 일본을 상대로 독립전쟁을 펼쳤다. 따라서 9월 17일을 국군의 날로 해야 옳다. 일본군 출신 최악 매국노 반역범인 박정희가 자랑스러운 광복군의 역사를 은폐하기 위해 10월 1일을 국군의 날로 정했을 것이다. 부일 매국노들을 철저히 척결해서 박정희, 백선엽 등 부일 매국노들이 지배한 한국군의 역사를 바로 세워야 한다.[233]

부록4 일제군이 지배한 한국군

'친일파'는 사실 일본 제국주의에 빌붙어서 민족과 국가를 배신하고 이익을 추구한 매국노 반역범을 뜻하기에 '부일파'(附日派)가 옳다. 한국의 가장 큰 불행은 '부일파'를 전혀 처단하지 못한 것이다. '부일파'가 한

역대 육군참모총장의 친일 및 일본군 행적

대수	성명	임기	공식기록	일군 및 만군 계급
초대	이응준	1948.12.15. ~ 1949.5.8.	진상규명위 보고서 등재 친일인명사전 등재	일본군 육군 대좌 (대령)
2대	채병덕	1949.5.9. ~ 1949.9.30.	친일인명사전 등재	일본군 육군 소좌 (소령)
3대	신태영	1949.10.1. ~ 1950.4.9.	진상규명위 보고서 등재 친일인명사전 등재	일본군 육군 중좌 (중령)
4대	채병덕	1950.4.10. ~ 1950.6.29.	친일인명사전 등재	일본군 육군 소좌 (소령)
5대	정일권	1950.6.30. ~ 1951.6.22.	친일인명사전 등재	만주군 헌병 대위
6대	이종찬	1951.6.23. ~ 1952.7.22.	진상규명위 보고서 등재 친일인명사전 등재	일본군 육군 소좌 (소령)
7대	백선엽	1952.7.23. ~ 1954.2.13.	진상규명위 보고서 등재 친일인명사전 등재	만주군 간도특설대 중위
8대	정일권	1954.2.14. ~ 1956.6.26.	친일인명사전 등재	만주군 헌병 대위
9대	이형근	1956.6.27. ~ 1957.5.17.	친일인명사전 등재	일본군 육군 대위
10대	백선엽	1957.5.18. ~ 1959.2.22.	진상규명위 보고서 등재 친일인명사전 등재	만주군 간도특설대 중위
11대	송요찬	1959.8.7. ~ 1960.5.22.	공식기록 없음	일본군 육군 상사
12대	최영희	1960.5.23. ~ 1960.8.28.		일본군 육군 소위 (학병출신)
13대	최경록	1960.8.29. ~ 1961.2.16.		일본군 육군 부사관
14대	장도영	1961.2.17. ~ 1961.6.5.		일본군 육군 소위 (학병출신)
15대	김종오	1961.6.6. ~ 1963.5.31.		일본군 육군 소위 (학병출신)
16대	민기식	1963.6.1. ~ 1965.3.31.		일본군 육군 소위 (학병출신)
17대	김용배	1965.4.1. ~ 1966.9.1.		일본군 육군 소위 (학병출신)
18대	김계원	1966.9.2. ~ 1969.8.31.		일본군 육군 소위 (학병출신)
19대	서종철	1969.9.1. ~ 1972.6.1.		일본군 육군 소위 (학병출신)
20대	노재현	1972.6.2. ~ 1975.2.28.		일본군 경력 미특정
21대	이세호	1975.3.1. ~ 1979.1.31.		일본군 육군항공대간부후보생

*'진상규명위 보고서 등재'는 일제강점하반민족행위진상규명에관한특별법에 의거해 2005년 5월부터 2009년 11월까지 활동한 대통령 소속 친일반민족행위진상규명위원회가 발간한 보고서에 반민족행위자로 올랐음을 뜻한다.

출처: 〈오마이뉴스〉

국을 계속 지배하고 있다. 한국군도 일제군이 지배했다. 일본군 출신 최악 부일파 박정희가 군사반란을 일으켜서 권력을 찬탈하고 18년의 장기독재를 할 수 있었던 것은 이 때문이었다. 심지어 '국립묘지'에도 부일파들이 버젓이 자리를 차지하고 있다.

부록5   윤석열 탄핵소추안 1차, 2차

    2024년 11월 20일 조국혁신당이 가장 먼저 윤석열 탄핵소추안을 작성해서 발표했다. '김건희 게이트'와 '명태균 게이트'로 드러난 문제와 범죄들로도 윤석열은 이미 탄핵돼야 마땅한 상태였다. 민주당도 윤석열의 탄핵을 준비하고 있었다. 이런 상황에서 12월 3일 윤석열은 돌연 '비상계엄'을 선포하고 나섰다. 자기가 저지른 범죄들에 대해 엄정한 법의 심판을 받는 것을 피하기 위해 최악의 국가 범죄인 반란/내란을 일으켰던 것이다. 이로써 윤석열은 반란/내란 범죄의 수괴로 처벌받게 되었다. 여당인 국민의힘이 탄핵에 반대해서 12월 7일의 1차 탄핵은 무산되었다. 국민들은 더욱 더 분노하게 되었다. 이런 와중에 12월 12일 윤석열은 담화랍시고 자기는 아무런 잘못이 없고 민주당이 문제라는 황당하기 짝이 없는 주장을 해댔다. 이로써 윤석열이 그야말로 극악무도한 자라는 사실이 너무나 확연히 드러나게 되었다. 12월 14일 오후 4시 수많은 국민들이 국회 밖에서 추위에 떨며 지켜보는 가운데 국회의 표결에서 윤석열의 탄핵이 의결되었다. 여기에 12월 5일의 1차 탄핵소추안과 12월 12일의 2차 탄핵소추안을 추려서 싣는다.

〈 야 6당의 '윤석열 대통령 탄핵소추안' 1차 〉, 2024년 12월 5일

◇ 주문

헌법 제65조 및 국회법 제130조의 규정에 의하여 대통령 윤석열의 탄핵을 소추한다.

◇ 피소추자

성명 : 윤석열

직위 : 대통령

◇ 탄핵소추의 사유

대한민국 헌법 제1조는 "대한민국은 민주공화국이다. 대한민국의 주권은 국민에게 있고, 모든 권력은 국민으로부터 나온다."라고 선언하여, 국민주권주의를 천명하고 있다. 대통령은 주권자인 국민으로부터 직접 선거를 통하여 권력을 위임받은 국가 원수이자 행정부의 수반으로서 국민에 의해 성립한 헌법을 준수하고, 수호할 책무를 지며(헌법 제66조), 대통령직을 성실히 수행할 의무가 있다(헌법 제69조). 또한 대통령은 헌법과 법률이 정한 바에 따라 조국의 독립과 영토의 보전 및 국가의 계속성을 수호하기 위한 범위에서 국군을 통수해야 하며(헌법 제66조, 제74조), 부당하게 권한을 남용하여 국민의 자유와 권리를 침해해서는 아니 된다(헌법 제69조). 이러한 헌법 정신은 대통령이 '법치와 준법의 존재'이며, "헌법을 경시하는 대통령은 스스로 자신의 권한과 권위를 부정하고 파괴하는 것"으로서(헌재 2004. 5. 14. 선고 2004헌나1 결정), 대통령 자격을 스스로 상실하는 것이다.

한편 헌법 제65조 제1항은 대통령이 그 직무집행에 있어 헌법이나

법률을 위배한 때에는 국회는 탄핵의 소추를 의결할 수 있다고 규정하고 있다. 헌법의 수호자이자 수범자인 대통령 스스로 헌법과 법률을 위반하여 자기파괴적 자기부정에 이르렀을 때 다른 한 축으로서 국민으로부터 직접 권력을 위임받은 국회가 탄핵소추를 의결하여 대통령을 그 직에서 파면함으로써 헌정질서를 복원하는 것 또한 국민의 대표인 국회의 헌법상 의무인 것이다.

그런데 윤석열 대통령은 직무집행에 있어서 이하에서 보는 바와 같이 헌법과 법률을 광범위하게 그리고 중대하게 위배하였다.

윤석열 대통령은 2024. 12. 3. 22:28경 헌법이 요구하는 그 어떠한 계엄의 요건을 충족하지 못하였음에도 불구하고 헌법과 법률을 위반하여 원천 무효인 비상계엄을 발령함으로써, 국민주권주의(헌법 제1조), 권력분립의 원칙, 군인 등 공무원의 정치적 중립성(헌법 제5조 제2항, 제7조 제2항), 정당제와 정당 활동의 자유(헌법 제8조), 거주·이전의 자유(헌법 제14조), 직업선택의 자유(헌법 제15조), 언론·출판과 집회·결사 등 표현의 자유(헌법 제21조), 근로자의 단체행동권(헌법 제33조), 대의민주주의(헌법 제41조), 불체포특권(헌법 제44조), 국회의원의 표결권(헌법 제49조), 대통령의 헌법수호책무(헌법 제66조)와 대통령직의 성실한 수행의무(헌법 제69조, 국가공무원법 제56조), 조국의 독립과 영토의 수호 및 국가의 계속성을 법률에 의한 국군 통수의무(헌법 제74조), 헌법상 계엄의 요건과 절차 및 계엄해제 절차(헌법 제77조), 국무위원들의 국무회의 심의권(헌법 제89조 제5호)을 침해하거나 위반하는 등 헌법을 위반하였다.

국가비상사태에 대비하여 부득이한 경우에 부여한 대통령의 비상대권인 비상계엄 발령권을 그 요건이 불비함이 명백함에도 불구하고 이를 남용하였고(계엄법 제2조 제2항), 국무회의 심의를 고의 누락하였으며(계엄법 제2조 제5항), 국회의 계엄 해제에 지체없이 응할 의무(계엄법 제11조

제1항)를 위반하는 등 법률을 위반하였다.

뿐만 아니라, 윤석열 대통령이 행한 2024. 12. 3.자 계엄령 발령은 그 자체로 요건이 불비함이 명백함에도 본인과 가족의 불법에 대한 국민과 국회의 진상 조사 및 특검 수사가 임박하자 이를 회피할 목적으로 위헌·위법의 계엄령을 발령, 국군을 정치적 목적으로 위법·부당하게 동원하여 국민의 기본권을 심대하게 침해하고, 유일한 계엄 통제 헌법기관인 국회를 군과 경찰을 불법적으로 동원하여 이를 봉쇄하는 등 헌법기관의 작동 불능을 시도하였는바, 이는 국헌 문란의 헌정질서 파괴 범죄(형법 제87조, 제89조)로서 용서할 수 없는 중대 범죄에 해당한다.

윤석열 대통령의 위와 같은 위헌, 위법행위는 헌법수호의 관점에서 볼 때, 대한민국 헌법질서의 본질적 요소인 자유민주적 기본질서를 위협하고 기본적 인권을 유린하며, 법치주의 원리 및 의회제도와 정당제도 등의 본질을 붕괴시키는 헌법 파괴행위이자 주권자인 국민에 대한 배신행위로서 탄핵에 의한 파면을 정당화한다.

이에 국민의 대표인 국회는 국민의 이름으로 윤석열 대통령을 파면함으로써 헌법을 수호하고 손상된 헌법질서를 다시 회복하기 위하여 탄핵소추안을 발의한다.

1. 사건의 경위
2. 직무집행 행위
3. 헌법 또는 법률위배의 행위
   가. 위헌·무효인 비상계엄 발령
   나. 위헌적 비상계엄령 발령으로 인한 국민주권주의(헌법 제1조)와 헌법수호책무(헌법 제66조) 위반
   다. 위헌적 계엄령 및 계엄 포고령 발령으로 인한 정당제와 정당

활동의 자유(헌법 제8조), 거주·이전의 자유(헌법 제14조), 직업선택의 자유(헌법 제15즈), 언론 출판과 집회·결사 등 표현의 자유(헌법 제21조), 근로자의 단체행동권(헌법 제33조), 대의민주주의(헌법 제41조), 불체포특권(헌법 제44조), 국회의원의 표결권(헌법 제49조) 침해 또는 위탄

라. 불법 군경 동원에 따른 공무원의 정치적 중립성(헌법 제5조 제2항, 제7조 제2항)과 국회의원의 심의·표결권(헌법 제49조) 및 법률에 의한 국군 통수의무(헌법 제74조) 위반

마. 대통령직의 성실한 수행의무(헌법 제69조, 국가공무원법 제56조) 위반

바. 계엄법 위반(계엄법 제2조 제2항, 제5항, 제11조 제1항)

사. 형법상 내란(형법 제87조, 제91조)

이처럼 윤석열 대통령이 본인과 배우자, 기타 친인척의 범죄행각에 대한 국민적 의혹 해소 요구가 특별검사 임명 법안으로 현실화하자, 본인을 우두머리로 하여 부하 국방장관 김용현, 육군참모총장 겸 계엄사령관 박안수, 특전사령관 곽종근 등과 모의하여 이들과 동조하는 반란군을 직접 동원, 국회를 봉쇄하였는바, 이는 국회의 계엄해제요구 결의를 무력화시키고, 국회의원들을 개별로 분리 억류하여 국회의 기능을 마비시키는 등 헌법기관에 작동 불능을 초래한 뒤, 사실상 영속적 권력 찬탈을 기도한 내란행위라 할 것이다.

윤석열 대통령과 그 일당들은 이 과정에서 국회에 특전사 병력을 헬기를 동원하여 난입시키고 국회 본청 유리문과 창문을 부수고 들어가 국회 의사절차 무력화까지 시도하였으나, 국회 본청 주위에 모인 시민들이 반란군의 활동을 저지하였고, 헌법을 수호하고자 국회의원들이 월담을

하여 국회 본회의에 참석하였으며, 국회 방호과를 비롯한 구성원 공무원의 육탄 방어를 통해 반란군 진입을 막아냄으로써 헌법기관의 작동 불능 사태를 가까스로 방지할 수 있었다.

하지만 윤석열 대통령과 군내 반란세력들의 무력을 이용한 국회권력 배제 및 국헌 문란의 폭동 시도는 명백한 내란에 해당하는 중대범죄라 할 것이다.

1. 헌법 및 법률위반의 중대성

윤석열 대통령에 대한 파면결정이 정당화되기 위해서는 파면결정을 통하여 헌법을 수호하고 손상된 헌법질서를 다시 회복하는 것이 요청될 정도로 대통령의 법위반행위가 헌법수호의 관점에서 중대한 의미를 가져야 하고 대통령에게 부여한 국민의 신임을 임기 중 다시 박탈해야 할 정도로 대통령이 법위반행위를 통하여 국민의 신임을 저버린 경우여야 한다. 국민에 의해 직접 선출된 민주적 정당성을 그 임기 중 박탈하는 것이므로 국민주권의 관점에서 헌법질서 수호·유지를 위해 국민이 부여한 권력의 회수가 긴요한 경우에 한하여 탄핵소추가 정당화할 것이다.

그런데 윤석열 대통령은 앞서 살펴본 것과 같이 국민의 신임을 받은 행정부 수반으로서 비상계엄 선포 여부를 결정함에 있어 우선 헌법이 정한 절차에 따라 국무회의를 열어 헌법과 법률이 정한 요건을 충분히 구비하였는지(요건 해당성), 비상계엄 선포에 따른 기본권 제한과 헌법질서의 혼란을 고려할 때 통상의 방법으로는 국가비상사태에 준하는 위기의 극복이 불가능했는지(발령의 보충성) 등을 면밀하게 살피고 충분히 의견을 수렴한 뒤 가능하면 제 헌법기관(특히 국회는 대통령과 마찬가지로 국민에 의해 직접 선출된 민주적 정당성을 갖춘 권력이다)과도 소통한 뒤 이를 결정·집행할 헌법 및 법률상 의무가 있음에도 불구하고, 국무회의 심의조차 열지 않아 국무총리를 비롯한 다수의 국무위원들이 대통령의 계엄령 선포 방송을 보고서야 계엄령의 발령을 알 수 있는 등 헌법상 필수적 절차를 무시하고, 헌법에 따라 대통령의 계엄권 발동에 관한 유일한 헌법적 통제기구인 국회 무력화를 시도하고자 계엄사령관에게 명령하여 국회활동의 전면적 금지라는 초유의 위헌적 포고령을 선포하도록 하는 등 국군의 정치도구화를 통한 '친위 쿠데타'를 도모하였는바, 비록 국회가 군경의 위헌·위법한 통제와 국회 봉쇄를 뚫고 신속하게 집회하여 계엄령 해제를 의결함으로써 지난날 대한민국 헌정사에 있었던 불행한 군인에 의한 자국민 학살이라는 끔찍한 결과의 재현을 막았으나, 여전히 내란기도의 행위를 통해 국민의 기본권 유린을 시도한 실로 중대한 위헌·위법이라 아니할 수 없다.

따라서 대통령의 직을 유지하는 것이 더 이상 헌법수호의 관점에서 용납될 수 없음은 물론, 대통령이 국민의 신임을 배신하여 국정을 담당할 자격을 상실한 정도에 이른 것이다.

2. 결론

윤석열 대통령은 2022. 5. 10. 대통령으로서 취임한 이래 국민의 목소리에 전혀 귀를 기울이지 않고 시종일관 불통으로 일관하면서 정체를 알 수 없는 무속인의 주장에 빠지는 등 자신만의 아집에 몰두하는 한편 이태원 참사에 제대로 대응하지 못하여 수도 서울에서 한밤중에 159명의 생명이 목숨을 잃는 사태를 초래하고도 행정부의 수반으로서 무책임한 모습으로 일관함으로써 국민의 생명과 안전, 행복에 전혀 관심을 기울이지도 않았고 공감을 보이려 노력조차 하지 않았다.

또한 소위 가치외교라는 미명 하에 지정학적 균형을 도외시한 채 북한과 중국, 러시아를 적대시하고, 일본 중심의 기이한 외교정책을 고집

하며 일본에 경도된 인사를 정부 주요직위에 임명하는 등의 정책을 펼침으로써 동북아에서 고립을 자초하고 전쟁의 위기를 촉발시켜 국가 안보와 국민 보호의무를 내팽개쳐 왔다.

거기에 더하여 오로지 국민을 위해 공정하게 복무해야 할 검찰과 감사원 등 사정기관을 동원하여 야당 등 비판적 세력과 前 정부 인사를 압박하면 국민의 지지가 돌아올 것이라는 비합리적이고 퇴행적인 사고에 몰두하여 정적 탄압을 일삼는 등 국민의 분열을 초래했다.

그 와중에 배우자의 주가조작의혹이 법원 판결로서 사실로 확인되고, 윤석열 대통령 부부의 대선 여론조작, 그 여론조사 비용을 뇌물로 수수한 의혹, 김영선 전 국회의원 공천 개입과 이를 통한 수뢰 후 부정처사 의혹까지 터져나오자, 국정농단에 버금가는 윤석열 대통령 부부의 백화점식 의혹에 대한 국민적 의혹 규명 요구가 빗발치게 되었다.

윤석열 대통령은 지난 대선에서 스스로 천명한 공정과 상식에 따라 마땅히 공정한 수사팀에 의한 수사를 독려해야 할 헌법과 법률에 따른 의무를 저버리고 거부권의 남용과 불법적인 검찰 인사 단행 등 갖은 수단을 동원하여 본인과 가족들의 범죄 은폐에 나섰다.

윤석열 대통령은 더 이상 의혹 확산을 막을 길이 없자 공모자 김용현 국방부장관과의 내통과 비호 아래 2024. 12. 3. 한밤에 벌인 군경을 동원한 내란기도를 시도하였는바, 이는 국민으로 하여금 44년 헌정사의 후퇴와 동족상잔의 끔찍한 비극적 기억을 소환한 국민 배신행위로서 대한민국 국민들에게 "이루 말할 수 없는 큰 실망"을 주었으며, 대통령을 믿고 국정을 맡긴 주권자들에게 "돌이키기 힘든 마음의 상처"를 가져왔다.

윤석열 대통령은 결국 본인과 배우자의 범죄행위에 대한 국민적 진상규명과 단죄 요구를 회피하고자, 부하 김용현 국방부장관 등의 불법적 군대 동원을 지시하여 헌법기관을 마비시켜 헌정질서 중단을 도모하고,

이를 통해 사실상 권력의 영속적 찬탈을 기도한 내란미수를 범하였는바, 윤석열 대통령의 탄핵소추를 통한 공직에서의 파면은 대통령 직무수행의 단절로 인한 국가적 손실과 국정 공백과는 비교할 수도 없는 '손상된 근본적 헌법질서의 회복'을 위해 요구되는 시대적 사명이 되었다.

윤석열 대통령의 탄핵소추를 통한 파면은 국론의 분열이 아닌 국론 통합에 기여함은 물론이요, 우리는 대한민국 국민이 피로써 이뤄낸 민주적 발전이 결코 후퇴하지 않으며, 몇몇 모리배들의 불순한 기도로 무너질 수 없을 만큼 단단하게 쌓아올렸음을 재확인할 것이다.

이에 민의의 전당인 국회는 대한민국이 국민의 나라이며 대통령이라 할지라도 국민의 의사와 신임을 배반하는 권한행사는 결코 용납되지 않는다는 준엄한 헌법원칙을 재확인하고자, 국민의 뜻을 받들어 윤석열 대통령에 대한 탄핵소추를 발의한다.

〈 야 6당의 '윤석열 대통령 탄핵소추안' 2차 〉, 2024년 12월 12일

◇ **주문**

헌법 제65조 및 국회법 제130조의 규정에 의하여 대통령 윤석열의 탄핵을 소추한다.

◇ **피소추자**

성 명 : 윤석열

직 위 : 대통령

◇ **탄핵소추의 사유**

대한민국은 국민이 주인인 민주공화국이다(헌법 제1조). 주권자인 국민에 의해 선출된 대통령은 국가 원수이자 행정부의 수반으로서 국가의 독립과 영토의 보전 및 국가의 계속성과 헌법을 수호할 책무를 진다(헌법 제66조).

피소추자는 대한민국의 대통령인바, 2024. 12. 3. 22:30경 헌법과 법률에 위배하여 비상계엄을 선포하고 군과 경찰을 동원하여 국회를 봉쇄, 침입하여 헌법기관인 국회의 계엄 해제 요구권 행사를 방해하는 등 국회의 활동을 억압하였다. 헌법기관인 중앙선거관리위원회를 위법하게 침입하였을 뿐만 아니라, 국회의원, 정치인, 언론인 등의 불법체포를 시도하였다. 피소추자는 국헌을 문란할 목적으로 그 요건과 절차를 위반하여 비상계엄을 선포하고 무장한 군과 경찰을 동원하여 국회를 침입하는 등 국회와 국민을 협박하고 폭행하는 일련의 폭동을 일으킴으로써 대한민국 전역의 평온을 해하는 내란죄를 범하였다.

피소추자는 국민의 신임을 배반하고 헌법이 부여한 계엄선포권을 남용하여 국헌을 문란할 목적으로 정부, 군대와 경찰을 동원, 무장폭동하는 내란죄(우두머리)를 저지름으로써 헌법을 수호할 책무를 버리고, 그 직무집행에 있어서 중대한 위헌, 위법 행위를 하였다. 피소추자는 내란죄(형법 제87조), 직권남용권리행사방해죄(형법 제123조), 특수공무집행방해죄(형법 제144조) 등 범죄 행위를 통하여 국민주권주의(헌법 제1조) 및 대의민주주의(헌법 제67조 제1항), 법치국가원칙, 대통령의 헌법수호 및 헌법준수의무(헌법 제66조 제2항, 제69조), 권력분립의 원칙, 군인 및 공무원의 정치적 중립(헌법 제5조 제2항, 제7조 제2항), 정당제와 정당 활동의 자유(헌법 제8조), 거주·이전의 자유(헌법 제14조), 직업선택의 자유(헌법 제15조), 언론출판과 집회결사 등 표현의 자유(헌법 제21조), 근로자의 단체행동권(헌법 제33조), 국회의원의 불체포특권(헌법 제44조), 국회의원의 표결권(헌법 제49조), 헌법과 법률이 정하는 바에 의하여 국군을 통수할 의무(헌법 제74조 제1항), 국회의 계엄 해제 요구권(헌법 제77조 제5항), 헌법에 규정된 비상계엄 선포의 요건과 절차(헌법 제77조, 헌법 제89조 제5호, 계엄법 제2조 제2항 및 제5항, 계엄법 제3조, 계엄법 제4조, 계엄법 제11조 제1항) 등 헌법 규정과 원칙에 위배하여 헌법 질서의 본질적 내용을 훼손하고 침해한 것이다.

대통령이 그 직무집행에 있어서 헌법이나 법률을 위배한 때에는 국회는 탄핵의 소추를 의결할 수 있다(헌법 제65조 제1항). 피소추자의 위와 같은 위헌, 위법행위는 헌법수호의 관점에서 볼 때 헌법 질서의 본질적 요소인 자유민주적 기본질서를 위협하는 행위로서 기본적 인권의 존중, 권력분립, 법치주의 원리 및 의회제도 등을 기본요소로 하는 민주주의 원리의 위반임과 동시에 선거를 통하여 국민이 부여한 민주적 정당성과 신임에 대한 배반으로서 탄핵에 의한 파면 결정을 정당화하는 사유에 해당한다.

이에 피소추자를 대통령의 직에서 파면함으로써 헌법을 수호하고 손상된 헌법 질서를 다시 회복하기 위하여 탄핵소추안을 발의한다.

    I. 위헌·위법한 비상계엄과 국헌 문란의 내란 범죄 행위
        1. 비상계엄의 준비
        2. 전국 비상계엄 선포
        3. 계엄사령부 포고령
        4. 무장 병력에 의한 폭동
        5. 국민의 저항과 국회의 신속한 의결로 계엄 해제
    II. 헌법과 법률 위배행위
        1. 비상계엄 선포의 위헌, 위법
        2. 내란(우두머리)에 해당하는 국헌문란 행위
    III. 헌법 및 법률 위반의 중대성
    IV. 결론

피소추자는 자신이 처한 어려움을 모두 국회의 탓으로 돌리고, 국회가 자유민주주의 체제의 전복을 기도하고 있다고 주장하면서 자신을 추종하는 일부 고위직 세력과 공모하여 2024. 12. 3. 밤에 비상계엄을 선포하고 군경을 동원하여 친위 쿠데타를 감행하는 내란죄를 저질렀다. 헬기와 군용차량, 무장 병력이 동원된 쿠데타를 막고 국회를 보호하기 위하여 수 많은 시민들이 국회로 향하였다. 국회에 집결한 시민들과 국회 직원들이 계엄군, 경찰과 대치하는 가운데 국회가 계엄해제 요구를 결의하였고, 피소추자는 이에 따라 비상계엄을 해제하였다. 시민들의 희생과 노력이 쿠데타를 막고 민주주의를 지켜냈으며, 성숙한 시민의식으로 내란 폭동의 심각한 위기를 큰 유혈사태 없이 넘길 수 있었다.

국민들은 국회 앞에서 또는 집에서 쿠데타를 지켜 보면서 밤새 떨었고, 전세계의 양심과 지성이 민주주의 선진국인 대한민국에서 쿠데타가 발생하는 것을 보면서 충격에 빠졌다. 국민을 지켜야 할 국군이 총부리를 국민에게 향하는 모습을 본 국민들은 불안과 공포에 떨었으며, 환율과 주가는 요동을 쳤고 경제에 대한 우울한 전망이 우세해졌다. 존재하지 않았던 국가비상사태를 빙자한 비상계엄이 국가비상사태를 만들어내고 있다. 군사독재자들을 국민의 저항으로 몰아낸 민주주의 선도국가로서의 자부심, 노벨 평화상·문학상 수상, 문화강국, 경제강국을 구가하던 국격과 국민의 자존심도 무너졌다.

피소추자의 위헌, 위법의 비상계엄 선포와 군과 경찰을 사용한 폭동은 형법상 내란죄와 직권남용권리행사방해죄 등을 구성하며 직무집행에 있어서 헌법과 법률을 광범위하게 그리고 중대하게 위배한다. 피소추자는 위헌, 위법한 비상계엄을 선포하였고, 내란(우두머리), 직권남용권리행사방해, 특수공무집행방해 등의 범죄 행위를 통하여 국민주권주의(헌법 제1조) 및 대의민주주의(헌법 제67조 제1항), 법치국가원칙, 대통령의 헌법수호 및 헌법준수의무(헌법 제66조 제2항, 제69조), 권력분립의 원칙, 군인 및 공무원의 정치적 중립(헌법 제5조 제2항, 제7조 제2항), 정당제와 정당활동의 자유(헌법 제8조), 거주·이전의 자유(헌법 제14조), 직업선택의 자유(헌법 제15조), 언론·출판과 집회·결사 등 표현의 자유(헌법 제21조), 근로자의 단체행동권(헌법 제33조), 국회의원의 불체포특권(헌법 제44조), 국회의원의 표결권(헌법 제49조), 헌법과 법률이 정하는 바에 의하여 국군을 통수할 의무(헌법 제74조), 국회의 계엄해제요구권(헌법 제77조 제5항), 헌법에 규정된 비상계엄 선포의 요건과 절차(헌법 제77조, 제89조 제5호) 등 헌법 규정과 원칙에 위배하여 헌법질서의 본질적 내용을 훼손하였다.

그럼에도 불구하고 국민의 저항과 국회의 비상계엄 해제 요구 결의로 궁지에 몰린 피소추자가 아직도 국군통수권을 가지고 있다. 이미 피소추자는 국민들의 신임을 잃어 대통령으로서 정상적인 국정운영이 불가능하며, 내란죄의 우두머리로서 수사 대상자에 불과하다. 곤경에 빠진 피소추자가 또 오판을 하여 다시 비상계엄을 선포하거나 북한과의 국지전 등을 통해 자신에게 닥친 위기를 타개하려고 할 가능성 때문에 국민들은 불안과 공포에 시달리고 있다. 피소추자에 대한 신속한 탄핵소추와 파면은 손상된 근본적 헌법질서의 회복이며, 국민의 통합, 정국의 안정, 경제 불안 해소에 기여할 것이다.

국가의 주인은 국민이고 대통령은 국민 전체에 대한 봉사자이다. 모든 권력은 국민으로부터 나온다. 대한민국 국민은 국민의 신임을 배반하는 대통령의 행사를 용서하지 않는다. 대한민국 국민은 민주공화국의 국민주권주의, 민주주의와 법치주의의 원칙을 이 탄핵소추로써 확인하고자 한다.

이에 박찬대, 황운하, 천하람, 윤종오, 용혜인, 한창민 등 190명의 국회의원은 국민의 뜻을 받들어 피소추자에 대한 탄핵소추를 발의한다.

보론

1. 내가 원하는 우리나라
2. 자유를 위한 기획을 꿈꾸며
3. 검찰-검비, 검판 법비 문제
4. 해방 60년과 시민사회
5. 민주화 착시와 진정한 선진화의 과제

보론1 내가 원하는 우리나라 / 김구, '나의 소원', 『백범일지』[234]

나는 우리나라가 세계에서 가장 아름다운 나라가 되기를 원한다.

가장 부강한 나라가 되기를 원하는 것은 아니다. 내가 남의 침략에 가슴 아팠으니, 내 나라가 남을 침략하는 것을 원치 아니한다.

우리의 부력(富力)은 우리의 생활을 풍족히 할 만하고, 우리의 강력(强力)은 남의 침략을 막을 만하면 족하다. 오직 한없이 가지고 싶은 것은 높은 문화의 힘이다. 문화의 힘은 우리 자신을 행복하게 하고, 나아가서 남에게 행복을 주기 때문이다. 지금 인류에게 부족한 것은 무력도 아니오, 경제력도 아니다.

자연과학의 힘은 아무리 많아도 좋으나, 인류 전체로 보면 현재의 자연과학만 가지고도 편안히 살아가기에 넉넉하다. 인류가 현재에 불행한 근본 이유는 인의(仁義)가 부족하고, 자비가 부족하고, 사랑이 부족한 때문이다. 이 마음만 발달이 되면 현재의 물질력으로 20억이 다 편안히 살아갈 수 있을 것이다.

인류의 이 정신을 배양하는 것은 오직 문화이다. 나는 우리나라가 남의 것을 모방하는 나라가 되지 말고, 이러한 높고 새로운 문화의 근원이 되고, 목표가 되고, 모범이 되기를 원한다. 그래서 진정한 세계의 평화가 우리나라에서, 우리로 말미암아 세계에 실현되기를 원한다.

홍익인간(弘益人間)이라는 우리 국조(國祖) 단군의 이상이 이것이라고 믿는다.

또 우리 민족의 재주와 정신과 과거의 단련이 이 사명을 달하기에 넉넉하고, 국토의 위치와 기타의 지리적 조건이 그러하며, 이러한 시대에 새로 나라를 고쳐 세우는 우리의 서 있는 시기가 그러하다고 믿는다. 우리 민족이 주연배우로 세계의 무대에 등장할 날이 눈앞에 보이지 아니하는가. 이 일을 하기 위하여 우리가 할 일은 사상의 자유를 확보하는 정치양식의 건립과 국민교육의 완비다. 내가 위에서 자유의 나라를 강조하고, 교육의 중요성을 말한 것이 이 때문이다.

최고 문화 건설의 사명을 달할 민족은 일언이 폐지하면, 모두 성인(聖人)을 만드는 데 있다. 대한(大韓) 사람이라면 간 데마다 신용을 받고 대접을 받아야 한다.

우리의 적이 우리를 누르고 있을 때에는 미워하고 분해하는 살벌 투쟁의 정신을 길렀었거니와, 적은 이미 물러갔으니 우리는 증오의 투쟁을 버리고 화합의 건설을 일삼을 때다. 집안이 불화하면 망하고, 나라 안이 갈려서 싸우면 망한다. 동포간의 증오와 투쟁은 망조다.

우리의 용모에서는 화기가 빛나야 한다. 우리 국토 안에는 언제나 춘풍(春風)이 태탕(?蕩)하여야 한다. 이것으로 영속될 것이다. 최고 문화로 인류의 모범이 되기로 사명을 삼는 우리 민족의 각원(各員)은 이기적 개인주의자여서는 안된다. 우리는 개인의 자유를 극도로 주장하되, 그것은 저 짐승들과 같이 저마다 제 배를 채우기에 쓰는 자유가 아니요, 제 가족을, 제 이웃을, 제 국민을 잘 살게 하기에 쓰이는 자유다.

공원의 꽃을 꺾는 자유가 아니라 공원에 꽃을 심는 자유다. 우리는 남의 것을 빼앗거나 남의 덕을 입으려는 사람이 아니라, 이웃에게, 동포에게 주는 것으로 낙을 삼는 사람이다. 우리 말에 이른바 선비요 점잖은 사람이다. 그러므로 우리는 게으르지 아니하고 부지런하다. 사랑하는 처자를 가진 가장은 부지런할 수밖에 없다. 한없이 주기 위함이다. 힘드는 일은 내가 앞서니 사랑하는 동포를 아낌이요, 즐거운 것은 남에게 권하니 사랑하는 자를 위하기 때문이다. 우리 조상네가 좋아하던 인후지덕

(仁厚之德)이란 것이다.

이러함으로써 우리나라의 산에는 삼림이 무성하고 들에는 오곡백과가 풍성하며, 촌락과 도시는 깨끗하고 풍성하고 화평한 것이다. 그리하여 우리 동포, 즉 대한 사람은 남자나 여자나 얼굴에는 항상 화기가 있고, 몸에서는 덕의 향기를 발할 것이다. 이러한 나라는 불행하려 하여도 불행할 수 없고, 망하려 하여도 망할 수 없는 것이다. 민족의 행복은 결코 계급투쟁에서 오는 것도 아니요, 개인의 행복이 이기심에서 오는 것이 아니다. 계급투쟁은 끝없는 계급투쟁을 낳아서 국토의 피가 마를 날이 없고, 내가 이기심으로 남을 해하면 천하가 이기심으로 나를 해할 것이니, 이것은 조금 얻고 많이 빼앗기는 법이다. 일본의 이번 당한 보복은 국제적·민족적으로도 그러함을 증명하는 가장 좋은 실례다. 이상에 말한 것은 내가 바라는 새 나라의 용모의 일단을 그린 것이니와.

동포 여러분 이러한 나라가 될진대 얼마나 좋겠는가. 우리네 자손을 이러한 나라에 남기고 가면 얼마나 만족하겠는가. 옛날 한토(漢土)의 기자(箕子)가 우리나라를 사모하여 왔고, 공자(孔子)께서도 우리 민족이 사는 데 오고 싶다고 하셨으며, 우리 민족을 인을 좋아하는 민족이라 하였으니[235] 옛날에도 그러하였거니와, 앞으로는 세계 인류가 모두 우리 민족의 문화를 이렇게 사모하도록 하지 아니하려는가.

나는 우리의 힘으로, 특히 교육의 힘으로 반드시 이 일이 이루어질 것을 믿는다. 우리나라의 젊은 남녀가 다 이 마음을 가질진대 아니 이루어지고 어찌하랴!

나도 일찍이 황해도에서 교육에 종사하였거니와 내가 교육에서 바라던 것이 이것이었다. 내 나이 이제 70이 넘었으니, 직접 국민교육에 종사할 시일이 넉넉지 못하거니와, 나는 천하의 교육자와 남녀 학도들이 한번 크게 마음을 고쳐먹기를 빌지 아니할 수 없다.[236]

보론2 자유를 위한 기획을 꿈꾸며 / 김진균,『문화과학』1999년 가을호[237]

10) 나는 80년대를 '위대한 각성'의 시대라고 생각한다. 제3세계로서의 한국, 대립된 세계체제의 양극단의 최전방으로서의 남한과 북한, 자본주의 세계적 규모의 축적구조에서 주변-반주변의 위치에 대한 인식이 이때 자라났다. 장기적 군부파시스테체제를 전복하기 위해 '변혁'을 꿈꾸는 세력이 자생하였다. 법정에서는 자유민주주의 신봉자라는 방위적 변호에서 스스로 '사회주의자'라고 선포하는 국가보안법 위반 피고인들이 나타났다. 바야흐로 계급론이 대두하고 대립되는 두 기본 계급의 사회구성이 학계와 노동계, 그리고 출판계 및 사회운동 영역에서 논의되고 계급혁명 내지 계급정치가 정식화되기 시작하였다. 출판사들은 세계 어느 시대, 어느 사회도 터부시하지 않고 사상과 지식과 역사를 출판하기 시작하였다. 맑스의『자본론』이 번역되어 출판사 사장이 구속되었지만 일주일만에 구속적부심에서 석방되는 '이변'이 발생하였다. (국가보안법 위반으로 구속된 사건에서 이러한 일은 처음이었다.) 반체제민주화운동이 87년 6월을 정점으로 전국적으로 전개되었다. 80년대 초반부터 마산창원 지역에서 시작되어 오랫동안 지역적으로 온갖 탄압을 받던 노동운동이 87년 드디어 전국 모든 노동현장에서 발생하고, 노동자가 스스로 노동자계급임을 선포하기 시작하였다. 대학은 학도호국단 편제로부터 총학생회 편제로 자주적으로 전환되고 있었다. 지식인들도 사상의 자유, 표현의 자유, 출판의 자유의 이름으로 군부파시스트체제에 거세게 저항하였다. 누구도 넘나들지 못할 것 같던 38선을 훌쩍 뛰어넘어 다녀옴으로써 통일의 실제적 방향을 생각케 만들기도 하였다. 80년대는 이처럼 역사의

물줄기를 바꾼 각성의 시대였다.

　11) 나는 아직도 한국에서는 '자유민주주의' 이름으로 혁명을 꿈꿀 수도 있고 실행할 수도 있다고 생각한다. 기본권이 사회구조적으로 자리잡지 못하고 있다고 판단하기 때문이다. 기본권이 아직 사회구성원 전체에 보편적으로 향유되지 못하고 있을 뿐만 아니라 사이버세계가 전개되는 곳이나 남북한 사람들이 만나는 시공간에까지 기본권이 확충되지 않고 있기 때문이다. 그리고 통합전자주민카드 실시 구상이나 전자주민증의 지문 디지털화 정책에서 보듯이 국가가 전자기술-정보 차원에서 더욱 더 국민에 대해 통제를 강화하려는 시도가 강하게 성향을 나타내고 있기 때문이다. 우리는 개인의 사생활 차원이나 사회생활 차원에서 더 넓게 더 깊이 자유를 향유하지 못하고 있다. 각성의 시대는 억압의 강력한 장치를 걷어내는 정도로 투쟁을 요구하였다. 자유의 향유, 그것을 평등하게 하는 것은 아직도 요원하다는 생각이 든다.

　12) 자유는 상상력의 무한한 능력이라고 생각된다. 표현의 자유는 그 상상력에 의한 결과물을 사회적으로 나타내는 자유일 것이다. 상상력이 있어야 꿈을 꿀 수 있고, 그 꿈이 실현되는 사회적 개인적 조건을 상상하고 기획할 수 있을 것이다. 이 상상력이 있어야 자유와 평등과 연대라는 근대적 기본가치를 지적 정서적 도덕적 차원에서 적극적으로 추구할 수 있을 것이라고 생각한다. 반동으로 획일화된 사고, 언제나 기존의 것에 동일화되어야 하는 사고방식, 정답을 필요로 하는 사지선다형 답안형식과 흑백의 판가름을 요구하는 OX 사고방식으로는 상상력을 키울 수 없다. 이 상상력은 남을 사랑하는 용량을 크게 하고, 남을 사랑하는 방식을 다양하게 추구케 할 것이다. 제한된 상상력이라면 인간을 사랑하는 방식을 발전시킬 수 없을 것이다. 우리는 그리고 나와 같은 세대는,

특히 나는 인간을 진정으로 사랑하는 것을 배우고 추구해 보지 못했다고 고백한다. 대중가요의 이름으로 사랑한다고 노래하고, 하느님의 이름으로 이웃을 사랑한다고 하고, 부모의 이름을 자식을 사랑한다고 한다. 그렇지만 나의 이름으로, 내가 주체가 되는 것으로 너를 사랑한다는 것은 말도 못하고 상상도 못한다. 이웃이, 친척이, 그리고 친구까지 국가보안법 대상으로 지목되는지 살펴야 한다면, 누구를 스스로 사랑한다고 적극적으로 상상하고 표현할 수 있겠는가?

한국인은 '민족'이라는 가상적 실체에 대한 동일화가 대단히 강하다. 인종이 다르고 얼굴색이 다르고 믿는 신이나 조상이 다른 사람들을 참아내고 함께 어울리고 이해하고 연대하는 능력이 우리에게는 부족하다고 느껴진다. 세계화 및 지구화는 그 차이가 있고 다양한 사람들을 우리와 같게 한다는 의미에서가 아니라 그들이 가지고 있는 가치관을 인정하면서 연대해서 살아갈 것을 요구한다고 본다. 그러면서 공통으로 존중할 더욱 보편적인 가치를 만들어내는 것이어야 할 것이다.

전자통신 시대의 한 가지 장점은 민중의 기본권 차원의 문제를 두고 얼굴도 모르는 각국의 사람들과 교신을 하고 국제연대의 기회를 장만하고 연대회의를 단시간 내에 구성해 낼 수 있다는 것이다. 세계 곳곳에서 자본과 노동이 만나고, 그 만나는 과정에 인종과 종교와 세대와 남녀의 요소를 개입시켜 서로 갈등이 일어난다. 제기되는 문제의 모양은 달라도 그 기본 성격은 동일한 것을 발견할 수 있고, 그 문제를 인식하고 해결하려는 방법을 찾는 데 함께 연대해 나갈 수 있는 세상이 열리고 있다. 차단되어 배제되고 억압되고 적대시되던 것들이 민중의 생활 차원에서 서로 소통할 수 있는 기회가 열리고 있는 것이다. 그 열린 세상을 가자면 우리의 가슴과 마음을 열어야 한다는 생각이 절로 든다. 지난 50년은 우리를 너무 갇혀 있게 했다. 이제 스스로 풀려나도록 해야 한다. 변모하기가 너무 어려워도 갇혀 있는 데서 해방되도록 노력해야 한다고 애써 다짐해 본다.

보론3   검찰–검비, 검판 법비 문제 / 문재인·김인회,『검찰을 생각한다』, 2011[238]

"사법제도의 핵심인 법원과 검찰은 국민의 편에 서지 않고 정치권력의 요구대로 국민을 강압적으로 통치하는 데 적극 도왔습니다. 법원은 인권의 최후의 보루라는 기본 역할을 방기했습니다. 민주주의와 인권을 탄압하는 수많은 사건을 형식상 합법적인 판결을 통해서 정당화해주었습니다. 검찰은 법원의 정당화 작업을 끌어내기 위해 적극적으로 정보기관이나 경찰과 협력하여 사건을 과장하기도 하고 조작하기도 했습니다. 모두 법률이라는 이름으로 정당화되었습니다. 법원과 검찰의 인권 침해 행태를 견제해야 할 변호사는 제대로 된 역할을 하지 못했습니다. 소수의 인권변호사들이 있었으나 이들의 힘은 미약했습니다. 한마디로 국민의 편에 서야 하는 사법제도와 기관이 국가의 편에 서서 국민을 억압했던 것입니다. 사법개혁은 민주주의와 인권에 직접적인 영향을 미치므로 민주화가 되면 일차적으로 개혁되어야 하는 분야입니다. 이런 이유로 민주화가 되자 사법개혁은 피할 수 없는 과제가 되었습니다. 국민의 자유와 권리에 직접적인 영향을 미치는 사법개혁이 시작된 것입니다." (13)

"검찰이 대한민국을 지배하고 있다. 정치뿐 아니라 경제, 사회, 문화 등 거의 모든 분야에서 검찰의 힘이 압도하고 있다. 이미 오래된 현상이다. 검찰은 체제와 정권 유지에 결정적인 역할을 한다. 검찰은 체제 유지를 위한 합법적인 물리력의 핵심이다. 검찰은 경찰과 정보기관의 활동을 순화하고 합법화하는 역할을 한다. 과거처럼 군과 경찰, 정보기관을 동원한 무단 통치는 민주화된 현대사회에서는 더 이상 불가능하다. 법치주의 때문에 검찰이 통치의 핵심이 되지 않을 수 없다. 한국은 여기서 더 나아가 검찰이 경찰을 수하에 둔다. 정치권력이 검찰을 장악하면 사실상 권력기구를 전면 장악하는 셈이 된다."

검찰은 이처럼 정치와 밀접하다. 그래서 정치권력은 검찰을 이용하고, 검찰은 정치권력의 요구에 부응하면서 자신의 권한을 적극 확대한다. 그러기 위해 검찰은 사건을 정치적으로 처리한다. 권력형 비리 사건이나 정경유착 등 대규모 부정부패 사건을 정상적으로 처리하지 않고, 정치권력의 의도에 따라 왜곡하기도 한다. 권력형 비리 사건은 주로 정권 변동기에 발생하는데, 지는 권력은 수사 받고 떠오르는 권력은 수사 받지 않는다. 정치권력의 요구에 맞춰 사건을 처리하기 때문에 공평함을 생명으로 하는 법치주의가 무너지는 것이다. 수많은 권력형 비리 사건, 부정부패 사건을 검찰이 처리했는데도 유사한 사건이 여전히 반복되는 이유이다. 권력을 비리 사건을 동일한 기준으로 수사하고 기소하지 않기 때문이다. 이 과정에서 정치권력과 검찰은 서로 자신들의 권한을 확대하고 기득권을 극대화한다.

검찰의 정치적 역할은 여기에서 그치지 않는다. 군부독재나 권위주의 정부가 통치하기 위해서는 정치적 반대파를 제거해야 한다. 수사와 재판이라는 형사절차를 동원해 반대파 정치인을 파렴치한 형사범으로 만들어 처벌하는 것이다. 합법 형식의 탄압이다. 이 역할을 검찰이 담당한다. 여기에 더해 만성적인 권력형 비리나 정경유착 등 부정부패, 정치권의 구조적인 금권선거 풍토는 사정기관으로서의 검찰의 권한을 더욱 확대한다. 정치가 스스로 개혁되지 못하면 그 역할을 검찰이 담당하게 된다. 이 과정에서 정치는 검찰에 종속된다.

검찰은 또한 민주화운동이나 사상운동을 탄압하면서 정권안보에 기여해왔다. 민주화운동이나 사상운동은 군부독재나 권위주의 정권에게는 위험요소다. 정치권력은 이를 탄압하기 위해 검찰을 동원했다. 민주화운동이 활발해지나 검찰은 사상검찰, 공안검찰이 되어 적극적으로 정치에 개입했다. 정치권력을 직접 옹호하는 수단으로 활용된 것이다.

나아가 검찰은 민중생존권투쟁에 대한 수사와 재판을 통해 정치권력의 안보를 보장해왔다. 노동자, 농민의 투쟁은 권위주의 체제를 항상 위협했다. 체제를 위협하는 민중생존권투쟁을 법률을 동원해 가혹하게 탄압했다. 구조적으로 약자의 위치를 강요받아온 민중들이 떨쳐일어섰을 때 검찰은 법률의 이름으로 처벌했다. 법률은 적용되지만 인권은 보장되지 않는 구조이다. 한국에서 법치주의는 인권친화적 법치주의가 아니라 폭력친화적 법치주의의 성격을 띠어왔다. 검찰의 권한 행사는 모두 법률로 정당화된다. 그 결과 항상 체계적, 폭력적으로 사회적 약자나 소수자를 배제해왔다. 검찰은 통치와 법률을 연결시켜 통치를 정당화시킬 수 있는 실력과 지위를 갖춘 유일한 집단이다. 검찰이 통치를 담당하면서 한국 특유의 폭력적인 법치주의가 완성된다.

검찰의 정치적 역할은 권력형 비리 사건의 처리, 반대 정치인, 사상운동, 민중생존권투쟁 탄압 과정에서 잘 나타난다. 이 과정을 통해 정치권력은 자신의 안보를 유지했고, 검찰은 그 반대급부로 자신의 권한을 적극 확대했다. 검찰의 정치적 편향은 이제 만성화되어 정치권력과 함께 통치하는 수준에 이르렀다. 스스로 정치화된 것이다. 노무현 대통령 수사 등 과거 권력에 대한 가혹한 수사, 거의 복수에 가까운 수사가 이를 잘 보여준다. 정치권력의 요구가 있었겠지만 검찰은 여기에 그치지 않고 마치 자신이 복수의 주인공이 된 노무현 대통령을 수사했다. 검찰의 정치적 권한은 더 나아가 입법부와 행정부를 조종하는 데까지 발전했다. 최근 대검찰청 중앙수사부 폐지 문제를 둘러싸고 벌어진 일은 검찰의 힘이 어느 정도인지를 보여준다. 제18대 국회 사법제도개혁특별위원회는 여야 합의로 대검 중수부 폐지를 결정했다. 검찰은 격렬하게 반대했다. 정치권을 압박하기 위해 일괄 사표라는 극단적인 방식도 불사했다. 검찰이 반대를 하자 검찰 출신 국회의원들은 야당과의 약속을 폐기하면서까지 대검 중수부 폐지를 반대했다. 검찰 출신 국회의원들은 국회의원이 아니라 전직 검사에 지나지 않았다. 이명박 정부의 청와대도 적극 동조했다. 이명박 정부가 반개혁적이어서 검찰 개혁에 반대한 것으로 볼 수도 있지만 임기 말 검찰의 반대를 뿌리칠 힘이 없기 때문이기도 하다. 결국 검찰의 반대가 입법부와 청와대를 움직인 것이다. 검찰의 정치적 힘이 한국을 장악하고 있다는 것을 보여주는 사례이다."(28-29)

"참여정부가 끝나자 검찰은 마치 검찰개혁이 없었던 것처럼 신속하게 이전의 검찰로 회귀했다. 정치검찰이 부활했다. 정치검찰의 부활과 이로 인한 검찰 권력 남용은 노무현 대통령의 수사에서부터 시작되었다. 정치적 반대자를 파렴치한 형사범으로 몰아 처벌하는 것은 검찰의 정치적 편향과 권한 남용의 가장 대표적인 사례이다."(391)

보론4   '해방 60년과 시민사회'[239]

어느덧 해방 60년을 맞았다. 35년에 걸친 일본 제국주의의 식민지 지배로부터 벗어나고 60년의 세월이 지난 것이다. 갓난아기가 늙은이가 되는 긴 시간이 흐르는 동안 이 사회는 많은 변화를 겪었다. 그것은 보통 국민국가의 수립과 경제성장의 성공으로 대표된다. 그러나 우리는 이와 함께 이루어진 두 가지 변화를 잊어서는 안 된다.

첫째, 해방은 불행하게도 분단으로 이어졌다. 동북아에서 유리한 지위를 차지하려는 미국과 소련의 지정학적 경쟁으로 말미암아 전범국인 일본이 아니라 일본의 식민지였던 조선이 분단되고 말았다. 분단은 결국 전쟁으로까지 이어졌고, 일본은 이 때문에 부흥에 성공할 수 있었다.

참으로 억울하기 짝이 없는 역사였다. 이 억울한 역사는 아직까지도 이어지고 있다. 2000년 6월의 남북 정상회담을 계기로 남과 북의 교류가 더욱 활성화되면서 변화의 길이 갈수록 커지고는 있으나 아직도 미국과 일본의 견제로 말미암아 억울한 역사를 바로잡기는 쉽지 않은 상황이다. 그러나 역사의 수레바퀴가 올바른 길을 따라 구르기 시작한 것은 누구도 부정할 수 없을 것이다.

둘째, 분단된 상태일망정 민주주의의 원리에 따른 근대 국민국가가 수립되었으나 그 실상은 민주주의 원리를 따르는 것과는 상당히 거리가 먼 것이었다.

제1대 대통령인 이승만은 독재자였다. 1948년 8월의 정부수립과 함께 권력을 장악한 이승만 일당은 권력을 유지하기 위해 1948년 12월에 '국가보안법'을 제정하였다. '발췌개헌'이니 '4사5입개헌'이니 하는 엉터리 개헌을 했고, 경찰과 군대를 동원해서 야당과 국민을 탄압했고,

심지어 깡패를 조직적으로 이용하기도 했다.

    1960년의 4월 혁명은 이 나라를 명실상부한 민주국가로 만들기 위한 시민혁명이었다. 그러나 혁명주체의 힘은 아직 약했다. 박정희는 쿠데타를 일으켜 시민혁명을 무력진압하고 새로운 폭압의 시대를 열었다.

    이로부터 그는 나라의 장래를 걱정한 심복의 총에 사살되기까지 무려 18년 동안 '총통'으로 군림했다. 누구도 그에게 대적할 수 없었다. 김대중은 겨우 살해의 위기를 넘겼으나, 부하였던 김형욱은 결국 끔찍하게 암살당했고, 민주화운동의 지도자였던 장준하도 의문의 죽음을 맞고 말았다. 박정희의 충실한 부하였던 전두환은 미국과 밀통하여 박정희보다 더욱 악랄한 방식으로 권력을 장악했다.

    1987년의 6월항쟁은 1960년의 4월 혁명과 1979년 10월의 부마항쟁, 1980년 5월의 광주항쟁에 이은 시민혁명의 발로였다. 민주화의 요구를 완전히 억압할 수 있는 권력은 없다. 민주화는 언제나 시간의 문제일 뿐이다. 특히 민중이 피땀을 흘려 경제성장을 이룬 곳에서는 반드시 그렇다.

    따라서 전두환 정권도 결국 민주화의 요구를 억누를 수는 없었다. 전두환 정권은 '아 대한민국'같은 노래로 시민들을 세뇌하려고도 했으나 이런 문화정치적 시도는 오히려 이 정권의 낮은 수준을 적나라하게 드러내고 말았을 뿐이었다. 1987년의 6월 항쟁으로 전두환 정권은 무너지고 말았다. 이로써 해방 이후 근대 민족국가를 수립하려는 노력은 비로소 한 결실을 맺게 되었다.

    노태우 정권은 사실상 전두환 정권의 연장이라는 성격을 갖는 것이었지만, 또한 민주화의 성과라는 성격도 갖는 것이었다. 해방 이후 42년 만에, 정부 수립 이후 40년만에 이루어진 성과였다. 역사는 쉽게 변하지 않는다. 우리는 우리의 근대사에서 이런 사실을 쉽게 배울 수 있다.

시민은 주권자를 뜻한다. 민주주의의 원리에 따른 근대 민주국가의 주권자는 모두 시민이다. 전근대 국가에서 백성의 저항은 반란으로 치부되었지만, 근대국가에서 시민의 저항은 당연한 권리이다.

정권과 정부는 시민의 주권을 위임받아 형성되는 것이며, 정권과 정부는 시민의 요구를 충실히 실현할 책임을 지고 있다. 이것은 무엇보다 올바른 법의 제정과 집행이라는 방식으로 이루어진다. 이 때문에 민주주의는 법치주의라고 하는 것이다.

그러나 민주주의는 법치주의보다 훨씬 더 근본적이다. 우리는 잘못된 법을 만들 수도 있기 때문이다. 예컨대 법치주의의 이름으로 국가보안법을 따르라고 요구하는 것은 법치주의의 이름으로 민주주의를 부정하는 것이다.

민주주의의 원리를 실현하고자 하는 시민의 저항을 통해 한국의 민주화와 시민사회의 성장이 이루어졌다. 해방 60년의 역사는 이렇게 요약될 수 있다. 시민이 주권자라는 점에서 시민사회의 성장은 당연히 민주화의 핵심을 이룬다.

오늘날 한국은 세계적으로 시민사회가 활성화된 국가로 꼽힌다. 그만큼 민주화의 동력이 강력하다는 뜻이다. 그러나 우리가 이룬 것보다 훨씬 더 많은 일들을 이뤄야 한다. 이것을 우리는 '민주화의 심화와 확장'이라고 줄여서 말할 수 있을 것이다.

서구의 경우를 예로 해서 보았을 때, 역사적으로 민주화는 정치 민주화, 경제 민주화, 생태 민주화의 순서로 이루어진다. 또한 정치 민주화는 정권 민주화, 정당 민주화, 정부 민주화의 순서로 이루어진다. 물론

이 과제들이 모두 완전히 순차적으로 이루어지는 것은 아니다.

그 동안 우리는 민주화라고 했을 때, 대체로 반독재 민주화의 차원에서 생각했다. 그러나 이것은 단순히 정권 민주화에 촛점을 맞춘 것일 뿐이다. 이 과제는 정당 민주화와 정부 민주화로 심화되어야 하며, 이와 함께 마땅히 경제 민주화로, 그리고 생태 민주화로 심화되어야 한다. 참여정부는 어떤 상태에 있는가?

참여정부는 '민주화의 심화와 확장'을 모두 이뤄야 하는 중대한 과제를 사실 강력하게 자임했다. 그러나 그 성과는 실망스럽게도 극히 미미하다. 정치 민주화의 면에서 참여정부는 스스로 제시한 '4개 개혁입법'도 제대로 실현하지 못했으며, 경제 민주화의 면에서 '삼성공화국'의 한 축이라는 비판을 받기에 이르렀고, 생태 민주화의 면에서 환경운동단체들이 '환경비상시국'을 선포할 정도로 엉망이다.

참여정부는 2002년 12월 노무현 대통령의 당선, 2004년 3월 노무현 대통령의 탄핵, 2004년 4월 총선에 이르기까지 시민사회의 적극적 지지를 통해 형성되고 유지되었다. 그러나 참여정부는 시민사회의 기대에 제대로 부응하지 못하고 정치공학과 토건국가 정책에 매달리는 낡은 모습을 보이고 있다. 더 늦기 전에 참여정부가 '민주화의 심화와 확장'으로 매진하기를 고대한다.[240]

보론5 　'민주화 착시'와 진정한 선진화의 과제

　　노무현이 대통령에 당선되었을 때, 가장 민주적이고 개혁적인 후보를 대통령으로 선출했다는 사실에 대한 기대가 대단히 컸다. 어떤 기대였는가? 다시 말할 것도 없이 그것은 민주화의 심화를 이루고 '좋은 사회'를 이룩하는 것이었다. 그것은 고성장과 민주화의 성과를 잘 살려서 '진정한 선진화'를 이루는 것이다.

　　그러나 결과는 아주 좋지 않다. 사회구성의 4대 영역에 조응하는 민주화의 4대 영역으로 평가해 볼 필요가 있다. 정치적 민주화, 경제적 민주화, 문화적 민주화, 생태적 민주화가 그것이다. 어느 영역에서도 노무현에 의해 민주화의 심화가 이루어졌다고 말할 수 없다. 지구화, 노령화, 양극화에 대한 대처에서도 실망은 크다. 주거, 교육, 의료로 대표되는 민생도 엉망이다.

　　한국적 사회문제의 핵심인 투기사회와 학벌사회의 문제는 노무현 정권에 의해 더욱 심하게 악화되었다. 국가의 정책결정과 재정구조를 왜곡하고, 산업구조와 고용구조의 개혁을 가로막고, 부패를 만연하게 하고, 국토를 파괴하는 망국적 '토건국가'의 문제는 노무현 정권에 의해 최대의 확장기를 맞게 되었다. 지역주의도 약화되기는커녕 개발주의와 결합하면서 더욱 악화되었다

　　노무현 정권은 인물이나 세력에 대한 '선험적 기대'가 대단히 잘못된 것이라는 사실을 아주 잘 가르쳐주었다. 이 교훈에서 시민운동은 두가지 과제를 이끌어내야 한다. 첫째, 부패·무능력·반민주 등의 문제에 대해서 적극적으로 대응해야 한다. 둘째, '좋은 사회'의 전망과 정책을 잘 세워서 적극적으로 제안하고 추진해야 한다.

　　민주화는 중요한 변화이지만 그 자체로 궁극적 목표는 아니다. 민주화가 중요한 이유는 그것이 모든 사회구성원에게 더 나은 삶을 살 수 있는 가능성을 높여주기 때문이다. 그러나 우리는 오랫동안 독재에 시달리면서 마치 민주화 자

체가 궁극적 목표인 것처럼 민주화를 신비화했다. 우리는 이러한 '민주화 착시'에서 벗어나야 한다.

더욱 큰 문제는 민주화를 주도한 사람들이 정권을 잡으면, 그것으로 곧 사회개혁이 완수될 것처럼 생각했다는 것이다. 이것은 민주화 자체를 궁극적 목표로 생각하는 것보다 더욱 심각한 '민주화 착시'가 아닐 수 없다. 민주화를 개인적 영달의 기회로 삼은 사람들도 분명히 적지 않다는 사실에 비추어 보자면 더욱 더 그렇다.

반독재 민주화와 정권의 민주화는 정치적 민주화의 시작일 뿐이었다. 그것은 정당의 민주화와 정부의 민주화로 이어졌어야 하며, 나아가 경제적 민주화, 문화적 민주화, 생태적 민주화로 발전했어야 한다. 그러나 정권의 민주화를 넘어서 민주화의 과제는 제대로 이루어지지 않았다. 그 결과 우리는 여전히 낡은 사회체계 속에서 살아가고 있다.

박정희의 개발독재가 확립한 낡은 사회체계를 그대로 내버려두고 정권만을 바꾸는 것으로는 결코 '좋은 사회'를 만들 수 없다. 노무현이 아니라 누가 대통령이 된다고 해도 마찬가지이다. 문제는 낡은 사회체계를 올바로 파악하고 개혁하는 것이다. 이를 위해 그 목표부터 명확히 설정하고 사회 전반으로 퍼트려야 한다.

우리가 실현해야 하는 목표는 '복지국가'이다. 개념이 낡았다는 등 하는 반론이 있기는 하지만 아무튼 내용적으로 '복지국가'는 우리가 실현할 수 있으며 실현해야 하는 '진정한 선진국'의 목표이다. 2007년의 대선은 '복지국가' 정책과 '반복지국가' 정책이 전면적으로 대결하는 자리가 되어야 한다.

그런데 한국에서 '복지국가'를 건설하기 위해서는 반드시 낡은 사회체계를 전면적으로 개혁하고자 하지 않으면 안 된다. 그 핵심에 '토건국가'의 문제가 자리잡고 있다. 매년 수십조원의 혈세가 불필요한 대규모 파괴적 개발사업으로 탕진되고 있다. 이러한 문제를 막고 삶의 질을 높이기 위해 우리의 '복지국가'는

'생태적 복지국가'가 되어야 한다.

    좀더 구체적으로 '토건국가'의 개혁은 막대한 혈세를 탕진해서 재정을 왜곡하고 국토를 파괴하는 주체인 개발부서들과 개발공사들을 통폐합하는 것으로 이루어진다. 예컨대 건교부와 수자원공사는 감사원에서 폐지를 권고한 '한탄강 댐 건설사업'을 사실상 원안대로 강행하고 있다. 이것은 1조 900억원의 혈세를 탕진해서 한탄강을 대대적으로 파괴하는 사업이다.

    2007년 대선에서는 낡은 사회체계를 개혁하고 한국 사회의 '진정한 선진화'를 이루기 위한 정책이 실제적 쟁점이 되어야 한다. 그 핵심에 개발독재 시대에 형성된 정부조직의 '진정한 선진화'가 자리잡고 있다. '노무현의 교훈'을 잊지 말고 이 중대한 역사적 과제를 올바로 달성하기 위해 최선을 다하자.

                                  2007년 5월 참여연대 홈페이지에 올린 칼럼

후주

1 오늘날 민족은 영어로 ethnic, 국민은 영어로 nation으로 표기된다. nation은 본래 민족을 뜻했으나 국가를 이루고 그 주체가 되어서 국민을 뜻하게 되었다. nationalism은 민족주의이나 국민주의, 국가주의로도 번역될 수 있다. 오늘날 국가주의는 statism으로 구분할 수 있다. state는 본래 '상태'를 뜻하는 말이나 state res publica라는 라틴어에서 국가를 뜻하는 말로 변화게 되었다. res publica는 republic의 어원으로 '공적인 것'이라는 뜻이다. 19세기 말에 일본에서 republic을 공화국으로 번역했는데, 군주가 아니라 국민들이 통치하는 것이다. 이 점에서 공화제와 민주제는 거의 같다. '공화'(共和)는 본래 3천년 전 주나라에서 폭군을 쫓아내고 귀족들이 공동통치를 한 것을 가리키기 위해 만들어진 말이나 현대의 공화제는 국민들이 통치하는 민주적 공화제를 뜻한다.

2 인류(人類, 사람 무리)는 8-700만 년 전쯤 원류(猿類, 원숭이 무리)인 침팬지와 분화되었고, 400만 년-200만 년 전쯤 아프리카에서 서식한 '오스트랄로피테쿠스'의 후손으로 추정된다. 그 명칭은 남쪽을 뜻하는 라틴어 australis와 원숭이를 뜻하는 그리스어 pithecus를 합쳐서 만든 것이다. 35만 년 전쯤 원현생 인류(homo sapiens)가, 16만 년 전쯤 현생 인류(homo sapiens sapiens)가 아프리카에서 나타났다. 10만 년 전쯤부터 현생 인류는 유럽으로, 중동으로, 아시아로 퍼져나갔고, 4만 년 전쯤 현생 인류가 유일한 인류로 남게 되었다. 1만5천 년 전쯤 현생 인류는 얼어붙은 베링해를 건너서 아메리카 대륙으로 건너갔다. 이 과정에서 현생 인류는 빙하기와 초대형 화산 폭발로 불과 1천여 명 정도로 줄어들어 거의 멸종 지경에 이르기도 했으나 다시 크게 늘어나서 결국 지구의 패자가 되었다. 인류의 유전적 다양성은 극히 낮아서 멸종 위기인 고릴라보다도 낮고, 인류의 유전적 차이는 거의 없는 상태이다.

3 오랫동안 1만 년 전 신석기 시대의 농업혁명으로 인류의 문명이 시작된 것으로 추정되었다. 그러나 1990년대에 터키의 '괴베클리 테페'(Göbekli Tepe, 배불뚝이 언덕)에서 1만2천 년 전의 거대 석조 유적이 발굴되어 인류의 문명이 수렵-채집 단계에서 이미 시작되었다는 사실이 밝혀졌다. 또한 현대 밀의 조상인 야생 밀의 흔적이 발굴되어 이 근처에서 농경이 시작됐을 것으로 추정된다. 석기 시대는 구석기 시

대(300만 년~9천 년 전 지속)와 신석기 시대(1만2천 년~8천 년 전 시작)로 나뉜다. 괴베클리 테페 유적은 구석기 시대의 말과 신석기 시대의 초에 지어진 것이다. 빙하기가 끝나고 풍족한 세상이 되어 인류는 이렇게 문명을 세우기 시작했던 것이다. 괴베클리 테페의 기술과 농업이 수메르로, 이집트로, 그리스로 퍼져나갔다. 터키는 인류 문명의 발상지다.

4 서기전 2333년에 수립된 고조선(古朝鮮)의 국명은 사실 조선인데, 1392년에 이성계가 건국한 조선과 구별하기 위해 앞에 옛 고(古)를 붙인 것이다.

5 백제의 도읍은 '위례'(慰禮)였고, 뒤에 '한성'(漢城)으로도 불렸다. 역사적으로 백제의 본체는 '위례(한성) 백제'이고, 그 유적은 풍납토성(본성)과 몽촌토성(별성)이다. 백제는 도읍을 웅진(공주)로 옮겼다가 다시 사비(부여)로 옮겼다.

6 남의 신라와 북의 발해의 '남북국 시대' 인식은 유득공(柳得恭, 1748~1807) 선생이 1784년에 펴낸 『발해고』에서 처음으로 명확히 제시했다. 유득공은 고려가 발해를 거란과 여진의 땅으로 여기고 고려의 역사에 포함하지 않은 것은 큰 잘못이었다고 비판했다. <한민족문화대백과사전>, '남북국 시대' 참고.

7 물론 고려와 조선은 강력한 신분제 국가로서 같은 민족이라고 해도 왕, 귀족, 평민, 천민 등은 사회적으로 명확히 다른 사람들로 엄격히 구분되었다. 그러나 세종대왕이 한글을 창제하고 지은 『훈민정음』에서 잘 드러나듯이 한민족의 의식은 분명히 있었다. "나랏·말ᄊᆞ미· 中國듕귁·에·달아· 文字문ᄍᆞ·와로· 서르 ᄉᆞᄆᆞᆺ디· 아니·ᄒᆞᆯᄊᆡ· 이·런 젼ᄎᆞ·로· 어린· 百姓ᄇᆡᆨ셩·이· 니르고·져· ᄒᆞᆯ· 배· 이셔·도· 무ᄎᆞᆷ·내· 제 ᄠᅳ·들· 시러· 펴디· 몯 ᄒᆞᆯ· 노·미· 하니·라·"는 『훈민정음』의 서문은 중국과 다른 조선의 민족(백성)을 위해 한글을 만들었다는 뜻을 분명히 밝혔다.

8 토템(totem)이 하늘, 곰, 호랑이인 부족들이다. '천손' 족은 하늘이 토템이 아니라 승리한 뒤 자신을 그렇게 정당화했을 것이다. 토템은 북아메리카 원주민의 말에서 유래된 것으로 한 가족이나 부족을 영적인 존재와 연결시켜주는 동식물을 비롯한 자연적 대상을 가리킨다.

9 한국에 3개월 이상 거주하고 있는 내국인(한국 국적자)과 외국인(외국 국적자)의 합이다.

10 통계청, 〈내·외국인 인구전망〉, 2022.4. 재외동포청, '재외동포 현황 총계', 2021년 기준. 통계청, '인구상황판', 2023.

11 2020년 현재 한국의 인구 밀도는 1km^2에 516명으로 세계 4위이다. 한국은 인구 밀도가 너무 높아서 경쟁이 치열하고 개발 훼손이 극심한 대표적인 국가다. 그런 만큼 강력한 개발 규제가 시행되어야 하는데, 30년에 걸친 박정희-전두환 군사-개발 독재의 결과로 개발-투기가 강력히 확립되어 제대로 개혁되지 못하고 있다(홍성태, 2007, 2011, 2019).

12 중국인도 민족과 국민을 구분해야 한다. 중국인은 93%의 한족(漢族)과 7%의 55개 소수 민족들로 이루어져 있다. 중국 영토의 절반은 본래 55개 소수 민족들의 영토이다. 중국 영토로 되어 있는 회족의 신장(新疆)과 티벳족의 티벳(吐蕃, 西藏)은 사실상 식민지 상태로 인식되고 있다.

13 중국과 북한은 '조선'이라는 말을 일반적으로 써서 '한민족'이 아니라 '조선 민족'이라고 말한다. 한국인, 한민족, 한국민 등은 모두 남한에서 일반적으로 쓰는 말이다. 조선이 대한제국으로, 다시 대한제국이 대한민국으로 바뀐 것이다. '조선'(朝鮮)은 '해가 뜨는 곳'이라는 뜻이다. 이성계가 국호를 조선으로 정해서 단군 조선은 '고조선', 즉 옛 조선으로 불리게 되었다. 사실 단군 조선 이래로 조선은 한민족의 나라를 가리키는 말로 쓰였다.

14 '재외 동포'(在外 同胞)는 외국에 거주하는 한민족을 뜻하는 법률 용어로 '재외 동포의 출입국과 법적 지위에 관한 법률', '재외동포재단법'에 규정되어 있다. 동포는 사는 곳에 상관 없이 같은 핏줄이라는 뜻이고, 교포(僑胞)는 외국에 사는 같은 동포라는 뜻인데, 교(僑)는 '더부살이 교'로서 교포라는 말은 쓰지 말아야 한다.

15 이 문제는 흔히 '삼정의 문란'으로 요약되며, 18세기 후반부터 계속 악화되고 말았다. 그 주역은 세도가로 불린 극소수 고위 양반 가문들과 이들의 주구로 가렴주구를 일삼은 수령-이전들이었다. 다산 정약용의 『목민심서』(1818, 1821)은 이에 대한 생생한 기록과 분석으로 대단히 중요한 연구서이자 정책서이다.

16 2020년 현재 전체 50만 명 정도이고, 러시아 153,156명, 우즈베키스탄 174,200명, 카자흐스탄 108,300명, 우크라이나 49,817명, 키르기스스탄 17,094명,

투르크메니스탄 2,500명, 타지키스탄 634명 등에 소련의 붕괴에 따른 혼란으로 무국적자가 된 고려인도 5만 명이 넘는 것으로 파악됐다. *Wikipedia*, 'Koryo-saram' 참고.

17 2023년에 홍범도 장군이 당한 참담한 수모는 부일 매국 세력이 한국을 지배하고 있다는 사실을 명확하게 입증해 준 역사적 사건이었다. 윤석열-국힘당 비리 정권은 육군사관학교의 독립전쟁 영웅실을 없애고 홍범도 장군의 역사를 왜곡하고 말소했다. 일제 장교 출신 박정희도 감히 하지 못했던 독립전쟁 역사를 파괴해 없애는 짓이 자행된 것이다. 이승만-박정희-전두환-노태우 44년 독재를 자행한 독재 세력은 일제에 빌붙었던 부일 매국 세력이 변신한 것이다. 이명박, 박근혜, 윤석열 비리 정권은 바로 이 매국-독재 세력의 후예이고 본진이며, 검비를 주축으로 하는 윤석열 비리 정권은 그 최악이다.

18 중국의 한민족은 조선족, 소련의 한민족은 고려인이다. Korea는 고려를 영어로 표기한 것으로 본래는 Corea로 표기했다.

19 사회주의-공산주의는 맑스주의의 정치적 목표로서 맑스주의는 프롤레타리아 독재를 통해 완전한 평등을 이룬다고 선전한다. 그런데 프롤레타리아 독재도 독재이기에 그 자체로 잘못이지만, 현실의 프롤레타리아 독재는 공산당 일당 독재/집권자 일인 독재로 나타났고, 수많은 반인권 악행들이 저질러졌다. 스탈린과 마오쩌둥은 그 명확한 예이다. 우리가 추구해야 하는 것은 민주주의와 복지주의이지 사회주의-공산주의가 아니다. 맑스주의는 노동가치설이라는 잘못된 전제 위에서 사회주의-공산주의라는 잘못된 목표를 추구하는 잘못된 이념이다. 평등을 향한 맑스의 정신은 기억될 가치가 있는 것이나 그의 이론은 19세기에 이미 파산된 것이다. 레닌이 맑스를 내세우지 않았다면 맑스는 19세기를 넘어설 수 없었다. 맑스가 있어서 레닌이 있었던 게 아니라 레닌이 맑스 신화를 만든 것이다. 미셸 푸코가 『말과 사물』에서 맑스주의를 '물고기와 같이 19세기 사고 내에서 존속'하고 그것이 일으킨 풍파는 '아이들의 얕은 풀에서 생기는 폭풍에 불과'(Foucault, 1966: 309)하다고 평가한 것은 지식사의 면에서 분명히 타당하다.

20 한민족의 인구는 1500년대에 500만 명, 1900년대 초에 1200만 명, 1930년대 초에 2000만 명, 1945년에 2500만 명 정도였던 것으로 추산된다. 그런데 여기에

1860년대부터 시작된 한민족의 외국 이주를 고려해야 한다. 국사편찬위 편, 『신편한국사』 33권의 '인구의 증가와 분포', 국가기록원의 '인구정책' 등을 참고.

21   한국은 일본의 침략과 강점으로 사실상 50년에 걸쳐 너무나 큰 고통을 겪었다. 2차 대전에서 일본의 패전은 한국이 겪은 고통의 치유로 이어졌어야 했다. 그러나 한국은 분단과 전쟁의 고통을 겪게 됐다. 한국 전쟁으로 일본은 엄청난 부를 누리게 되었고, 한국은 최악의 파괴와 독재를 겪게 되었다. 전범국 독일이 분단됐던 것처럼 전범국 일본이 분단됐어야 했다. 동북아에서 인류의 역사는 너무나 지독한 왜곡을 겪었다. 가장 큰 고통이 한민족에게 가해졌다. 이런 점에서 한국의 성공은 더욱 더 놀라운 것이고, 한국의 독립전쟁과 민주투쟁은 한도을 넘어서 인류의 위대성을 입증하는 거대한 역사적 가치를 갖는다.

22   National을 독일어로는 '나치오날'로 읽으며, 나치(Nazi)라는 말은 여기서 유래된 멸칭으로, '나치를 떠드는 놈들'을 뜻한다. 나치는 민족이나 국가를 뜻하는데, 본래는 민족을 뜻하는 말이고, 나치는 미친 듯한 반유대주의-게르만주의를 내세운 것들이니 민족으로 옮기는 게 옳다.

23   전체 인류를 대상으로 한 유전자 조사의 결과다. <나무위키>의 '몽골인'에 제시된 '전 세계에 존재하는 42개 인구 집단 간의 유전적 거리' 참고.

24   인류는 유전자의 99.9%가 같은 단일 종이다. 인종은 아종도 아니고 그냥 지리적 적응형-생태적 표현형일 뿐이다. 아프리카의 흑인, 유럽의 백인, 동양의 황인 등 셋이 대표적인 예이지만, 인도의 갈인, 아메리카의 홍인 등 다섯으로 나누기도 한다. 그러나 이 구분은 그저 현상적인 것이다.

25   세종대왕은 오래 연구해서 1443년에 새 글자들을 만들고 1446년에 '훈민정음'(訓民正音)이라는 이름으로 발표했다. 훈민정음은 '백성을 가르치는 바른 소리'라는 뜻이다. '한글'이라는 이름은 주시경 선생(1876~1914)이 1910년대 초에 만든 것으로 여겨진다.

26   북한에서는 '조선어' 또는 '조선말'이라고 한다. 사실 북한은 남조선, 북조선이라고 한다. 영어로는 어디서나 Korea인데, 이 말은 '고려'에서 온 것이다.

27   비교언어학에서 고립어는 다른 언어들과 연관관계를 찾을 수 없는 언어를 뜻

하며, 한국어는 비교언어학상 고립어의 대표 사례다.

28   언어유형론에서 단어의 위치에 따라 뜻이 달라지는 언어로 '위치어'(位置語)가 더 적합하다.

29   사실 한국어는 지역마다 구별되는 여러 방언들로 이루어져 있다. 이 중에서 제주도는 특히 많이 달라서 아예 '제주어'로 제시되고 있다. '표준 한국어'는 일제 강점기인 1912년에 일제에 의해 '경성어를 표준으로' 해서 처음 제정됐고, 1933년에 조선어학회에서 '표준말은 대체로 현재 중류 사회에서 쓰는 서울말로 한다'는 기준으로 <한글 맞춤법 통일안>을 제시했다. 해방 뒤 오랜 논의를 거쳐 1988년에 표준어 규정과 한글 맞춤법이 제정됐다. 현재의 표준어의 기준은 '교양 있는 사람들이 두루 쓰는 서울말'로 표준어를 쓰지 않으면 교양이 없는 사람이 되는 황당한 차별의 문제를 안고 있다. 국립국어원은 <표준어 해설집>에서 '표준어를 못하면 교양 없는 사람이 된다는 점을 강조'하는 것이라고 공표했다.

30   당신(當身)은 원래 상대방을 뜻하는 한자다. 이 말은 이렇게 다양한 뜻으로 쓰이나 제대로 교육을 받은 한국인은 다 알아듣는다. 그러나 심지어 국회의원으로 이 말을 제대로 배우지 못해서 공연한 사달이 나게 한 것도 있다.

31   존비법은 공식화된 차별의 언어로서 생물적 차이에서 비롯되는 연령 차별을 넘어서 각종 사회적 차별의 문제를 악화시킬 수 있다.

32   '희안하다'가 아니라 '희한(稀罕)하다'이고, '부화가 나다'가 아니라 '부아가 나다'이다. 부아와 허파는 폐를 뜻하는 우리말이고, 희한은 아주 드물다는 뜻의 한자어이다. '사단이 나다'가 아니라 '사달이 나다'이다. 사단(事端)은 일의 시작을 뜻하는 한자어이고, 사달은 사고나 탈을 뜻하는 우리말이다. 올바른 소통을 위해 한자 교육은 반드시 필요하다.

33   강력한 유일신 종교인 기독교도 이 위에서 작동한다. 사실 기독교는 독점적 정령-토템-영매를 주장하는 종교라고 할 수 있다.

34   무당(巫堂). 신을 모시고 내리게 한다는 자. 샤먼(shaman)은 퉁구스족의 제사장을 일컫는 말이었다. 무(巫)는 '하늘과 땅 사이에서 춤을 추는 사람을 형상화한 글자'이고, "여자로서 모양이 없는 것을 섬겨서 춤으로써 신을 내리게 할 수 있는 자'를

뜻한다. '모양이 없는 것'은 신, 귀신, 정령 등을 뜻한다. 갑골문자로 보면, 巫는 舞의 원형이며, 뒤에 巫는 신을 내리게 하려고 춤을 추는 자인 무당을, 舞는 춤 자체를 뜻하게 되었다. 한자에서 巫는 여자 무당이고, 남자 구당은 격(覡)이다. 여자 무당은 무당이나 만신(萬神)으로, 남자 무당은 박수나 박수무당으로 부른다. 박수는 博數라는 한자로 표기되지도 하지만 알타이어계에서 쓰는 말을 한자로 표기한 것일 뿐이다. <우리역사 넷>, '므당'과 <중국학 위키백과>, '巫'를 참고.

35 한국은 목사, 승려 등의 비난와 범죄가 대단히 심각하다. 불교, 기독교 등의 사제들이 강력한 종교인 불교, 기독교 등을 내세워서 사이비 무당의 짓을 한다.

36 삼강은 사회의 세 기본을, 오륜은 인간의 다섯 도리를 뜻한다. 이것은 한나라 때 유교를 국가 이념으로 확립한 동중서(董仲舒, 서기전 176?~서기전 104년)가 제시한 것이다. <한국민족문화대백과사전>의 '삼강오륜'을 참고.

37 가족주의는 무조건 비난해야 할 것이 아니다. 문제는 가족주의의 확대와 악용이다. 가족주의가 지배하는 사회는 가족을 넘어선 사회의 제도가 제대로 작동하지 않는 후진 사회이다. 이것은 비리가 판치는 비리사회의 원천이다.

38 한국에서 국가는 민족의 정치적 외형이다. 국가(國家)라는 말 자체가 나라를 집의 확대로 보는 생각의 산물이다.

39 농경사회는 집단주의가 강하고, 목축사회는 개체주의가 강하다. 동양과 서양의 차이는 농경과 목축의 차이로 거슬러 올라가야 한다.

40 한국인은 이념으로는 가족과 민족을 최고 가치로 여기나, 현실에서는 회사가 가족을, 국가가 민족을 제압했다. 민주화의 결과로 개인의 강화와 가족의 재구성, 국가의 재구성이 계속 진행됐다. 개인과 가족을 중시하는 것은 잘못이 아니라 당연한 것이고 올바른 것이다. 문제는 자기만, 내 가족만 중시하는 것이다. 내가 중하면 남도 중하고, 내 가족이 중하면 남의 가족도 중하다는 당연한 사실이 올바로 확립되지 않은 것이 한국 사회의 기본 문제를 이룬다.

41 가장 학력이 높은 인구층인 2030 남자들이 가장 학력이 낮은 인구층인 60대 이상과 같은 수준으로 윤석열을 극력 지지했던 것은 투기에 대한 기대가 가장 큰 영향을 미쳤다. 2030 남자들은 경제적으로 가정을 책임지는 '가장'이 되어야 한다는 기

대가 일반적이어서 돈에 대한 욕구와 불안이 가장 크다. 2030 여자들은 그렇지 않다. 그런데 2030 여자들의 남편감에 대한 경제적 기대는 극히 높은 상태이다. 2030 남자들이 주식, 코인, 부동산 투기에 빠지는 이유다.

42 이런 점에서 '반미'(anti-america, anti-USA)는 잘못된 것이 아니라 당연한 것이고 올바른 것이다(홍성태, 2004).

43 나는 오래 전에 이것을 역사-구조적 접근으로 제시했다. 현재의 구조는 그냥 있게 된 것이 아니라 역사를 통해 여러 주체들의 투쟁과 협력에 의해 형성된 것이다.

44 민주 개혁 세력은 자유주의, 민주주의, 합리주의를 기초로 하며, 오늘날은 '인류세'에 대응해서 생태주의를 적극 추구한다. 민주 개혁 세력은 생태복지국가를 추구해야 한다. 19세기 유럽에서 만들어진 보수-진보의 구도는 잘못된 것이다. 비리-합리의 구도가 모든 사회의 기본이며, 이 위에서 구체적인 정책을 대상으로 보수-진보가 구분될 수 있다.

45 비리 세력은 언제나 '보수'를 자처한다. 그러나 그 실체는 '보참비'(보수 참칭 비리)이다. 이것들은 부일 매국-독재를 '보수'로 내세운다. 이 세상의 어떤 보수도 매국을 내세우지 않고, 매국-독재를 추구하지 않는다. 보수의 최고 기초는 민족이다. 현대의 보수는 자유, 민주, 합리, 복지, 생태 등을 거부하지 않는다.

46 이에 대해 김진균 교수는 일찍이 '연줄 결속체'론을 제시해서 혈연, 지연, 학연 등의 연줄로 얽힌 집단적 관계를 모르고는 한국 사회를 알 수 없다고 지적했다(김진균, 1984). 서구의 근대화에서 제시된 계급, 계층 등의 개념으로는 한국 사회를 올바로 인식할 수 없는 것이다. 근대화는 모든 지역, 모든 국가에서 특수한 내용과 형식으로 진행됐다. 김진균은 1937년 생으로 서울대 사회학과 57학번이며, 1968년 1월 서울대 상대 교수로 부임해서 '산업사회학' 강의를 했고, 1975년 3월 서울대 사회학과 교수로 옮겼다. 그는 서구의 근대화론을 기본으로 해서 연구와 강의에 전념하던 '비운동권' 교수였다. 그러나 그는 419세대로서 민족과 민주에 대한 열망을 품고 있었고, 박정희 군사독재에 대해 당연히 비판적이었다. 1979년 그의 동생 김세균을 비롯한 여러 청년 지식인들이 박정희 독재에 체포되어 가혹한 고문과 형벌을 당하자 김진균은 본격적으로 민주화운동과 결합하게 되었다. 그 결과 그는 1980년 7월 전두

환 반란군에 의해 해직됐고, 만 4년 뒤인 1984년 2학기에 복직됐다. 그는 1983년 7월 제자들과 상도연구실을 열었는데, 이곳을 모태로 산업사회연구회가 조직됐고, 이 연구회가 산업사회학회로, 다시 비판사회학회로 발전했다. 1990년 3월 김진균은 제자들과 서울사회과학연구소를 설립했는데, 1991년 6월 노태우 독재는 6명의 연구원들을 체포-구속하는 '서사연' 사건을 일으켰다. 김진균을 '빨갱이'로 몰아 구속-처벌하고 김진균이 적극 지원하고 있던 민주노조운동을 탄압하기 위한 공작의 일환이었다. 김진균은 419혁명 세대로서 평생 민족-민주를 위한 학문과 실천에 전념했다. 김진균은 대동사회를 추구했는데, 그 정체는 민중민주주의로 제시됐고, 그 실체는 복지국가라고 할 수 있다(홍성태, 2023). 그는 2004년 2월 14일 병으로 영면했는데, 선배인 이상희와 강만길은 그의 명정(銘旌)에 쓸 문구를 '민중의 스승'으로 정해서 그의 삶을 기렸다(홍성태, 『김진균 평전』, 2014를 참고).

47 사법을 바로 세우기 위해서는 검버와 판비를 척결해야 하고, 이를 위해서는 올바른 입법이 이루어져야 하고, 이를 위해서는 국회를 바로 세워야 하고, 이를 위해서는 합리파가 기회파를 설득해서 비리파를 확실히 제압해야 한다. 이것은 참으로 지난한 과제이다. 로버트 퍼트넘 교수는 이탈리아의 민주화에 관한 역사적 연구에서 비리파의 문제를 해결하기 위해서 계속 비리파에 맞서고 올바른 제도를 추구하는 수밖에 없다고 결론지었다(Putnam, 1993).

48 합계 출산율이 2020년에 0.84명으로 세계 최초로 0.8명대를 기록했다. 당시 일본은 1.33명이었고, OECD의 평균 합계 출산율은 1.59명이었다. 2021년은 0.81명, 2022년은 0.7명대로 떨어졌다. 합계 출산율은 여자가 가임기간(15~49살)에 낳을 것으로 기대되는 평균 출생아 수를 뜻한다.

49 한국에서 대도시의 기준은 인구 50만 명이다('지방자치법 제198조'). 제주시는 49만 명으로 24위이다. <위키백과>의 '대한민국의 인구순 도시 목록-2021년 6월 현재' 참고.

50 이 의원회를 폐지하는 것을 넘어서 이 위원회와 주관부서인 여성가족부에 대한 전면적인 감사와 수사가 반드시 시행돼야 한다. 여성가족부는 여성, 가족, 청소년을 맡고 있는데, 이 구성 자체가 잘못된 것이다. 가족과 청소년은 행정부에서 맡아야 한다. 이 부서의 영어명은 Woman(여성)이 아니라 Gender Equality(성평등)를 쓰

고 있는데 이것은 명백한 오역이나 왜곡에 해당되는 것이다.

51   계급(class)은 맑스주의의 기본 개념으로 생산관계에서의 위치를 뜻한다. 자본주의의 대표 계급은 자본을 가져서 노동자를 고용할 수 있는 자본가와 자본이 없어서 노동력을 팔아야 하는 노동자다. 그런데 경제성장에 따라 이 관계가 대단히 복잡해지고, 인권의 신장으로 자본가의 약화와 노동자의 강화가 이루어져서, 계급 개념은 유효성을 거의 잃었기 때문에 거의 쓰이지 않는다. 이에 비해 계층(stratum)은 여러 기준으로 사람들을 층화하는 것이어서 유용하게 쓰인다.

52   '처분가능소득'은 '소득에서 조세, 연금, 사회보험료, 이자비용, 가구 간 이전 등의 비소비지출금액을 공제한, 실제로 가구에서 처분할 수 있는 소득'을 뜻한다.

53   사람들의 행위는 물질적 상태가 아니라 정신적 상태의 영향을 더 강하게 받는다. 교육과 언론을 통한 세뇌의 문제가 극히 중요하다. 이른바 '기레기' 문제를 방치하면 히틀러-괴벨스의 나치 독일은 어디서나 나타날 수 있다.

54   따라서 이것을 당연한 것으로 제시하는 것은 '지적 사기'에 가까운 것이다.

55   이른바 '이대남 현상'이 그것이다. 20대 남자의 다수가 적극 독재 세력을 지지한 것인데, 실은 30대 남자의 경우도 마찬가지였다. 독재 세력은 보수를 참칭하며 노인을 중심으로 하기에 2030 남자의 다수는 독재 세력을 거부했다. 민주당은 2019년 2월에 이 문제를 정확히 파악한 '이대남 보고서'를 작성했으나, 페미파의 극렬한 반발로 이에 대해 올바로 대응하지 못하고, 오히려 페미-메갈을 전면에 내세우는 실수를 저질러서 2022년 5월 대선에서 패했다.

56   여기서 독일이 대단히 중요한 모범이다. 독일은 철저히 나치 비리세력을 청산했고, 검판언비를 철저히 척결해서 선진국이 될 수 있었다. 한국은 나치-일제의 앞잡이 부일 매국노가 단 한 명도 처형되지 않았고 여전히 지배 세력으로 군림하고 있으며, 그 대표인 검판언비가 견고한 카르텔을 형성해서 법치를 농락하고 나라를 망치고 있다. 이 명백한 차이를 말하지 않고 '선진 독일-후진 한국'을 떠드는 것은 현실을 크게 오도하고 왜곡하는 것이다.

57   2024년 12월 3일 윤석열의 '계엄-반란'에 국민적 저항이 펼쳐졌다. 여기에 청년층과 장년층이 대거 나서면서 MZ세대는 '민주세대'의 약자로 재해석되었다.

58 '베이비 붐'(baby boom)이란 직역하면 '아기 폭증'이다. 전쟁과 같은 사회적 고난기에는 출산이 크게 줄었다가 그 직후에 출산이 폭증하는 현상을 가리킨다. 한국의 '출산 폭증 세대'는 1차 베이비붐 세대(1955년~1963년생, 705만 명)와 2차 베이비붐 세대(1964년~1974년생, 954만 명)로 구분된다. 2024년부터 2차 베이비 부모의 은퇴가 시작됐다.

59 2020년대에 60대 이상, 즉 1960년 이전에 출생한 노인층은 무려 70~90%의 비율로 이승만-박정희-전두환 독재를 극력 지지했다. 이들은 투표만 이렇게 하는 게 아니라 거리로 몰려나와 무시로 극히 폭력적인 집회와 시위를 벌이며 극렬하게 이승만-박정희-전두환 학살 독재를 지지하고 사람들을 위협하고 거리를 어지럽혔다.

60 한완상은 1936년 생으로 서울대 사회학과 55학번이며, 1967년 미국의 에모리대에서 박사 학위를 하고, 1970년 서울대 사회학과 교수로 부임했다. 그는 1975년 3월 1일 기독자교수협의회에서 박정희의 유신 독재를 비판하는 성명서를 낭독하는 등 반독재 민주화 운동을 적극 벌여서 1976년 2월 재임용 탈락의 방식으로 해직당했다. 1979년 10월 26일 박정희가 김재규 장군에게 사살되고 민주화의 요구가 강력히 분출되자 12월 12일 1차 쿠데타로 권력을 장악한 전두환 신군부가 해직 교수들의 복직을 추진해서 한완상은 1980년 1학기에 복직됐다. 그러나 1980년 5월 17일 밤, 2차 쿠데타를 일으킨 전두환 일당은 한완상을 체포해서 구속했다. 그는 1980년 11월에 겨우 석방됐고, 1981년 9월 미국으로 건너갔고, 1984년 2학기에 서울대에 복직됐다. 그의 석방과 도미에 당시 에모리 대 총장으로 뒤에 주한 대사가 된 제임스 레이니가 크게 애썼다.

61 1993년에 『신세대 네 멋대로 해라』라는 책이 출판되어 큰 주목을 받았다. 당시 신세대는 주로 20대를 뜻했는데, 이들은 개인의 자유와 다양한 문화를 적극 추구해서 한국 사회를 크게 바꾸었다. '한류'는 바로 이 신세대로부터 시작된 것이다.

62 청년 남녀의 갈등은 세계적인 현상이다. 인터넷에 의한 부족화(tribalization)가 여기에 큰 영향을 미쳤다. 이른바 '커뮤니티'(공동체)라는 이름으로 끼리끼리 소통이 강화되고 사회의 분절화가 촉진된 것이다. 이와 함께 한국은 남성 징병제에 의한 남녀 차별 문제가 근원에 놓여 있다.

63 여기에는 이명박 비리 정권이 자행한 교육-언론 개악=히틀러-괴벨스화의 영향이 대단히 크게 작용했다. 이명박 비리 정권은 매국-독재 비리 세력의 정권으로 이것들은 '뉴라이트'라는 말로 그 정체를 호도하고 매국-독재를 추구했다. 이를 위해 이명박 비리 정권은 종편 방송과 인터넷 장악을 강행했다. 2022년 대선에서 20대 여자의 30%와 30대 여자의 35%도 윤석열-국힘당을 지지했는데, 매국-독재 비리 세력이 극심한 여성 비하 세력이라는 점에서 대단히 놀라운 사실이다.

64 윤석열-국힘당의 집권으로 매국-독재 비리 세력의 문제가 적나라하게 드러나고 나라가 그야말로 망국적 상태로 치닫게 되면서 당연하게도 '이대남 현상'은 급속히 약화됐다. 많은 2030이 매국-독재 세력의 2차 군사반란인 '12.12 군사반란'을 다룬 영화 <서울의 봄>을 보면서 매국-독재 세력의 극악한 부정의 불공정 실체를 인식하게 되었다. 그러나 2030이 매국-독재 비리 세력에게 세뇌되어 엉터리 공정과 투기를 극렬히 추구하는 문제가 해소된 것은 아니다. 매국 대 독립, 독재 대 민주, 비리 대 합리가 한국의 기본 대립선이라는 사실을 올바로 인식하고 널리 알려야 한다. 사실 세계 어디서나 마찬가지다. 19세기 서구에서 형성된 보수 대 진보의 대립은 부차적인 것이다.

65 조영태, '인구절벽 넘어, 지속가능한 미래로', <이데일리> 2023.6.21.

66 <신편 한국사 33권>, '인구의 증감' 참고. 국사편찬위원회의 '우리역사 넷'에서 제공.

67 서울의 인구 밀도는 단연 OECD 1위이며, 뉴욕의 8배, 도쿄의 3배였다. <한겨레> 2009.12.14.

68 이하림 · 황인도(2023), '초저출산 및 초고령사회 (1): 심각성과 그 원인은?'과 '초저출산 및 초고령사회 (2): 대책과 그 효과는?', 한국은행 경제연구원, www.bok.or.kr

69 나는 2008년부터 청년층, 특히 20대를 '불안 세대'로 불렀다. 과도한 경쟁과 비리의 난민사회와 불안정 비정규 노동의 확대가 그 원천이다.

70 대통령 소속 자문위원회로 대통령이 당연직 위원장이고, 부위원장은 장관급으로 사무처를 총괄한다. 2005년 9월 '저출산 · 고령사회기본법'의 시행과 함께 출범했

고, 2006년 8월 제1차 저출산·고령사회 기본계획(2006-2010년)이 시작됐다.

71 nation은 본래 공통 조상, 공통 언어, 공통 문화 등을 가진 민족을 뜻하는 말이지만 국민, 국가도 뜻하는 말로 변했기 때문에 문맥에 따라 주의해야 한다.

72 sovereign은 supreme, 즉 최고의 상태를 뜻한다. 이로부터 sovereignty는 최고 권력, 최고 권위를 뜻하게 됐다. 주권은 주인의 권력으로 대외적으로 다른 국가들에 대해 독립을 유지하고, 대내적으로 모든 사람들에게 강제력을 행사하는 능력이다.

73 마키아벨리는 『군주론』(1532)에서 국가(state)라는 개념을 정리하고, 그 요소로 '토지, 인간, 지배력'을 제시했다. '1933년 국가의 권리 및 의무에 관한 몬테비데오 협약'은 항구적인 주민, 일정한 영토, 정부, 다른 국가와 관계를 맺을 수 있는 능력 등 네 가지를 국가의 요소로 규정했다.

74 법률적으로 공(public)은 중앙과 지방의 둘로 나뉜다. 사(private)는 개인과 집단의 둘로 나뉘는데, 집단은 공동체, 회사, 동호회, 시민단체 등으로 다양하다. 집단은 개인에 대해 공과 비슷한 성격을 가져서 집단을 공으로 여기기도 하지만 이것은 틀린 것이다. 공은 사에 대해 합법적 강제력인 권력의 집행주체라는 특수한 지위를 갖는다. 민주주의에서 공은 사에 의해 형성되며, 사에 의해 철저히 관리돼야 하는데, 그것은 인권을 기초로 1인1표로 시행된다.

75 구미에서 군주제(monarchy)에 반대되는 것으로 17-19세기에 널리 제기된 것은 공화제(republic)였으나 민주제(democracy)가 더 명확히 반대되는 것이다. 공화제는 귀족의 공동 통치도 해당되고, 민주제는 인민 또는 평민의 통치이다. 즉 공화제는 귀족 공화제도 있고, 인민 공화제도 있다. 20세기에 들어와서 민주주의가 최고의 선진적 정치제로 확립된 것은 이 때문이다. 민주공화국, 즉 민주적 공화국은 주권자인 국민의 합의를 통해 운영되는 국가를 뜻한다. 합의는 국민의 자유투표로 결정된다. 민주공화국에서는 선발된 소수가 엉터리로 정치를 하면 주권자인 국민이 그것들을 처벌할 의무와 권리를 갖는다.

76 한족(漢族)은 중국의 고대 제국인 '한'(漢)의 후예라는 뜻이다. 중국의 영어명인 china는 중국의 첫 제국인 '진'(秦)에서 온 말이다.

77 삼권 분립(三權 分立, Trias politica, Tripartite system)은 합법적 강제력인 국

가 권력을 분립시켜 권력의 전횡을 막기 위한 권력 분립(separation of piowers)의 대표적인 방식이다. 고대 로마 공화국에서 연원한 것으로 입법(민회, 민주정), 행정(집정관, 귀족정), 사법(원로원, 군주정)을 분립해서 1인 독재(참주 정치)는 물론 다수 독재(중우 정치)도 막기 위해 고안된 것이다.

78   브라질과 알바니아는 그 중요한 예다. 브라질의 검비 독재 문제에 대해서 '위기의 민주주의: 룰라에서 탄핵까지', 넷플릭스, 2019를 참고. 한국에서는 2019년 7월부터 검비 반란이 시작됐고, 2022년 5월부터 검비 독재가 시작됐다. 2022년 브라질의 룰라는 브라질 역사상 최초의 3선 대통령에 당선되어 합법적 형식을 취한 법비 반란과 법비 독재를 종식시킬 길을 열었다.

79   '한반도'(韓半島)는 사실 일본이 만든 말이다. 우리는 '한반도'는 물론 '반도'라는 말도 쓰지 않았다. 일본은 우리를 대륙과 해양에 끼어서 고통받고 눈치보는 어줍잖은 민족으로 보이게 하기 위해 이 말을 만들어 퍼트렸다. 문화 침략의 대표 사례다. 오늘날 이 말은 너무나 널리 퍼졌다. 이 말은 쓰지 않는 게 가장 좋겠지만, 쓸 때는 연원을 정확히 알고 써야 한다.

80   공화국(共和國)은 영어로 republic이고, 이 말은 라틴어 res publica에서 왔다. res는 '것'이라는 뜻이고, publica는 '공적인'이라는 뜻으로, res publica는 '공적인 것'이라는 뜻이다. 이 말은 고대 그리스의 아테네 민주제에서 유래했다. 노예제 도시국가 아테네에서 자유시민 중 성인 남성은 모두 정치에 참여할 수 있고 참여해야 했다. 이로부터 본래 음모(陰毛)를 뜻하는 말에서 성인을 뜻하게 된 그리스 어 pubes/pubis가 공적인 것을, 즉 국가의 일을 뜻하게 됐다. 이 말이 publica(공적인)의 어원이다. 19세기 중반 일본에서 republic을 공화국으로 번역했는데, 공화(共和)는 본래 중국에서 쓴 말로서, 역사적으로 3천년 전 주나라 때 몇 귀족이 공동통치한 한 시기를 뜻하고, 말 자체는 모두가 함께 참여해서 합의를 이루는 것을 뜻한다.

81   僑는 '더부살이 교'로서 교민, 교포는 별로 좋은 말이 아니다. 재외 국민, 재외 동포가 적절한 말이다.

82   그런데 우리 헌법은 6조에서 국제법규의 존중을 규정하고 있다. 이에 따르면 남한과 함께 유엔에 가입한 북한은 독립된 국가로 인정되는 것이 당연히 옳은 것이다.

83 GDP와 1인당 GDP는 IMF, 민주주의 지수는 영국의 〈이코노미스트〉의 부설 연구소, 사법 신뢰도는 OECD 보고서 등, 언론 자유도는 프랑스의 '국경 없는 기자회', 언론 신뢰도는 영국 옥스퍼드대 부설 '로이터 저널리즘 연구소', 부패 인식도는 독일의 NGO인 국제 투명성 기구 등이다. '선진국'을 평가하는 기본 질적 지표는 민주주의, 언론 자유, 부패 해소 등인데, 각각 영국, 프랑스, 독일의 민간 기구들이 가장 저명한 조사 결과를 발표하고 있다.

84 문재인 정부 때인 2021년 한국의 국력수지는 세계 18위였으나, 윤석열-국힘당 정권이 들어서고 2022년은 세계 197위로, 2023년 상반기는 세계 200위로 폭락했다. 윤석열-국힘당 정권이 나라를 극도로 비정상 상태로, 가히 망국적 상태로 망친 것이다.

85 단양 금굴 구석기 유적(丹陽 金窟 舊石器 遺蹟). "이 유적은 우리나라에서 가장 이른 시기(약 70만년 전)부터 3000년 전까지 사람이 살았던 석회암 동굴 유적으로 해발 135m 높이에 있다. 동굴은 높이 8m, 너비 7~10m, 길이 85m이고, 남들이가 남쪽 한강을 앞으로 바라보고 있다. 이 굴에서 멀지 않은 곳에 제원 점말 용굴 유적, 단양 상시 바위그늘 유적, 수양개 유적, 창내 유적 등의 구석기 유적들이 있어 이 지역은 우리나라 선사시대 보금자리이기도 하다." (한국 민족문화 대백과사전, 국가문화유산 포털 등 참고)

86 '단군 조선'은 하늘에서 내려온 환웅(桓雄)과 곰과 호랑이의 신화로 되어 있지만, 그 역사적 실체는 환웅의 부족이 곰을 받드는 부족을 복속시켜 부족 연합의 국가를 이룬 것이다. 단군 조선이 대제국이었다는 『구원사화』니 『환단고기』니 하는 것은 모두 '귀서'(僞書), 즉 허위사실의 책이다. 그러나 이 책들은 조선이 망하던 조선 후기에 단군을 중심으로 민족주의를 고취하려는 '단군 민족주의'의 형성을 보여주는 중요 사례다. 한편 중국에 기자(箕子)라는 귀인이 있었는데, 상(商, 서기전 1600~서기전 1046년. 은(殷)이 마지막 수도여서 '은나라'로도 부른다.)이 망하자 단군 조선으로 와서 단군 조선의 왕이 되어 천년 동안 통치했다는 '기자 조선'이니 하는 것은 조선이 유교 국가 조선을 유교 원조 중국에 버금가는 국가로 내세우기 위해 널리 퍼트린 허구일 뿐이다. 기자(箕子)라는 자 자체가 허구다.

87 '중국의 한이 설치한 네 개의 군'이라는 뜻이다. 진(秦, 서기전 900년경~서기전 206년)은 550년여 걸쳐 수십 개의 나라들이 난립해서 전쟁을 벌인 춘추전국 시

대(서기전 770~서기전 221년)를 끝내고 진 제국(서기전 221~서기전 206년)이 되어 주(周)의 봉건제(封建制)를 계승하지 않고 군현제(郡縣制)를 실시했다. 봉건제는 왕이 지역들을 귀족들에게 나눠주고 충성을 바치게 하는 분권제이고, 군현제는 왕이 관리들을 지역들에 파견해서 통치하는 집권제이다. 진 이후 중국의 지방 통치는 군현제로 확립됐다. 군은 주, 도, 성 등으로 바뀌었다.

88 '한'은 많다, 크다, 하나 등의 뜻을 가진 우리말로서 韓은 그것을 한자로 적은 것이다. 단군이 조선을 세운 이래로 요동, 만주, 한반도 등이 조선으로 불렸고, 삼한은 본래 마한, 진한, 변한을 뜻했으나 당나라 때에 고구려, 백제, 신라의 삼국을 뜻하는 것으로 변했다. <한국 민족문화 대백과사전>의 '한(韓)'을 참고.

89 대한민국이 1948년 8월 15일 건국됐다는 주장은 사실을 완전히 부정하는 틀린 것이자 헌법을 정면으로 부정하는 잘못된 것이다. 매국 세력은 독립전쟁을 부정하고 매국 세력을 건국 세력으로 위장하기 위해 이런 틀리고 잘못된 반헌법 주장을 하고 있다. 이것은 나치가 민주 세력이라는 주장보다 더 극악한 주장이다.

90 정성미(2016), '동학농민혁명 기록물의 현황과 기록학적 분석 시론', <기록학 연구> 50, 247쪽.

91 동학의 최고 목표는 나라를 지키고 백성을 편하게 하는 '보국안민'이었고, 이를 위해 폭정을 끝내고 백성을 구하는 '제폭구민'을 추진하고, 일본과 서양의 침략에 맞서는 '척왜양'을 추진했다.

92 일본이 자행한 최대 학살은 1937년 12월 13일부터 불과 6주 동안 난징(南京)에서 12-30만 명의 중국인을 온갖 잔혹한 방법으로 학살하고 8만 명 정도의 여성들을 강간한 것이다. 일본군은 노소를 불문하고 여성들을 닥치는 대로 강간하고 이어서 극도로 잔악하게 학살했다. 일본군이 나치군보다 더 잔혹하고 야비했다.

93 국립묘지의 민족 반역자들은 반드시 파묘해야 한다. 이것은 국가 정상화의 당연한 기본일 뿐이다.

94 맑스(Karl Marx, 1818~83)의 자본주의 주장은 '정교한 망상'이다. 상품의 가치는 물론 잉여가치도 투여된 노동시간으로 결정되지 않는다. 정치가 사회의 작동을 규정하며, 경제는 사회의 기반을 이룬다. 사회주의/공산주의는 자유가 아니라 통제

로 작동되는 것으로서 인간의 본성인 자유를 부정하는 것이기에 불과 100년도 지속되지 못하고 패망했다. 맑스의 정신은 계속 인정될 수 있어도 그의 이론은 애초에 인정될 수 없는 것이었다. 우리는 존 롤스의 '공정으로서 정의'와 아마티아 센의 '발전으로서 자유'를 사회 발전의 기초로 삼아야 한다.

95   본래 9만여km²였으나 박정희 개발독재 이러 갯벌을 너무나 많이 매립해서 면적이 늘어났다. 간석지(干潟地, tidal flat)는 갯벌을 뜻하고, 간척지(干拓地, reclamation land)는 갯벌을 매립해서 만든 땅을 뜻한다. 간석, 간척, 간조(干潮)의 간(干) 자는 방패가 아니라 '마르다'는 뜻이다. 물이 빠져나가는 썰물이 간조이고, 그렇게 해서 물이 다르게 된 갯벌이 간석지이고, 물에 잠긴 곳을 메워서 마른 땅으로 만드는 게 간척이다. 사실 많이 이상한 한자어들인데, 모두 19세기 말에 들어온 일본의 한자어다. 매립도 그렇다. <한국민속대백과사전>의 '간척'을 참고.

96   영어로 하자면, 전국(nation)은 많은 지역들(local area)로 이루어지고, 다시 지역들은 크게 중앙 지역(central area) 또는 수도 지역(capital area)과 지방 지역들(local area)로 나눈다. local은 장소를 뜻하는 라틴어 locus(복수형은 loci)에서 비롯된 형용사로 '지역의, 지방의, 장소의' 등을 뜻하며, 여기서 파생되어 주민을 뜻하기도 하는데, 주민을 뜻하는 더 일반적인 말은 resident다. 영어 digital이 손가락, 숫자, 10진수를 뜻하는 digit+형용사형 어미 al로 이루어져서 '손가락의, 숫자의, 10진수의'를 뜻하는 것처럼 local은 loci+al로 된 말이다. local을 그냥 지역, 지방을 뜻하는 말로 쓰는 것은 그 자체로 외래어의 남용에 해당되는 잘못이지만 형용사를 명사처럼 쓰는 오용이기도 하다. 지역, 지방이라는 말을 쓰지 않고 local이라는 영어를 마구 쓰면 지역, 지방의 문제가 해결될 것처럼 local이라는 영어가 심하게 오남용되고 있다. 지역, 지방의 문제가 계속 악화되는 중요한 원인을 여기서 보게 된다. 지역, 지방을 지키고 살리겠다며 local이라는 말을 마구 쓰는 것이야말로 지역, 지방을 가장 무시하고 왜곡하는 것이 아닐 수 없다. 한국의 지역 문제는 중앙의 과밀과 지방의 과소를 가장 큰 원인으로 한다. local이라는 이 심각한 지역, 지방의 문제가 전혀 나타나지 않는다. 말은 그 자체로 하나의 실천이다. 그것은 우리의 인식을 구정한다는 점에서 어떤 물리적 실천보다 더 강력한 힘을 갖고 있는 무형적 실천이다.

97   북한은 4개 특별시/직할시(평양, 남포, 개성, 라선)와 9개 도(평안남도, 평안북

도, 황해남도, 황해북도, 강원도, 자강도, 량강도, 함경남도, 함경북도)로 광역기초자치단체가 구분되어 있다.

98 "대구의 1인당 지역내총생산(GRDP)이 30년째 전국 최하위를 기록했습니다. 통계청이 발표한 '지역 소득 통계 2020년 기준년 개편 결과' 자료에 따르면 2022년 대구의 1인당 GRDP는 2,965만 원으로 17개 시도 중 최하위입니다." '대구 1인당 GRDP 2965만 원으로 30년째 '꼴찌'', <대구mbc> 2024.9.10.

99 장마는 한자 길 장(長) 자에 많은 비를 뜻하는 고유어 마가 결합된 말이나 그냥 고유어로 여기고 한자를 표기하지 않는다.

100 몬순은 계절을 뜻하는 아랍어에서 유래되어 계절풍을 뜻하게 된 말로 인도 지역으로 진출한 포르투갈과 네덜란드의 상인들에 의해 변형되어 유럽으로 퍼졌다. 해양과 대륙의 기온 차로 계절에 따라 계절풍이 불게 된다. 여름에는 해양이 차고 대륙이 더워서 해양에서 대륙으로 불고, 겨울에는 반대가 된다. 여름 몬순은 바다에서 엄청난 수증기를 육지로 몰고 와서 많은 비를 내리게 된다. 우리의 장마도 이것이다.

101 용도지구는 경관지구, 미관지구, 방화지구, 방재지구, 고도지구, 보존지구, 시설보호지구, 취락지구, 개발진흥지구, 특정용도제한지구 등이고, 용도구역은 개발제한구역, 시가화조정구역, 도시자연공원구역, 수산자원보호구역 등이다. 지목(地目), 즉 법으로 설정된 토지의 용도별 종류는 28가지이다.

102 사적형으로 보호되는 곳은 경북 경주시의 8개 자연생태·문화유산지구로서 1968년에 지리산에 이어 두번째 국립공원으로 지정되었다.

103 람사르 협약(Ramsar Convention)의 공식 명칭은 '습지 협약-물새 서식처로서 국제적으로 중요한 습지에 관한 국제 협약'이다. 1971년 이란의 카스피 해 지역에 있는 휴양도시 람사르에서 체결되어 람사르 협약으로 불리게 됐다.

104 설악산(1982), 제주도(2002), 신안 다도해(2009), 광릉 숲(2010), 고창(2013), 순천(2018), 강원 생태평화(2019), 연천 임진강(2019), 완도(2021) 등 9곳이 지정되었다.

105 제주도의 한라산, 성산 일출봉, 거문오름 용암동굴계(2007), 서천갯벌, 고창

갯벌, 신안갯벌, 보성-순천갯벌(2021)이 지정되었다. 참고로 강화도의 설명에 따르면, 강화도 남단의 갯벌은 세계 4대 갯벌중의 하나로서 천연기념물 제419호로 지정되었다.

106   '환경영향평가'는 심지어 '환경 파괴의 면죄부'로 불리기도 한다. 선진국에 비해 한국에서 가장 미흡한 것이 바로 자연의 보호이다.

107   현재의 창원은 2010년 마산, 진해와 통합된 도시이다.

108   "2012년 현재 전국에 17,557개의 댐이 운영되고 있다. 이 중 농업용댐이 17,505개소로 거의 대부분을 차지하고 있다. 1960년 이후 급속한 경제 발전과 산업화를 위해 건설한 21개의 다목적댐, 14개의 용수전용댐, 10개의 일반수력댐, 7개의 양수발전용댐 등은 우리나라의 수자원 개발을 상징하는 댐으로서 이들 52개의 댐에서 전국 댐 용수공급량의 90%와 수력발전 전량을 담당하고 있다"(이희승, 2016: 24).

109   공희 비리 정권의 환경부는 2024년에 갑자기 10개의 댐을 신설하겠다는 계획을 발표했다. 공희 비리 정권에서 환경부는 확실히 환경파괴부로 전락했다.

110   한국수력원자력(한수원), 한국남동발전, 한국중부발전, 한국서부발전, 한국동부발전, 한국동서발전 등이다.

111   yearbook.enerdata.co.kr의 세계의 발전량 순위를 참고. 1위는 중국(8537TWh), 2위는 미국(4381TWh)이고, 일본은 5위(1030TWh), 한국은 8위(595TWh)이다.

112   '석탄가스화 복합화력발전소'(IGCC : Integrated Gasification Combined Cycle)로 만든다.

113   화력과 핵 발전소는 환경운동연합(2022), LNG 발전소는 배동주(2021)을 참고

114   한수원의 수력 발전소는 안흥, 춘천, 의암, 화천, 청평, 칠보(구 섬진강), 보성강, 팔당, 괴산 등이고, 수자원의 수력 발전소는 소양강, 충주, 대청, 안동, 합천, 주암, 임하, 남강, 용담 등이다.

115   〈대한민국 국가지도집 II 2020〉의 '풍력발전단지 현황', '에너지정책소통센

터'에 따르면, 2019년 현재, 육상 풍력단지만 215개소, 12GW에 이른다. 2021년 현재, 국내 해상풍력은 6개소 가동, 89개소 추진 중, 전기사업허가 취득 39개소이다(<한국수산경제>, 2021.6.28.).

116 '재생에너지 클라우드 플랫폼'(recloud.energy.or.kr)의 자료. 2022년 9월 현재, '10년전 대비 비중 신재생 4배·태양광 19배…원자력 비중은 25% → 17%대 감소', '발전량 비중은 신재생 8.3%·원자력 27.9%', '신재생에서 태양광은 15%'이나 '공희 정권'은 원자력을 늘리고 신재생을 줄이고 있다(연합뉴스, 2022.9.20). 이대로는 'RE 100'과 '탄소 중립'이 결코 이루어질 수 없다. 2021년에 세계의 발전에서 풍력과 태양광이 10%를 넘어섰는데, 한국은 그 절반도 안 되는 4.67%에 그쳤다(<동아사이언스> 2022.3.31.). 2021년 현재, "국내 전체 발전량 중 태양광·풍력 발전 비중은 4.3% 안팎에 그치는 것으로 집계됐다. 총 발전량 576TWh 중 태양·풍력 에너지는 24.5TWh로 추산됐다. 태양에너지는 21.8TWh로 3.7%, 풍력에너지는 2.7TWh로 0.5%를 차지했다"(최나영, 2022).

117 '전력데이터 개방포털시스템'의 송배전 통계.

118 민주주의에서 국가는 국민의 합의와 표결로 권력을 형성해서 작동된다. 권력의 작동은 보통 입법(국회), 행정(정부), 사법(법원)의 셋으로 나뉜다. 국가 기구는 중앙 기구와 지방 기구로 나뉘고, 여기에 공기업을 비롯한 각종 공공기관이 추가된다. 국가 기구와 공공 기관의 종사자가 공직자이고, 공무원은 공직자에서 선출직을 제외한 것이다. 2020년 현재, 행정부의 공무원은 114만여 명이고, 행정부 외의 공무원은 25,477명이다. 군인은 직업군인과 징병군인으로 나뉘는데, 직업군인만 공무원이다. 2020년 현재, 전체 군인의 수는 59만 명 정도, 직업군인의 수는 21만 명 정도(전체의 35% 정도)이다. 2023년 현재, 경찰관 수는 13만여 명이고, 검찰은 검사 정원 2,642명에 검찰 공무원 8천여명이고, 법원은 판사 정원 3,564명이다.

119 검판 법비 문제는 소수의 검사, 판사의 문제가 아니다. 한국의 검사, 판사는 초법적 존재, 즉 전면 혁파-척결돼야 할 반민주적 존재다. '판·검사 입건 1만건에 기소는 거의 '0'…'법조 카르텔' 의심', <한겨레> 2023.10.19. '기소율, 일반 국민 형사사건 41% vs 판·검사 0.05%', <투데이신문> 2023.10.19. "'판검사 입건' 2022년 1만여 건… 정식 기소는 '0건'", <세계일보> 2023.10.19.

120　'일제강점하 반민족행위 진상규명에 관한 특별법'에 의한 '대한민국 정부 발표 친일반민족행위자 명단'은 시기별로 친일반민족행위 106인 명단(제1기, 1904년 러일 전쟁~1919년 3·1 운동), 친일반민족행위 195인 명단(제2기, 1919년 3·1 운동~1937년 중일 전쟁), 친일반민족행위 705인 명단(제3기, 1937년 중일 전쟁~1945년 광복), 부문별·분야별로 정치·통치 기구·경제·사회·문화·해외로 이루어져 있다. 이와 별도로 '민족정기를 세우는 국회의원모임·광복회'에서 발표한 '친일파 708인 명단'이 있고, 민족문제연구소에서 발간한 『친일 인명사전』이 있다. 『친일 인명사전』은 '부일 대국노'의 문제를 가장 상세하고 정확하게 밝힌 기록으로 대단히 중요하다. 이 사전은 매국, 중추원, 관료, 경찰, 군, 사법, 종교, 문화 예술, 언론 출판 등 16개 분야에 걸쳐 선정했고, 분야별로 매국 인사 24명, 수작(受爵) 및 습작(襲爵) 138명, 중추원 335명, 일본 제국 의회 11명, 관료 207명, 경찰 880명, 군 387명, 사법 228명, 친일 단체 484명, 종교 202명, 문화 예술 174명, 교육 학술 62명, 언론 출판 44명, 경제 55명, 지역 유력자 69명, 해외 910명 등 5207명(중복자 포함)이며, 중복 인사를 제외하면 4776명이다('친일 인명사전', <위키 백과>).

121　허위 선생(許蔿, 1854~1908)은 평리원 판사 출신으로 의병장이 되어 싸우다가 1908년 일제가 만든 '서대문 형무소'에서 순국했다.

122　국가기록원, '6.25 전쟁 피해 현황 통계', theme.archives.go.kr/next/625/damageStatistic.do

123　2차 세계대전에서 미군은 일본에 여러 차례 대대적인 공습을 했지만 중소도시와 농촌은 공습하지 않았다. 미군은 일본보다 북한에 대해 더 가혹한 공습을 했던 것이다. 김태우의 『폭격』을 참고.

124　이런 무참한 짓을 저지른 대법관 살인마들을 비롯한 법관들은 아무도 처벌받지 않았고 오히려 법조계에서 훌륭한 선배 법조인으로 추앙되고 있다. 당시 대법원장이었던 민복기가 그 대표적인 자다. 참으로 경악스럽게도 서울대 법대는 이 자를 훌륭한 선배로 기리고 있다.

125　이씨가 대부분인데, 세종은 전주 이씨, 이순신은 덕수 이씨, 이황은 진보 이씨, 이이는 덕수 이씨로 다르고, 신사임당은 평산 신씨다. 이이는 충신이었고 노론의 시조였으나 국가적 위인은 아니다. 신사임당은 더욱 더 그렇다.

126   이이와 신사임당의 표준영정은 김은호가 그렸다.

127   유영호(2015), 『한양도성 걸어서 한바퀴』, 창해, 268~270.

128   물론 이 자료를 그냥 받아들여서는 안 된다. 예컨대 북한은 2020년에 25위였고, 그 뒤에는 그 밖으로 밀려났지만, 핵폭탄과 대륙간 탄도미사일을 보유하고 있다. 핵무기의 전략적 의미를 고려하면 북한의 군사력은 훨씬 더 높게 평가되어야 한다. 군사력의 정밀한 평가는 스웨덴의 '스톡홀름 국제 평화연구소'(SIPRI), 영국의 Jane's Defence, 미국의 '전략 및 국제 연구소'(CSIS) 등에서 발간하는 자료들이 중요하다.

129   직업군은 20만 명 정도, 징병군은 40만 명 정도로 파악된다(박기학, 2017). 인구 감소에 따라 징병군을 크게 줄이거나 여성 징병을 실행해야 한다. 완전 직업군=모병제는 군의 이익집단화라는 큰 문제를 안고 있다.

130   이명박과 윤석열도 병역 기피 범죄의 의혹이 강력히 제기되었다. 병역 기피 범죄는 시효를 없애고 의혹을 철저히 공개검증해서 입영과 수감을 병과 처벌해야 한다. 병역은 목숨을 걸고 하는 것이기에 가장 공정해야 한다.

131   북한은 수소폭탄도 보유한 것으로 추정된다. 세계적으로 핵무기 보유국은 공식적 보유국(미국, 러시아, 영국, 프랑스, 중국)과 사실상 보유국(인도, 파키스탄, 이스라엘, 북한)의 9개국이다. 9개국 중 이스라엘은 핵무기 보유를 선언하지 않았다. 이란은 핵무기 보유국이라고 선언했으나 아직 인정되지 않은 상태이다.

132   북한이 무려 5500문을 넘게 보유하고 있는 이른바 '방사포'(放射砲)는 사실 '다연발 단거리 탄도미사일'로 사정거리가 450km에 달해서 남한 전체를 삽시간에 대대적으로 파괴할 수 있다. 2022년 6월 북한이 방사포 발사 훈련을 했을 때, 윤석열은 김건희와 영화관에서 영화를 봤다. 합동참모본부는 10시간 뒤에나 이 사실을 밝혔다.

133   이것은 단순히 비유가 아니다. 일본은 나치와 동맹을 맺고 미국을 침공해서 2차 세계대전을 태평양으로 확대했다.

134   한국의 지배 세력은 '매독 세력', 즉 매국과 독재의 세력이었다. 1987년의 6월 항쟁을 통한 민주화=정상화로 '매독 세력'은 상당히 약화되었으나 여전히 한국을 지배하는 실질적 지배 세력이다. 한국은 여전히 민주화=정상화 상태에 있다.

135 일본의 독도 침략을 철저히 분쇄하는 것은 물론 조선의 영토였던 대마도의 회복을 적극 추구할 필요가 있다.

136 그러나 개인의 무조건적 자유는 허용되지 않는다. 사회에서 개인의 자유는 제약돼야 마땅하다. 중요한 것은 그 방법과 정도이다.

137 공식적으로는 윤석열 정권 또는 윤석열-극힘당 정권이라고 부르지만 실제로는 김건희가 윤석열을 조종하는 것으로 관측되어 윤석열-김건희 정권이라고 부른다. 윤석열을 나라를 뒤엎어 망치고 있다는 뜻에서 '윤'을 뒤집어 '콩'으로 말하기도 한다. 이에 따라 윤석열-김건희 정권을 '콩희 정권'으로 풍자하기도 한다.

138 정부가 보유한 외환의 부족으로 '국가 부도'의 위기에 처해서 IMF(International Monetary Fund, 국제통화기금)의 구제 금융을 받는 대신에 IMF의 경제 관리를 받게 된 사건이다. IMF는 구제 금융의 댓가로 한국 경제에 대해 일방적인 구조조정을 강요했고, 그 결과 여러 기업들이 대거 정리되고 많은 노동자들이 실직했다. 이 사태는 1997년 12월~2001년 8월의 거의 4년에 걸쳐 진행됐다. 1993년 2월에 출범한 김영삼-민자당/신한국당 정권의 거대한 잘못이었고, 1998년 2월에 출범한 김대중-민주당 정권의 노력으로 비교적 빠르게 해결될 수 있었다.

139 통계청의 '2021년 산업구조' 통계. 단위는 %이고, 총량은 GDP이다.

140 통계청의 <2021년 서비스업 조사 결과>

141 금융 시장은 크게 직접 시장(단기, 자본, 파생)과 간접 시장으로 이루어져 있고, 단기와 자본의 합산 규모가 1990년 158조 원(GDP의 83%)에서 2021년 5662조 원(GDP의 285%)으로 커졌다. 한국의 금융 시장은 1990년대 이후 비약적으로 성장했다(한국은행, 2021).

142 통계청의 <2020년 기준 경제 총조사 결과>

143 미국은 비리 세력을 지원해서 한국의 발전을 왜곡하는 동시에 민주 세력을 지원해서 한국의 발전을 촉진하는 이중적 면모를 보였다. 그런데 민주 세력의 노력으로 미국은 한국의 민주화를 지지하는 쪽으로 변해야 했고, 그 결과 한국은 경제성장과 함께 민주주의가 촉진된다는 '근대화론'의 대표 국가가 되었다. 민주 세력의 목숨을 건 투쟁이 근대화를 이룬 것이지 저절로 근대화가 이루어진 것이 결코 아니다.

그러나 비리 세력은 여전히 한국의 지배 세력이고, 이 때문에 한국은 선진화를 확립하지 못하고 있다.

144 1970년 11월 전태일 열사가 분신으로 항거했어도 문제는 전혀 개선되지 않았다. 1987년 6월 항쟁으로 민주화의 길이 열리고 노동자와 농민의 지위가 비로소 향상될 수 있게 되었다.

145 '공희 정권'은 극심한 반노동 정책을 펼치고 있다. 한국노총은 본래 '독재 노조'였기에 그렇다고 해도 민주노총은 2022년 대통령 선거에서 반노동 주장을 마구 해댄 윤석열이 우세한 상황에서 이른바 '진보 후보 지지'를 천명해서 '공희 정권'을 초래했다. 너무나 한심한 수준의 정치적 인식과 역량이 아닐 수 없다.

146 '국내총생산(Gross Domestic Product, GDP)은 한 나라의 영역 내에서 가계, 기업, 정부 등 모든 경제주체가 일정기간 동안 생산한 재화 및 서비스의 부가가치를 시장가격으로 평가하여 합산한 것'이고, '부가가치'는 '생산활동에 의해 새로이 창출된 가치로서 총산출액에서 중간소비(중간투입)를 차감하여 구할 수 있다.'

147 투자(投資, investment)는 미래의 이익을 위해 현재의 돈을 소비하지 않고 생산에 투입하는 것이다. 자본은 여러 자원으로 확대될 수 있다. 그런데 경영학과 경제학의 투자 개념은 다르다. 경영학은 꼭 생산에 투입하지 않는 것이어도 되나 경제학은 생산에 투입하는 것이어야 한다. 경영학의 투자는 투기와 밀접하고, 경제학의 투자는 생산과 밀접하다. 투자는 실물 투자와 금융 투자로 크게 나뉘고, 실물 투자는 설비, 재고, 건설로 나뉜다. '국민 계정'에서는 실물 투자를 '총고정자본 형성' 또는 '총고정 투자'로 제시한다. '총고정 투자'는 설비, 건설, 무형고정자산으로 제시된다. 무형고정자산은 상업적 광물탐사, 장기간 사용 소프트웨어와 데이터베이스 등이다. (나무위키의 '투자', 한국은행의 '국민 계정 용어 해설')

148 토건국가를 혁파하지 않으면 복지국가를 확대하기 어렵고, 생태국가를 추구하기 어렵다. 그러나 기이하게도 한국의 복지운동과 생태운동은 토건국가의 혁파에 대해 말하지 않는다.

149 이재용(1968.6.~)과 정용진(1968.9.~)은 동갑내기 외사촌이다. 이재용의 부 이건희(1942~)의 여동생 이명희(1943~)의 아들이 정용진이다. 이재용은 경복

고와 동양사학과, 정용진은 경복고와 서울대 서양사학과를 다녔다.

150 전경련(전국경제연합회), 대한상공회의소, 한국무역협회, 중소기업중앙회, 한국경영자총협회 등 자본가-경영자의 '5대 경제단체'가 있는데, 전경련은 박정희 독재 때 삼성의 이병철이 독재와 재벌의 유착을 위해 일본의 '경단련'(게이단렌, 経団連)을 모방해서 만든 것이다.

151 비리 세력은 언제나 자유를 내걸고 있지만 사실은 언제나 매국과 독재를 추구하는 세력이다. 독일의 나치, 일본의 일제. 한국의 이승만-박정희-전두환-노태우 세력이다.

152 방적기(紡績機, Spinner, 물레), 방직기(紡織機, spinning and weaving machine, 베틀과 북), 직조기(織造機, loom). 아주 가는 실 모양의 물체를 섬유(纖維)라고 한다. 섬유는 자연(동물, 식물)과 인공이 있다. 織은 가는 실을, 維는 매는 것을 뜻한다. 섬유로 실을 잣는 것이 방적(紡績)이다. 紡은 잣는 것이고, 績은 자은 실을 뜻한다. 실로 직물을 짜는 것이 방직(紡織)으로 직조(織造)는 같은 뜻이다. 紡은 '자을 방', '길쌈 방'인데, '길쌈'은 실로 옷감을 짜는 것을 뜻하는 우리말이다. 옷은 섬유에서 실을 잣는 방적, 실로 옷감(직물)을 만드는 방직, 옷을 만드는 재단(裁斷)-재봉(裁縫)의 3단계로 만들어진다. '물레'는 원나라에서 목화를 갖고 온 문익점(文益漸, 1329~1398) 선생의 손자 문래(文萊)가 목화에서 실을 뽑아내는 도구를 만들어서 '문래'라고 불렀던 것이 변한 말이라고 한다. 목화의 열매인 목화 솜에서 실을 뽑아 옷을 만들게 된 것은 거대한 '의복 혁명'이었다. 이 때문에 아프리카 흑인 노예의 비극이 나타났고, 그 기술이 발달해서 공업혁명의 기초가 되었다. 목화(木花)는 면화(綿花)라고도 한다. 면(綿)은 솜으로 식물성 천연섬유의 대표다. 여기서 뽑은 실이 면사이고, 이것으로 만든 직물이 면직물이다. 면(楠)은 식물 목화를 뜻한다. 목화는 아욱과로 온대지방에서는 한해살이 풀이지만 원산지인 열대지방에서는 2m 정도로 자라는 목본식물이다. 인도가 원산지인 것으로 추정된다. 미국이 남부에 목화를 대거 재배하며 아프리카 흑인 노예의 비극이, 소련이 우크라이나에 목화를 대거 재배해서 아랄 해가 없어지는 생태적 비극이 발생했다.

153 그런데 각 분야는 사실 2-3개의 분야가 합쳐져 있는 것이다. 그래서 실제는 20여개 분야로 되어 있다. 기술수준평가를 비롯해서 과학기술 정책에 관한 여

러 연구물들을 KISTEP에서 운영하는 '과학기술 정책 지원서비스'(K2Base=KISTEP Knowledge Base)에서 볼 수 있다.

154 윤석열의 찬핵 주장은 완전히 잘못된 것일 뿐만 아니라 완전히 시대착오적인 것이다. 윤석열의 '억지'로 말미암아 '국가 전략기술'이 크게 왜곡되고 저열화된 것이다. 정치가 잘못되면 모든 것이 잘못되고 만다.

155 국가 전략기술은 경제적-사회적 영향이 대단히 크기 때문에 그 선정과 육성은 더욱 더 개방적이고 포괄적인 연구와 토의를 통해서 추진될 필요가 있다. 현대 민주주의의 핵심으로 과학기술에 대한 시민의 학습-토의-결정을 확대하는 것이 이미 오래 전에 제기되었고, 유엔 차원에서도 기후위기에 대한 대응을 비롯해서 여러 과학적 사안에서 적극 활용하고 있기도 하다. 극소수가 '국가과학기술자문회의'의 방식으로 국가의 현재와 미래를 강력히 규정하는 국가 전략기술을 결정하는 것은 민주적으로는 물론 전문적으로도 큰 문제를 안고 있는 것이다.

156 컴퓨터는 본래 계산기이다. 컴퓨터가 실제로 수행하는 작업은 0과 1의 이진수로 계산하는 것이다. 인간은 이것을 치환하는 방식으로 컴퓨터를 보편 정보처리기로 만들었다. 컴퓨터는 본래 하드웨어의 개발로 시작되었으나 하드웨어와 소프트웨어의 결합으로 실현되었다. 인류 최초의 컴퓨터인 찰스 배비지의 '해석기관'도, 현대 컴퓨터의 기본구조를 제시한 앨런 튜링의 '튜링 기계'도, '튜링 기계'를 개선해서 실제로 구현한 존 폰 노이만의 EDVAC(EDVAC, Electronic Discrete Variable Automatic Computer)도 모두 그렇다. 소프트웨어는 컴퓨터 프로그램과 데이터로 이루어지고, 컴퓨터 프로그램은 중심 계산식인 알고리즘과 여러 결합 계산식으로 이루어진다.

157 일부 무모한 생태론자들이 멋대로 떠드는 것처럼 과학기술을 폐기하는 것은 인류의 파멸과 지구의 파탄을 야기할 뿐이다. 생태적 전환은 무속적 망상이 아니라 과학기술에 의거해서 이루어져야 한다. 생태 상인과 생태 무당의 혹세무민에 속아서는 안 된다.

158 사회체계의 정비도는 사회적 합리화의 실현 정도이고, 이것은 결국 민주화의 실현 정도로 규정된다. 사기는 물론 학살도 서슴없이 저지르고 매국과 독재를 추

구하는 비리 세력이 민주주의를 악용해서 지배 세력으로 전횡하는 것은 민주화가 이루어진 것이 아니라 사이비 민주화가 이루어진 것이다. 한국은 바로 이런 상태에 있다. 그 핵심은 민주주의를 지켜야 할 최고의 책임과 권한을 갖고 있는 검찰, 법원, 언론이다. 검찰-법원-언론이 검판언비가 되어 막대한 권한을 최대한 악용해서 나라를 망치고 사람들을 죽게 한다. 이것은 히틀러-나치가 바이마르 공화국의 민주주의를 악용해서 독일을 망친 것과 같은 것이다.

159 블랙 리스트(black list)는 배제와 억압을 위해 은밀히 작성된 특정한 명부로서 정부가 국민을 상대로 이런 명부를 작성하는 것 자체가 완전한 반헌법의 범죄를 저지르는 것이다. 이명박-박근혜 비리 정권은 극심한 반헌법 범죄 정권이었다.

160 박근혜 비리 정권은 박찬욱, 봉준호, 황동혁, 한강을 문화예술인 블랙리스트에 올렸다 2024년 10월 한강이 노벨문학상을 수상하게 되어 박근혜 비리 정권이 저지른 범죄가 다시 널리 알려지게 되었다. 한강은 2014년 발표한 『소년이 온다』로 노벨문학사을 수상했다. 이 소설은 1980년 5월의 광주 민주항쟁에서 전두환의 반란군-계엄군에 학살된 소년 시민군을 다룬 것이다. 그는 당시 16살이었던 문재학(1964~80)이다. 이로써 세계가 광주 민주항쟁에 대해 잘 알게 되었다. 광주 민주항쟁을 왜곡하고 모욕하는 보참비(보수 참칭 비리) 세력의 문제도 더욱 분명히 드러나게 되었다. 윤석열은 전두환을 칭송했고, 이명박 비리 정권의 블랙리스트 범죄 책임자로 꼽히는 유인촌을 문화장관에 임명했고, 박근혜 비리 정권의 블랙리스트 범죄 실행자로 꼽히는 용호성을 문화부 1차관에 임명했다. '"블랙리스트 없었다"더니…핵심은 유인촌, 백서에 104번 지목', 〈한겨레〉 2023.10.5; '수시로 법 위반하는 유인촌 장관… K-블랙리스트의 부활', 〈오마이〉 2024.9.27.; '문화예술단체들, 용호성 문체1차관 임명 반대…"블랙리스트 책임자"', 〈한겨레〉 2024.7.5.

161 라틴어 civis → 라틴어 civilis, civitas → 프랑스어 civilis, cite → 영어 civil, city로 변했고, civis는 citizen, 즉 시민(도시 주민)이라는 뜻이다.

162 이에 대해서는 독일의 사회학자였던 노르베르트 엘리아스(Norbert Elias, 1897~1990)의 『문명화 과정』(1939)을 참고.

163 앞서 '생태적 사회관'을 통해 제시했듯이 이 바탕에는 자연이 놓여 있다. 또

한 넓은 의미의 문화에는 정치와 경제도 포함된다.

164 국내에서 만들어진 신흥 종교로 천도교, 원불교, 증산도, 대순진리회 등이 있고, 일본에서 들어온 신흥 종교로 창가학회(創價学会 Soka Gakkai=SGI, 남묘호렌게쿄), 천리교(天理教) 등이 있다. SGI는 불교에서 비롯된 것으로 교당이 아니라 '문화회관'으로 하고 있고, 천리교는 일본의 전통 무속인 신도(神道)에 불교가 가미된 것이다.

165 기독(基督)은 '구세주'를 뜻하는 크리스트(christ)를 한자로 적은 '기리사독'(基利斯督)의 줄임말로 이 말의 중국 발음은 '지리스두'이다. 기독교는 구세주교인데, 이 구세주는 33살에 죽은 예수를 뜻한다. 즉 기독교는 예수를 구세주로, 신으로 모시는 종교이다. 다시 말해 기독교는 곧 예수교다. 예수는 한자로 야소(耶蘇)로 적는다. 기독교는 예수의 제자들로 시작되었고, 교황이 대표하는 카톨릭(catholic)교로 확립됐다. 카톨릭은 '보편적인'이라는 뜻이니 사실 카톨릭교는 '보편교'라고 번역해야 한다. 그러나 중국과 한국에서 카톨릭교는 천주(天主)교, 즉 '하늘의 주인 교'로 번역되었는데, 이것은 하늘을 최고의 신으로 여기던 중국과 한국의 전통 종교를 차용한 것이다. 1517년 독일의 마틴 루터가 카톨릭의 타락을 비판하며 새로운 기독교 교파를 시작했다. 이것을 '종교 개혁'이라고 부르며, 이로써 카톨릭교는 '구교'로, 이에 저항해서 등장한 프로테스탄스교는 '신교'로 부른다. 그러나 오늘날 세계적으로 '신교'의 타락이 '구교'의 타락을 압도한다. '신교'는 누구나 목사로서 행세하고 군림할 수 있기에 타락의 악화가 이루어진 것이다. 기독교의 신인 야훼(יהוה, Yahweh)는 사실 유대인의 종교인 유대교의 신으로 '그는 존재한다', '그는 된다'라는 뜻으로 추정된다. 기독교는 예수라는 청년의 제자들이 유대교를 전환해서 만든 것이다. 유대교의 관점에서 예수는 십자가 형에 처해야 할 신성모독범이었고, 기독교는 폐지돼야 마땅한 사이비 종교였다. 유대교의 지도자들이 로마 제국에게 예수의 십자가 형을 요구한 것은 이 때문이었다. 기독교의 관점에서 유대인은 자기들의 구세주(신)을 죽인 최악의 신성모독범이었고, 유대교는 폐지돼야 할 최악의 사이비 종교였다. 2천년 뒤 히틀러는 이 역사를 악용해서 유대인 학살을 실행하고 2차 세계대전을 저질렀다.

166 모두 미국에서 온 것이다. 장로교는 예수교 장로회와 기독교 장로회로 크게 나뉘고, 예수교 장로회는 수십 개의 교파로 나뉘어 있다. '예장'이 비리 세력의 핵심

이 되자 여기에 맞서서 합리 세력이 김재준 목사(1901~87)를 중심으로 '기장'을 세웠다. 한신대(한국신학대학교)는 '기장'의 학교다. '순복음교'는 한국에서 만들어진 사이비교로 알려져 있기도 하지만 사실은 미국에서 만들어진 기독교의 한 교파로 영어로는 Full Gospel Church라고 한다.

167   개신교의 폭력성은 이슬람에 대한 극도로 저열한 공격에서 가장 명확히 나타나나 통상적인 설교와 선교가 예수를 믿지 않으면 지옥에 간다는 저열한 협박을 기초로 하고 있다.

168   불교는 계율과 위계는 허울이고 최상층부터 심각한 파계와 발호의 문제를 극렬히 자행하고 있다. 개신교는 도둑놈, 사기꾼, 고문범, 살인자도 쉽게 목사가 될 수 있다. 여자 신도에게 팬티를 벗으라면 벗어야 자기 신도이고, 하나님도 자기에게 까불면 죽는다고 떠든 목사도 있다.

169   2021년에 '구교' 6%, '신교' 17%, 불교 16%, 기타 1%, 무교 60%로 조사되었다. 무교가 한국 사회를 좌우해야 하나 거대한 조직력을 갖고 있는 기독교와 불교가 한국 사회를 좌우한다.

170   일찍이 김수영 시인은 박정희 독재의 문화 억압에 맞서서 문화는 토건사업처럼 해서는 안 되고 그냥 내버려두는 것이 최선의 문화 정책이라고 주장했다. 이 주장은 대체로 옳지만 그냥 내버려둬서는 안 된다. 나치에 대해서는, 그 공범인 일제와 독재에 대해서는, 철저히 처단해야 한다.

171   '본래'는 500년 동안 유지됐던 조선 때를 뜻한다.

172   국은 찌개와 비슷한데 찌개에 비해 물이 많은 것으로 건더기의 비중으로 국과 찌개를 나눈다. 세계적으로 국을 먹는 나라는 한국과 일본밖에 없다. 중국의 갱과 탕은 다 찌개에 가깝다. 여기에는 생태적 이유가 있다. 한국은 화강암 지대, 일본은 현무암 지대로 깨끗한 물이 풍부해서 그냥 마시거나 이런저런 것들을 넣고 끓여서 국을 만들어 먹게 된 것이다.

173   한국인은 2-300가지가 넘는 식물을 먹는다. 한국인은 식물을 먹을 수 있는 것과 먹을 수 없는 것, 맛있는 것과 맛없는 것, 독 있는 것과 독 없는 것으로 나눈다고 한다. 한국인은 독 있는 식물도 적당히 조리해서 독을 빼거나 약하게 해서 많이

먹는다. 고사리가 대표적인 예이다. 한국인은 육지의 식물뿐만 아니라 강과 바다의 식물도 많이 먹는다.

174 가장 중요한 것은 '라면'이다. '라면'은 가난한 시절에 한국인의 영양에 지대한 공헌을 했고, 이제는 독특한 풍미의 최고 간편식으로 확립됐다.

175 그 결과 나타난 심각한 문제가 '대장암'의 급증이다. 채식 민족은 식물을 오래 소화해야 해서 대장이 길고, 육식 민족은 고기를 빨리 소화해야 해서 대장이 짧다. 그래서 채식 민족은 배가 길고, 육식 민족은 배가 짧다. 고기의 폐기물이 대장에 오래 머물면 단백질 독소로 대장이 훼손될 수 있다. 이 때문에 채식 민족이 육식을 많이 하면 '대장암'이 늘어나게 된다.

176 일반적으로 경제 성장에 따라 육식이 늘어난다. 그런데 가축은 엄청난 양의 곡물, 풀, 물 등을 소비하고 엄청난 양의 배설물과 이탄화탄소를 배출한다. 가축이 크게 늘어나며 지구의 생태위기가 가속화되고 있다. 인류가 지구 생태계를 파괴하고 있다는 '인류세'의 지표로 지구 전역에서 엄청나게 배출되고 있는 닭 뼈가 꼽히기도 한다.

177 서양은 고대부터 목축을 하면서 가축과 함께 자야 했기에 침대가 발달했다. 방 안에서도 신발을 신고 침대에서나 겨우 벗는다. 현대에도 이것이 유지되고 있다. 중국은 북쪽 유목족의 영향으로 이런 문화가 됐다. 방 안에서 신발을 신고 생활하며 의자와 침대를 쓰는 것을 입식 문화, 신발을 벗고 방에 들어가서 방 바닥에 앉아서 생활하는 것을 좌식 문화라고 한다. 한국과 일본은 좌식 문화로서 같지만 일본은 바닥 난방을 하지 않는다. 한·중·일의 주 문화는 비슷하면서 많이 다르다. 바닥 난방을 하는 한국은 침대를 쓸 필요가 없다. 침대를 쓰지 않으면 방을 훨씬 자유롭고 편하고 넓게 쓸 수 있다.

178 대중문화는 mass culture로서 많은 사람들이 즐기는 문화를 뜻한다. 대중문화는 사람들의 인기에 따라 좌우되는 '인기 문화'(popular culture), 시간에 따라 계속 바뀌는 '유행 문화'(fashion culture)의 성격을 갖는다. 대중을 뜻하는 영어 mass는 본래 '큰 덩어리'를 뜻하는 말로 강한 비하의 의미를 갖고 있다. 대중(mass)은 스스로 판단할 지적 능력을 제대로 갖추지 못하고 표피적 지식과 말초적 만족에 빠지

는 사람들을 뜻했다. 이에 대응하는 것이 '엘리트'(elite)이다. 엘리트는 선출(elect)에서 나온 말로 대표로 선출될 정도로 뛰어난 사람을 뜻한다. 엘리트는 본래 '선량'(選良, 선출된 뛰어난 사람)인데, 여기서 '정예'(精銳, 뛰어난 사람)를 뜻하게 된 것이다. 대중문화는 예술의 극치를 추구하기보다 적당한 수준에서 많은 사람들이 좋아하는 것을 추구한다. 이 때문에 엘리트는 대중문화를 비하하는 경향을 보인다. 차별을 당연시하는 보수-우파는 물론이고 차별을 거부하는 진보-좌파도 그런 자들이 있다. 전자는 호세 오르테가 이 가세트 마르틴 하이데거가, 후자는 루카치 죄르지, 테어도어 아도르노가 대표적인 예이다. 진보-좌파에서 베르톨트 브레히트, 발터 벤야민은 대중문화를 문화의 민주화로 존중했다. 1950년대 이후 대중문화에 대한 본격적 연구는 영국의 진보-좌파 학자였던 레이먼드 윌리엄스, 스튜어트 홀 등에 의해 주도되어 '문화 연구'(cultural studies)라는 새로운 준-학문의 형성으로 이어졌는데 이들은 맑스주의를 기초로 해서 경제결정론-노동자주의 등의 도식적 한계를 갖고 있다. 대중문화는 획일적 다양성과 혹세무민화의 문제를 안고 있다. 그러나 대중문화도 이른바 '고급 문화', '순수 문화'와 마찬가지로 만족은 물론 각성의 효과를 낳는다. 문화의 상태와 문화의 효과는 연관되어 있으나 사실 별개의 것이다.

179 히틀러와 매카시의 문화 파괴는 그 단적인 예이다. 이승만, 박정희, 전두환도 그렇다. 이승만 때는 깡패 두목 임화수가 영화계를 지배하며 극악한 폭력과 비리를 저질렀고, 박정희-전두환 때는 중앙정보부-안전기획부 같은 극악한 독재 기관이 나서서 문화를 좌우했다.

180 영어는 press라고 하는데 사실 press는 '누른다'는 뜻이다. 여기에는 인쇄 기술의 역사가 담겨 있다. 인쇄 시대를 연 구텐베르크의 인쇄기는 활판 위에 종이를 놓고 포도주의 압착기로 눌러서 인쇄했다. 이로부터 press가 인쇄의 뜻을 갖게 됐고, 신문이 등장한 뒤에는 언론의 뜻을 갖게 됐다. 언론과 언론 매체(press media)를 구분해야 한다. 언론은 활동이고, 언론 매체는 그것을 널리 퍼트리기 위한 도구이다. 언론 매체는 많은 사람들에게 동일한 정보를 동시에 전달하는 대중 매체(mass media)이다. 언론 매체는 기술적으로 인쇄 매체(신문, 잡지), 방송 매체(라디오, TV), 인터넷 매체의 순으로 변화해 왔다.

181 독립협회가 1896-97년에 세운 독립문은 이 사실을 잘 보여준다. 독립문의 앞

에는 '영은문'의 흔적인 큰 주춧돌이 두 개 남아 있다. '영은문'(迎恩門)은 '은혜를 맞이하는 문'이라는 뜻으로 청의 사신을 맞는 곳이었다. 독립협회는 이 문을 헐어 없애고 그 자리에 독립문을 세웠던 것이다.

182 '갑신정변'은 김옥균을 대표로 상층의 청년들이 일본에 기대어 반란을 일으켜서 권력을 장악하고 개혁을 하려고 했던 것이나 청의 무력 개입으로 3일만에 실패로 돌아갔다. '갑신정변'의 가장 기본적인 한계는 무지하게도 친일로 개혁을 도모했다는 것이다.

183 일본은 1894년 동학혁명을 진압하고 청일전쟁에 승리해서 조선에 대한 지배를 강화하게 됐다. 이에 대해 민비는 러시아에 기대어 일본을 견제하려 했다. 그러자 일본은 군인과 깡패들을 경복궁으로 난입시켜 민비를 악랄하게 살해하고 그 시체를 들고나가 정원에서 태워버렸다.

184 서재필은 정부의 방해로 활동하기 어려워지자 〈독립신문〉을 일본에 매각하려 했다. 일본은 매입할 것처럼 하고는 그렇게 하지 않았다. 서재필은 1898년 5월 다시 미국으로 망명했다. 독립문 옆에 서재필 동상이 서 있는데 서재필은 공적으로 기릴 인물이 아니다.

185 홍진기는 일제의 판사 출신으로 이승만 독재에서 법무장관에 이어 내무장관이 되어 4.19혁명 때 발포 명령으로 사형 선고를 받았으나 이병철이 박정희와 협상해서 석방시킨 뒤에 사돈관계를 맺고 중앙일보를 차려줘서 한국의 언론을 좌우하게 만들었다.

186 라디오(radio)는 본래 라디오 파(radio wave), 즉 전파를 뜻하는 말이다. 전파로 전달된 소리를 듣기 위해서는 라디오 수신기가 필요한데, 우리가 말하는 라디오는 바로 이것을 뜻한다. 마르코니가 전파를 이용한 통신, 즉 무선통신의 길을 열었고, 이것을 확대해서 방송이 시작됐다. 1912년 4월 타이타닉 호의 침몰은 무선통신의 중요성을 세계에 알린 역사적 사건이었다. 타이타닉 호가 발신한 구조 요청을 92km 떨어진 곳에 있던 배가 수신해서 탈출한 승객들을 구출할 수 있었던 것이다. 지상 80km 이상 상공에 있는 전리층(電離層, 이온층)이 전파를 반사해서 전파가 지구 전체로 빛의 속도로 전달될 수 있다.

187 윗음이의어인 공중파(公衆波, public wave)는 공익을 위한 전파라는 뜻으로 전파의 기술적 구분과 전혀 관계가 없다.

188 공영은 독립적인 공익 기구를 만들어서 운영하는 것으로 정부가 직접 운영하는 국영과 다르고 민간 주체가 운영하는 민영과 다르다. 그러나 kbs는 정부 소유로 정부가 경영진을 임명할 수 있고, mbc도 비슷한 문제를 안고 있다. kbs는 사실상 국영 방송이라는 비판을 받고 있고, mbc도 이렇게 될 수 있다. 이명박-박근혜 비리 정권 때 kbs와 mbc는 정권의 나팔수로 전락해 버렸다. 사람들은 '케x신', '엠x신'이라며 두 방송국을 비난했다. 당시 mbc의 이용마 기자는 이에 맞서 열심히 싸우다가 큰 병을 얻어서 일찍 세상을 떠나고 말았다.

189 태영건설이 sbs를 갖게 된 것은 sk가 휴대폰 사업을 하게 된 것과 함께 방송 통신 분야에서 노태우 (준)군사독재의 큰 비리로 손꼽힌다.

190 로켓과 인공위성 기술의 발전과 함께 지상 36000km 우주에 정지궤도 인공위성을 설치해서 방송하는 위성방송이 추가됐다.

191 전기는 전선 속을 흐르는 전류(유선)와 공중으로 퍼지는 전파(무선)로 나타난다. 전기는 강한 전력(강전)과 약한 전력(약전)으로 구분되는데, 전자는 동력원으로, 후자는 전자기기로 쓰인다. 방송과 통신은 아날로그 전자기계로 시작되어 디지털 전자기계로 바뀌었다.

192 이 때문에 당시 나는 이명박 비리 정권이 추구하는 것은 그냥 나쁜 정책이 아니라 '반민주 독재화'라고 강력히 제기했다. 그러나 진보를 내세운 대다수 지식인들과 운동가들은 민주화가 다 이루어졌다는 사이비 민주화론에 취해서 '이제는 그런 시대가 아니다'며 나를 나무라고 비아냥거렸다. 그 결과 무소불위 검비와 언론이 날뛰며 합법적 방식으로 노무현을 죽였다. 이 문제는 결국 조국 죽이기로 이어져서 희대의 '공희 정권'이라는 검비 독재의 형성에 이르렀다.

193 공동체(community)가 무조건 좋은 것은 아니라는 사실을 인터넷 커뮤니티들은 아주 잘 보여준다. 미국의 정치학자 로버트 퍼트넘 교수가 잘 밝혔듯이 공동체에는 범죄자들의 공동체도 있다. 공동체는 구성원들의 평등한 호혜성에 기초한 작은 조직체일 뿐이다. 이것을 도덕적으로 미화하고 우상화해서는 안 된다.

194   〈헌법〉 제31조의 "②모든 국민은 그 보호하는 자녀에게 적어도 초등교육과 법률이 정하는 교육을 받게 할 의무를 진다. ③의무교육은 무상으로 한다."는 조항과 〈교육기본법〉 제8조(의무교육)의 "①의무교육은 6년의 초등교육과 3년의 중등교육으로 한다. ②모든 국민은 제1항에 따른 의무교육을 받을 권리를 가진다."는 조항으로 규정되어 있다.

195   공교육은 1789년 프랑스의 혁명의회에서 처음을 시행되어 19세기에 유럽과 미국으로 확대되었다. 공교육은 근대화의 핵심이다. 공(公)은 본래 국가를 뜻하는 말이다. 한편 public은 본래 성인의 성기 주변에 자라는 음모를 뜻하는 말에서 성인을 뜻하는 말로 변했다. 공화국으로 번역된 republic은 본래 res(일)+ publica(성인)으로서 성인의 일이라는 뜻으로 모든 성인이 동등한 자격을 갖고 정치에 참여하는 것을 뜻한다. 오늘날 민주제는 무엇보다 국민 주권을 뜻하고, 공화제는 무엇보다 평등 참여를 뜻한다.

196   비리 정권에서는 교육부는 물론 국가교육위원회도 매독 비리를 선전하고 사학 비리 세력을 비호하는 기구로 악용되기 십상이다. 나치는 민주주의를 악용해서 민주주의를 파괴했다.

197   "정규의 학교와 유사한 교육기관을 말한다. 초등교육기관, 중등교육기관, 고등교육기관에 해당하는 각종학교가 각각 존재한다. 학교의 일종이라는 점에서 학력인정 평생교육시설과 다르다." "외국인학교와 대안학교에 관해서는 각각 '외국인학교 및 외국인유치원의 설립·운영에 관한 규정', '대안학교의 설립·운영에 관한 규정'이 별도로 있으나, 그 외의 각종학교는 정규의 학교와 마찬가지로 '고등학교 이하 각급 학교 설립·운영 규정', '대학설립·운영 규정'의 규율을 받는다." 〈나무위키〉의 '각종 학교' 참고.

198   1990년대의 문화화(culturification)와 함께 나타난 새로운 문화 현상인 '팬덤'(fandom)은 이런 사회적 변화의 산물이다. '팬덤'은 능동적 팬 문화로서 민주화, 고성장, 지식화에 의해 청(소)년층이 능동적 주체로 변하면서 이루어진 문화적 변화다.

199   2019-22년의 이른바 '조국 죽이기'에서 최고의 고학력 연령대인 2030의 다수가 이 극악한 검판언비의 누명공작에 적극 가담한 것은 그 단적인 예이다. 이 연령대는 최고의 학력-학벌 경쟁에 내몰린 세대로서 질투심에 사로잡혀 이런 반지식의

나치적 행태를 보인 것으로 비판된다. 지식화가 나치적 반인류 문제를 해결하는 것이 아니라 더욱 악화하는 것이 될 수도 있는 것이다. 이 문제는 언론의 타락과 동전의 양면을 이루고 있다. 나치가 대중매체를 악용해서 독일인을 극악한 반인류 상태로 몰아넣었던 것처럼 한국에서도 비리 세력이 대중매체를 악용해서 극악한 혹세무민을 하고 있고 최고의 고학력 연령대인 2030도 여기에 크게 잠식된 것이다. 독일을 본받아 나치와 같은 반인류 세력이 설치지 못하도록 언론 개혁과 교육 개혁을 실행해야 한다.

200 〈2022년 교육 기본통계 조사〉와는 차이가 있으나 가장 중요한 일반대학의 상태는 다르지 않다.

201 〈사립학교법〉을 개정해서 '사학분쟁조정위원회'라는 걸 만들었으나 오히려 '사학분쟁조장위원회'로 악용되는 문제를 낳았다. 검찰과 법원이 올바로 수사-기소-판결하지 않는 것이 궁극적인 문제의 원천이다. 아무리 법이 잘 만들어져도 사법의 타락은 비리의 만연을 초래한다.

202 이 문제는 종교와 밀접히 연결되어 있다. 한국의 사립학교에서 가장 큰 비중을 차지하는 것은 종교 쪽, 특히 개신교 쪽이다. 325개 고등교육 기관들 중에서 종교 쪽이 102개로 32%인데, 기독교 55개와 카톨릭 17개로 기독교가 72개로 22%를 차지한다. 기독교와 카톨릭이 부실한 사립학교법의 개정을 막는 가장 강력한 세력이다. 〈위키백과〉의 '종교재단 대학 목록' 참고.

203 교육은 인간의 가장 큰 특징인 지적 능력을 기르는 것이다. 근대의 능력주의(meritocracy)는 전근대 연줄주의(cronyism)를 타파하고 형성된 것이다. 문제는 학교 교육이나 여러 자격 시험을 통해 형성되는 능력주의가 또 다른 연줄주의를 만드는 것이다. 이것을 '근대적 봉건성'이라고 한다. 연줄이 아니라 능력이 평가와 보상의 기본이 되는 것은 옳은 것이다. 능력은 재능과 노력을 통해 형성된다. 능력과 능력주의는 그 자체로 존중되어야 하는 것이다. 문제는 그 왜곡이다. 미국의 철학자 마이클 샌델은 '공동체주의자'로서 개인과 능력의 중요성을 부정한다. 마이클 샌델이 추구하는 정의는 개인이 주체인 현대 사회의 것이 아니라 개인이 존재하지 않는 전근대 공동체의 것이다. 마이클 샌델은 완전히 시대착오적이다.

204 정치가 국가의 모든 것을 규정하고 결정한다. 엉터리 정부는 국가를 엉터리로 만들어 버린다. 윤석열-국힘당 정부가 들어서서 경제는 폭망하고, 물가는 폭등하고, 사교육비는 폭증하고 있다. 그야말로 '삼폭 정부'다.

205 2024년 8월에 간행된 한국은행의 연구에 따르면, 서울대를 향한 학벌 경쟁은 지역 문제 및 인구 문제와 직결되어 있기도 하다. 한국은행은 서울대와 연고대에 대해 지역별 선발제를 적극 시행할 것을 강력히 촉구하고 나섰다(정종우 외, 2024).

206 '조민 죽이기'와 '김건희 지키기'는 참으로 심각한 문제다. 아무 잘못이 없는 조민은 모든 학력이 박탈당했고, 김건희는 완전한 엉터리 논문과 엉터리 학위를 계속 유지(Yuji)하고 있다. 국민대, 숙명여대, 부산대, 고려대는 그 신뢰성을 스스로 파괴해 버렸고, 문재인 정부의 유은혜 교육부장관은 교육부를 넘어서 문재인 정부 전체에 대한 신뢰성을 대거 훼손해 버렸다.

207 헝가리는 유럽의 국가이나 동양계 마자르 족이 세운 나라로서 동양 식으로 이름을 쓴다. 게오르그 루카치는 실은 루카치 게오르그이며, 칼 폴라니도 실은 폴라니 칼이다.

208 형사 범죄를 저질렀으나 형사법으로 처벌하기에는 나이가 어려서 보호해야 하는 범죄자를 뜻한다. 만 10살 미만은 무죄로, 만 10-14살은 보호처분으로 처리한다. 그러나 '촉법소년' 조항을 악용해서 악랄한 범죄를 저지르는 소년범도 많아서 이에 대한 개정 요구가 대단히 크다.

209 화장을 비롯한 장례 절차와 방식 정책에 관해서는 보건복지부(2018)을, 국토의 이용에 대해서는 국토교통부의 '용도지구 · 용도지역' 통계를 참고.

210 2021년 한국의 총인구는 5,173만8,000명이었다.

211 종합병원 중에서 난이도가 높은 시술을 하는 곳으로 보건복지부가 3년마다 평가해서 지정한다.

212 2024년에 공희-국힘 정권이 의사 수 폭증 정책을 갑자기 강행해서 사상 초유의 의료 대란이 발생했고 향후 의료 정책도 심각한 혼란에 빠지고 말았다. 문재인 민주 정권의 합리적 의사 수 증가 정책에 격렬히 반대하고 행동했던 의대생과 의사 단

213 2022년 3월의 대통령 선거에서 윤석열-국힘당은 '간호법'의 제정을 공언했고, 간호사들은 놀랍게도 윤석열-국힘당을 극력 지지했으나 확실하게 배신당했다.

214 '멀쩡한 새 옷, 1초에 2.6톤씩 버려지는 이유', <서울경제> 2023.2.12. 지구적 실태는 '의류 공장으로 더럽혀진 방글라데시의 땅', <KBS 환경스페셜> 2021.7.1.을 참고.

215 'atf.s.or.kr/'의 '외식산업 현황' 참고. 한국의 자영업(소상공인)에서 음식업은 가장 큰 비중을 차지한다.

216 '인류세'의 지표로도 제시되는 닭은 한국에서 1년에 10억 마리 정도 도축된다. 2022년에 소는 408만여 마리가 사육되고 있는데, 조선 후기에는 전국(남북한)에서 100만 다리 정도 사육됐다.

217 통계청, <2021년 인구-주택 총조사 결과> 참고. 1-4층 공동주택은 연립/다세대 주택이고, 5층 이상 공동주택은 아파트다.

218 '지난해 우리나라 GDP 대비 주택 시가총액 3.2배로 상승', <대한뉴스> 2022.9.22.

219 <나무위키>의 '한국토지주택공사 직원 부동산 투기 사건'을 참고. 토지공사와 주택공사는 따로였고 이게 맞는 것이었다. 그런데 이명박 비리 정권이 둘을 합쳐서 하나로 만들어 버렸다. 둘의 분리, 대대적 축소, 생태민주 경영 등이 필요하다(홍성태, 2011).

220 <국가지표체계>의 '1인당 주거면적' 참고.

221 여가(餘暇)는 영어로 leisure인데, 이 말은 본래 자유롭게 할 수 있는 시간을 뜻했다. 소스타인 베블렌의 *The Theory of Leisure Class*(1899년)는 일본에서 번역된 걸 중역해서 '유한-계급론'으로 널리 알려졌다. '우한'(有閑)은 '한가함이 있다', 즉 한가롭게 지낸다는 뜻이다. leisure는 자유로운 시간이어서 한가하게 지낼 수 있는 시간을 뜻한다. 이 책은 자유롭고 한가롭게 지낼 수 있는 상층 인간들을 비난하는 것을 넘어서 하층 인간들이 상층 인간들을 적극 옹호하고 모방해서 불평등이 유지되는

것이라고 신랄히 주장한다. 또한 이 책은 유한계급이 생산에 아무 것도 기여하지 않는 완전한 수탈-약탈을 할 뿐이며 이런 상태가 계속 유지될 수 있게 하는 제도와 문화의 문제를 강력히 제기한다. 베블렌의 주장은 맑스주의의 자본주의론-자본가 계급론과 크게 다르다. 맑스주의는 노동자계급의 봉기와 혁명을 주장하지만, 베블렌에 따르면 그런 일은 일어나지 않으며, 중요한 것은 제도를 올바로 인식하고 계속 개혁하는 것이다.

222 소득은 최저 생활비-최저 임금을 기본으로 하고, 시간은 1일과 1주의 노동시간 규정을 기본으로 한다. 한국은 주거비와 교육비에 과다한 비용을 지출하는 문제가 대단히 크다.

223 기술의 발달로 여가를 늘리기 위한 물적 기초가 계속 커지고 있다. 컴퓨터와 로봇의 활용이 늘어날수록 노동시간을 줄이고 기본소득을 늘려서 더 많은 사람들이 더 많은 여가 시간을 즐길 수 있게 될 수 있다. 여기서 핵심은 기술의 활용을 누가 주도할 것인가이다.

224 'LPGA 한국', 2022.6.27. 한국의 인구는 5천만 명이고, 일본의 인구는 1억2천만 명이다. 한국은 골프 광풍에 빠져 있다. 골프는 과시, 사교, 접대 등의 중요 수단이다. 다른 자료에 의하면 2021년 골프 활동 인구는 1,176만 명으로 전체 인구의 31%를 넘었다(<헬스인뉴스>, 2023.3.2.). 골프는 거대한 골프장을 필요로 하고, 골프장은 산과 들을 대거 파괴해서 건설된다. 2023년 전국의 골프장 수는 543개(실제 운영은 514개)이고, 전국에서 골프장의 파괴와 오염에 맞선 골프장 반대운동이 전개되고 있다.

225 통계청의 '지표누리'와 'e-나라지표', 국토교통부의 '통계누리' 등을 참고. 철도 이용자, 외국 여행자 등은 2020년 1월의 코로나19 사태로 급감했기 때문에 2019년 통계를 봐야 실태를 올바로 파악할 수 있다.

226 1980년 12월 1일 컬러tv 방송 시작, 1982년 1월 4일 교복·두발 자유화 발표, 1월 5일 통금 해제, 2월 '애마부인' 개봉, 3월 프로야구 시작, 1983년 5월 프로축구 시작 등의 '자유화' 조치가 외국 여행의 자유화로 마무리되었다. 전두환 독재의 사회적 자유화 조치는 1984년에 정치적 유화책으로 이어졌다. 이로써 서울대 사회학과

의 김진균, 한완상 교수 등 많은 해직 교수들이 복직되었다. 이런 조치들의 정치적 목적은 국민들을 현혹하는 것이었으나 국민들은 현혹되지 않았고, 1987년 12월의 대통령 선거를 앞두고 반독재 민주화 투쟁은 더욱 더 강력히 추진되었다.

227   일본이 후쿠시마 핵발전소 폭발사고를 일으키게 된 것은 그것을 올바로 관리하지 않았기 때문이었다. 일본이 그 핵폐수를 바다에 방류해서 인류의 공적이 된 것은 그 처리 비용 때문이다. 일본은 내적으로 사실상 이미 망한 상태여서 후쿠시마 핵폐수를 올바로 처리 할 수 없고 세계를 상대로 핵폐수 전쟁을 벌이는 것이다. 이것을 적극 지지하는 윤석열-국힘당 쪽은 매국-독재 비리 세력이 나치-일계와 같은 반인류 세력이라는 사실을 참으로 명확히 입증한다. 이런 걸 정상 보수로 미화하는 '사이비 민주화론'과 사이비 진보-정의의 문제를 올바로 인식해야 한다.

228   시장에서, 거리에서 '대한독립 만세'를 외치는 평화적 시위였다. 일제는 이 시위를 무자비하게 진압해서 많은 사람들을 살상하고 투옥했다.

229   초안은 조소앙(趙素昻, 1887~1958) 선생이 작성했다. 조소앙은 '삼균주의'로 대한민국 임시정부에 큰 영향을 미친 우파 지식인 정치가였다.

230   대한민국 임시정부가 벌인 수많은 독립투쟁들 중에서 가장 유명한 것은 1932년 4월 29일 상하이 훙커우 공원에서 열린 일왕의 생일 축하행사의 연단에 윤봉길(1908~32) 의사가 도시락 폭탄을 던져서 일제의 상하이 총사령관을 폭살한 것을 비롯해서 많은 적들을 살상한 것이다. 이에 앞서 같은 해 1월에는 도쿄에서 이봉창(1901~32) 의사가 일왕을 폭살하려다가 실패하고 순국했다. 윤봉길은 의사는 12월에 일본 가나자와에서 총살당해 순국했다. 두 의사는 대한민국 임시정부의 '한인애국단' 소속이었다.

231   1919년 11월 10일 만주의 지린(吉林)에서 김원봉을 단장으로 의열단(義烈團)이 설립됐다. 의열단은 무정부주의 계열의 비밀 무장독립전쟁단체로 가열찬 무장투쟁을 계속 전개해서 한국 독립전쟁사에서 우뚝 섰다. 민족주의 계열, 사회주의 계열과 함께 무정부주의 계열은 한국 독립전쟁의 3대 계열을 이루었으며, 김원봉을 위시해서 이회영, 신채호, 이을규-정규 형제, 백창기, 정현섭 등의 지도자들이 있었다. 의열단은 최대 2천 명 정도의 단원들이 있었던 것으로 추정되며, '광야'를 비롯한 여

후주   321

러 시들로 널리 알려진 이육사 선생도 의열단 단원이었다. 강우규 의사는 사이토 총독에게, 김익상 의사는 조선총독부에, 김상옥 의사는 종로경찰서에, 나석주 의사는 동양척식회사에 폭탄을 던졌고, 박열은 도쿄에서 일왕을 폭살하는 계획을 추진하다가 체포되어 무려 22년의 옥고를 치렀다. 김원봉 단장의 요청으로 신채호 선생이 1922년 12월 1923년 1월의 의열단의 강령과 같은 '조선혁명선언'을 작성해서 발표했다. 이 선언은 부분적 개량이 아닌 전면적 혁명을, 지배계급의 교체가 아닌 민중의 직접통치를, 외교나 준비가 아닌 즉각적인 무장투쟁을 선포했다. 전체 5개 절로 되어 있으며, 여기에는 4절을 옮겼다.

232 국제정치학자 이해영 교수가 이에 대해 오래 연구해서 정리했다. '이해영 "애국가 작곡가 안익태, 일제·독일 나치 나팔수였다"', <중앙일보> 2019.1.15.

233 부일 매국-독재 세력이 홍범도 장군을 극도로 모욕하고 박정희와 백선엽을 아예 신격화하는 황당한 상황을 직시해야 한다. 나라가 매국-독재를 척결하지 않아서 매국-독재가 나라를 잡아먹는 것이다. 전두환-노태우를 비롯 박정희의 후예 군비들의 12.12 군사반란을 그린 영화 <서울의 봄>를 2030 젊은이들이 열심히 본 것은 매국-독재 세력이 총칼로 정의와 공정을 짓밟아 죽이고 온갖 비리를 저지른 것에 분노했기 때문이다. 이 분노가 진정한 선진화의 동력으로 이어져야 한다. 독일과 프랑스는 나치를 철저히 척결해서 선진국이 되었다. 우리도 그렇게 해야 한다. 다른 길은 없다.

234 김구, 『백범일지』, 1947의 말미에 독립된 글인 '나의 소원'이 있다. 이 글은 1)민족국가, 2)정치 이념, 3)내가 원하는 우리나라 등 세 절로 이루어져 있는데, 김구 선생의 국가관, 정치관, 사회관 등이 잘 제시되어 있다. 김구 선생이 제시한 문화국가-문화사회의 목표는 인류적 이상이라고 할 수 있다. 1980년대 초에 서구에서 복지국가의 위기에 대처해서 문화사회의 목표가 제시되었는데, 김구 선생은 그보다 30여 년 앞서서 문화의 가치를 인식하고 문화사회의 목표를 제시했다. '김구 재단'을 참고.

235 '기자'라는 중국인이 고조선의 왕이 됐다는 '기자 동래설'은 사실이 아닌 것으로 부정되고 있다. 그러나 조선은 기자와 공자가 고조선을 칭찬했다는 설을 널리 퍼트려서 인(仁)을 조선의 기본으로 확립하려 했다. 유교 국가 조선이 인을 중시하고 널리 퍼트려서 나라의 기반으로 만든 것은 한국의 이해에서 중요한 사회적 사실이

다. 노태돈, '기자 동래설', 〈한국민족문화대백과사전〉을 참고.

236 김구 선생은 이 귀한 글을 1947년 말에 출판했다. 그리고 1년 반 뒤인 1949년 6월 26일 이승만 쪽의 사주를 받은 안두희의 흉탄에 살해당하셨다.

237 김진균, '자유를 위한 기획을 꿈꾸며',『문화과학』1999년 가을호. 이 글에서 김진균 선생은 한국의 현대사를 독재에 맞선 민주투쟁의 역사로 일별하고, 전면적인 자유와 민주가 추구된 80년대를 '위대한 각성'의 시대로 설명한다. 그런데 80년대의 민주투쟁은 자유민주주의의 가치를 폄하하는 경향을 강하게 보였다. 전두환-노태우 학살 독재가 자유민주주의를 내걸어서 악용했기 때문이었다. 그러나 독재와 자유민주주의는 양립할 수 없는 것이고, 자유민주주의는 민주주의의 기본이자 핵심으로 작용한다. 김진균 선생은 자유민주주의의 역사적 가치를 설명하고, 자유가 민주주의의 발전에서 갖는 근원성을 제시하고, 이런 맥락에서 정보화와 지구화를 살펴볼 것을 요청했다. 사회적 자유주의(social liberalism)의 관점에서 자유의 이론적-실천적 의미를 제시한 중요한 글이다.

238 문제인과 김인회의 〈검찰을 생각한다〉는 검찰의 문제와 개혁 방안에 대한 최고의 책이다. 이 책의 한 가지 문제는 검찰이 독재의 주구에서 독재의 주체로 변질된 사실을 올바로 인식하지 못한 것뿐이다. 그런데 바로 이 때문에 문제인이 윤석열의 검비 쿠데타를 방치하는 엄청난 잘못을 저질렀던 것일 수 있다. 문제인은 검찰과 법원의 문제를 누구보다 잘 알고 있었으나 윤석열의 조국 죽이기-추미애 죽이기 검비 쿠데타를 방치-조장해서 검찰-법원 개혁에 실패하고 사상 초유의 극악무도 검비-법비 독재를 초래하고 말았다. 21세기 한국 정치에서 가장 심각한 잘못이자 의혹이다. 문제인은 간신에게 속아서 이렇게 했나, 아니면 본인이 모자라서 이렇게 했나? 2023년 5월 참여연대 사법감시센터, 〈윤석열정부 검찰 보고서 2023 - 검사의 나라, 이제 1년〉의 발간 기자회견에서 실행위원인 유승익 교수는 "87년 군부통치가 지나간 이후에 민주화된 한국 정치에서 가장 위험한 순간들이 지나가고 있다"고 말했다. 그러나 사실 가장 위험한 순간은 2008년 2월 이명박 정부가 들어서며 시작됐고, 노무현의 '살해'와 한명숙의 투옥에서 이미 한 정점에 이르렀다. 당시 진보를 내걸고 '사이비 민주화론'을 떠들며 '반독재 민주화'는 없다고 혹세무민하던 자들이 문제인을 현혹해서 조국 죽이기-추미애 죽이기를 방치하게 하고 '촛불 혁명'의 대실패를

초래한 게 분명하지 않나?

239 나는 2005년에 '광복 60년'을 맞아 참여정부 쪽의 요청으로 이 글을 썼다. 2002년 12월 김대중에 이어 노무현이 대통령에 당선되어 완전한 민주화가 이루어지는 것으로 보였다. 그러나 검판언비를 핵심으로 하는 비리 세력은 강고했다. 그 대표는 단연 검비다. 검비들이 대놓고 노무현에게 대들더니 2008년 12월 엉터리 수사로 면죄부를 주는 방식으로 극심한 범죄자인 이명박을 대통령으로 만들었다. 이어서 노무현 죽이기를 자행했다. 노무현을 비리범으로 몰아서 극심하게 모욕하고 민주 개혁 세력을 비리 세력으로 왜곡하기 위한 술책이었다. 2009년 5월 노무현은 자살로 이 극악한 누명공작에 항거했다. 그러나 검비의 만행은 이것으로 끝나지 않았다. 2010년부터 몇 년에 걸쳐서 황당한 수사를 벌여서 한명숙을 투옥했다. 이런 식으로 검비는 2012년 12월 박근혜를 대통령으로 만들었다. 그러나 박근혜의 극심한 국정농단이 드러났고 국민들의 촛불 항쟁이 벌어졌다. 결국 박근혜는 투옥됐다. 2017년 5월 문재인이 대통령에 취임해서 이제는 정말 완전한 민주화가 이루어질 것으로 기대됐다. 그러나 상황은 참으로 황당하게 전개됐다. 2019년 7월 윤석열은 검찰총장에 취임해서 조국 죽이기를 자행하기 시작했다. 놀랍게도 문재인은 윤석열의 만행을 방치했을 뿐만 아니라 어렵사리 윤석열의 징계를 실행하는 추미애를 돌연 사퇴하게 했다. 더욱 놀랍게도 이 만행에 정의당, 한겨레 등이 적극 가담해서 결국 윤석열 검비 정권이 들어섰다. 윤석열 비리 정권은 각종 비리와 무능으로 나라를 극심하게 망가트리는 것은 물론이고 심지어 일본의 후쿠시마 핵폐수 방류를 적극 지지하는 극악무도한 부일 매국 만행을 자행하고 있다. 부일 매국 세력을 근원으로 하는 비리 세력의 대표는 검판언비 카르텔이다. 판비는 검비의 배후 공범이고, 언비는 검판 법비의 주구이다. 검비가 경찰과 군대도 장악하고 완전한 검비 독재의 영구화를 획책하고 있다. 불학무식 사이비 무당과 '나가요' 출신 의혹 희대의 사기범이 나라를 좌우하고 엄청난 혈세를 퍼먹고 있다. 세계 초유의 비리가 매일같이 버젓이 자행되며 나라를 죽이고 있다. 이 나라는 이렇게 망하고 마는 것인가? 2024년 10월 '명태균 게이트'가 터졌다. 이로써 윤석열/김건희의 여론조작, 공천 개입, 공천 거래, 정치자금법 위반 등 여러 범죄 혐의들이 강력히 제기되어 나라가 정상화될 수 있는 길이 크게 열렸다.

240 문재인 정부의 대실패는 노무현 정부의 대실패를 훨씬 능가하는 참담한 일이

다. 최장집 류의 '사이비 민주화론'이 문제의 근원에 있다. 최장집은 촛불 항쟁을 반민주주의로, 이명박근혜-윤석열건희-국힘당-검판언비를 민주주의로 왜곡한다. 문재인은 윤석열-검찰와 야합한 게 아니라면 '사이비 민주화론'에 빠져서 현실을 극심하게 오인한 것이다. '사이비 민주화론'은 검판 겁비의 사법 독재를 무시하고 또는 이것에 무지해서 민주화가 다 이루어졌다고 혹세무민하고, 극악한 매국 비리 세력을 정상 보수로 미화하고, 민주 개혁 세력을 비리 세력으로 왜곡한다. '사이비 민주화론'을 철저히 타파해야 한다. 올해는 노무현의 참여정부가 출범하고 20년이 되는 해이다. 지난 20년을 돌이켜 보면 비리 세력을 타파하지 않은 민주화란 허구에 가까운 것이라는 사실을 절감하지 않을 수 없다. 민주 진보를 대표했던 노무현, 노회찬, 박원순이 검판언비의 덫에 걸려 처참하게 생을 마쳤다. 진보니 정의니 내건 교수, 기자, 운동가, 정치인 등이 거의 모두 '사이비 민주화론'을 들먹이며 "이제는 그런 시대가 아니다"고 검판 법비 독재를 부정하고 극악무도한 매국 비리 세력을 정상 보수 세력으로 미화했다. 최장집은 대놓고 촛불을 반민주주의로 왜곡하는 자인데, '촛불 정부'인 문재인 정부는 이 자의 '사이비 민주화론'을 내세우는 황당한 행태를 보였다. '사이비 민주화론'을 타파하고 완전한 민주화를 추진해야 한다.

참고자료

강만길(1978), 『분단시대의 역사 인식』, 창비
강재언(1979), 정창렬 역(1981), 『한국의 개화사상』, 비봉출판사
고은(1989), 『1950년대』, 청하
국가기록원(2017), 『국가 주요 정책기록 해설집 Ⅴ - 교육』
국사편찬위원회 편(1993-2002), 『신편 한국사』, 우리역사 넷(contents.history.go.kr/)
_____(2001-2011), 『한국 문화사』, 우리역사 넷(contents.history.go.kr/)
권태억 외(1994), 『근현대 한국 탐사-자료 모음』, 역사비평사
김구(1947), 도진순 주해(1997), 『백범일지』, 돌베개
김근배(2016), 『한국 과학기술혁명의 구조』, 들녘
김삼웅 편저(1997), 『사료로 보는 20세기 한국사』, 가람기획
김연희(2016), 『한국 근대과학 형성사』, 들녘
김영범(1997), 『한국 근대민족운동과 의열단』, 창비
김영식·김근배(1998), 『근현대 한국사회의 과학』, 창비
김정호(2007), 『2000년 우리 옷 이야기』, 글누리
김종덕(2010), 『슬로푸드 슬로라이프』, 한문화
김진균(1984), 『비판과 변동의 사회학』, 한울
_____(1988), 『사회과학과 민족 현실』, 한길사
_____(2003), 『21세기 진보의 기획』, 문화과학사
김진균·홍성태(1996), 『군신과 현대사회』, 문화과학사
_____(2007), 『한국 사회와 평화』, 문화과학사
김진송(1999), 『서울에 딴스홀을 허하라』, 현실문화
김태우(2013), 『폭격』, 창비
문재인·김인회(2011), 『검찰을 생각한다』, 오월의봄
문준영(2012), 『법원과 검찰의 탄생』, 역사비평사
미메시스 그룹(1993), 『신세대 네 멋대로 해라』, 현실문화

민족문제연구소(2009), 『친일 인명 사전』
민주화운동기념사업회(2010), 『한국 민주화운동사』
박길성 외(1999), 『1960년대 사회변화 연구』, 백산서당
박선권(2006), 『현대적 여가의 상태』, 르네상스
박찬승(2014), 『한국 독립운동사』, 역사비평사
박철수(2006), 『아파트의 문화사』, 살림
박현채(1978), 『민족경제론』, 한길사
서중석(2007), 『한국 현대사 60년』, 역사비평사
송기호(2021), 『한국 온돌의 역사』, 서울대출판부
송성수(2021), 『한국의 산업화와 기술발전』, 들녘
신영훈(2000), 『우리 한옥』, 현암사
신한종합연구소(1991), 『7089 우리들』, 고려원
유영호(2015), 『한양도성 걸어서 한바퀴』, 창해
유인호(1982), 『민중경제론』, 평민사
유초하(1994), 『한국 사상사의 인식』, 한길사
이상희(2010), 『다시 언론자유를 생각한다』, 한길사
이영희(1977), 『전환시대의 논리』, 창작과비평사
장세윤(2021), 『일제 강점기 학살당한 한국인들』, 동북아역사재단
전남일(2010), 『한국 주거의 공간사』, 돌베개
정기용(2008), 『사람 건축 도시』, 현실문화
정성호 외(1999), 『한국전쟁과 사회구조의 변화』, 백산서당
정약용(1813), 이민수 역(2021), 『아방강역고』, 범우
정지환(2004), 『대한민국 다큐멘터리』, 인물과사상사
조국(2022), 『가불 선진국』, 메디치미디어
주영하(2011), 『음식인문학』, 휴머니스트
한국은행(2021), 『한국의 금융시장』
한완상(1973), 『현대사회와 청년문화』, 법문사
_____(1978), 『민중과 지식인』, 정우사
_____(2009), 『우아한 패배』, 김영사

허수열(2016), 『개발 없는 개발』, 은행나무
홍석률(1999), 『박정희시대 연구』, 백산서당
홍성태(2000), 『위험사회를 넘어서』, 새길
_____(2003), 『반미가 왜 문제인가』, 당대
_____(2004), 『생태사회를 위하여』, 문화과학사
_____(2006), 『현대 한국의 문화적 형성』, 현실문화
_____(2007), 『대한민국 위험사회』, 당대
_____(2007), 『개발주의를 비판한다』, 당대
_____(2009), 『민주화의 민주화』, 현실문화
_____(2010), 『생명의 강을 위하여』, 현실문화
_____(2011), 『토건국가를 개혁하라』, 한울
_____(2014), 『김진균 평전』, 진인진
_____(2017), 『사고사회 한국』, 진인진
_____(2017), 『서울 산책』, 진인진
_____(2019), 『생태 복지국가를 향하여』, 진인진
_____(2021), 『공동자원 공동체 지역혁신』, 진인진
_____(2022), 『디지털 문화의 세계』, 진인진
_____(2023), 『인공지능×메타버스』, 진인진
_____(2024), 『한국의 선진화 대전환』, 진인진
_____ 엮음(2006), 『한국의 근대화와 물』, 한울
_____ 엮음(2009), 『촛불집회와 한국 사회』, 문화과학사

Putnam, Robert(1993), *Making Democracy Work: Civic Traditions in Modern Italy*, Princeton University Press

中塚明·井上勝生(2013), 한혜인 옮김(2014), 『동학 농민전쟁과 일본』, 모시는사람들
暉峻淑子(1989), 홍성태 옮김(2007), 『부자 나라, 가난한 시민』, 궁리

고영남(2022), '사립대학의 '정의로운 전환'', unipress.co.kr/news/, 2022.1.30.
곽노필(2023), '한국인의 주식이 고기로 바뀌었다', <한겨레> 2023.2.5.
국가기록원(2022), '인구정책 어제와 오늘', theme.archives.go.kr/
금융위원회(2020), '금융산업 미래 전망과 경쟁도 평가 계획'
김귀옥(2010), '월남민', <한국민족문화대백과사전>
김서중(2014), '저널리즘 붕괴 야기한 이명박 정권의 방송 장악', <참여사회> 2014년 7월
김선희(2022), '미리보는 '2022-2023 한국식품연감'', <더바이어> 2022.11.22.
김성아(2021), '불평등, 지표로 보는 10년', <보건복지> 409호
김현민(2020), '러시아, 피 한방울 안 흘리고 연해주 삼키다', <아틀라스 뉴스> 2020.1.30.
＿＿＿(2020), '동북아 철도전쟁⑤…간도와 맞바꾼 안봉선', <아틀라스 뉴스> 2020.12.26.
＿＿＿(2020), '동북아 철도전쟁⑥…만철과 만주사변', <아틀라스 뉴스> 2020.12.27.
노영돈(2008), '북한-중국의 국경획정 상황의 고찰', <백산학보> no.82.
뉴스프로(2020), '일본에 나라를 팔아먹은 '을사5적'은 모두 재판장, 판사 출신', <뉴스프리존> 2020.3.4.
박기학(2017), '2018 국방 예산 분석 ①병력 운영비-고급 장교 감축하고 군인 예우 폐지해야', <오마이뉴스> 2017.9.7.
박상돈(2022), '신재생 발전설비 비중 20% 첫 돌파', <연합뉴스> 2022.9.20.
박소영(2019), '300만 독립운동가 중 1만5000명만 서훈… 여성은 2.4% 그쳐', <한국일보> 2019.1.1.
배동주(2021), 'LNG 발전소 갈 곳이 없다', <월간 중앙> 1576호 (2021.03.)
보건복지부(2018), <장사 업무 안내>
봉강호(2023), '우리나라 및 주요국 인공지능(AI) 기술수준의 최근 변화 추이', spri.kr/, 2023.3.2.
서동준(2021), '"한국어, 9000년전 中 동북부 요하서 유래했다" 새 학설', <동아사이언스> 2021.11.13.

성수영(2022), '한국인은 누구고, 어디서 왔나-DNA 정밀 분석해 보니', <한국경제> 2022.10.15.

손인수(1995), '삼강오륜', <한국민족문화대백과사전>

손호철(2021), '대한민국은 실향민이 세웠다?', <프레시안> 2021.6.23.

송경호(2022), '한국 제조업의 생산성 성장과 산업 역동성', <재정포럼> 2022.1.

신채용(2018), '광복절에 즈음하여 한반도를 생각한다', <미디어오늘> 2018.8.14.

안주호(2022), '최근 한국어 높임법 사용과 변화 양상', <동악어문학> 86호.

유네스코(2015), '한국세계기록유산-KBS특별생방송 '이산가족을 찾습니다' 기록물'

윤종주(1995), '인구', <한국민족문화대백과사전>

_____(1995), '실향민', <한국민족문화대백과사전>

이강봉(2017), '호모 사피엔스 나이는 35만년', sciencetimes.co.kr 2017.9.29.

이방훈(2012), '수력발전과 댐의 어제와 오늘', <대댐회지> vol.36.

이성규(2008), '타이타닉호와 HAM', sciencetimes.co.kr/news/

_____(2019), '장거리 무선통신의 비밀을 밝히다', sciencetimes.co.kr/news/

이희대(2011), '지상파와 공중파', m.blog.naver.com/heedae-now-sub

이희승(2016), '수자원 개발의 변천', <물과 미래> Vol.49 No.3.

임해원(2022), '한국인의 문해력, 낮은 수준일까', ekoreanews.co.kr/news/, 2022.10.11.

장현근(2015), '중국 고대 정치사상에서 '국가(國家)' 관념의 형성과 변천', <한국정치학회보> 제49집 제2호, 2015.6.

재외동포재단(2022), '재외동포사회 형성과정', korean.net

전진국(2016), '三韓의 용례와 그 인식', <한국사연구> 173집.

정성미(2016), '동학농민혁명 기록물의 현황과 기록학적 분석 시론', <기록학 연구> 50

정은주(2019), '124년의 검찰권력, 일제가 낳고 보안법이 키웠다', <한겨레> 2019.10.5.

정종우 외(2024), '입시경쟁 과열로 인한 사회문제와 대응방안', <BOK 이슈 노트> 2024-26호, 2024.8.27.

정종훈 외(2022), '하루 음식쓰레기 2만t 비밀…4분의 1은 먹기도 전에 버려진다',

〈중앙일보〉 2022.1.17.
참교육(2018), '사립학교는 왜 아직도 치외법권 지대인가', chamstory.tistory.com/
최나영(2022), '국내 재생에너지 비중 7.5%? 유의미한 수치는 '5% 미만'', 〈뉴스 펭귄〉 2022.9.21.
KBS(2019), '3.1운동 순국, 553 vs 7,509', KBS 3.1운동 100년 특집
하종대(2005), '한일협정 문서 공개-피해자 800만명', 〈동아일보〉 2005.1.18.
한승은(2019), '"고등교육 이수율' OECD 35개 회원국 중 한국 4위!', edujin.co.kr/news/, 2019.10.23.
환경운동연합(2022), '2022 석탄발전소, 원자력발전소 전국 현황 지도'

건강보험심사평가원(2022), 〈2021 건강보험통계연보〉
과기정통부(2021), '2020년도 기술수준평가 결과'
_____(2022), '국가전략기술 육성방안 발표'
_____(2023), '과학기술정보통신부 대표 성과지표'
교육부(2022), '교육 기본통계조사 결과'
_____(2022), '사교육비 조사 결과'
대한건설협회(2021), '주요 건설 통계'
_____(2022), '주요 건설 통계'
통계청(2011), 『2010 한국의 사회지표』
_____(2022), '2021년 산업구조 통계'
_____(2022), '2022년 가계 금융복지 조사 결과'
_____(2022), '2020년 기준 경제 총조사 결과'
_____(2022), '2021년 건설업 조사 결과(기업실적 부문)'
_____(2022), '2021년 농림어업 조사 결과'
_____(2022), '2021년 광제조업 조사 결과'
_____(2022), '2021년 서비스업 조사 결과'
_____(2022), '2021년 인구-주택 총조사 결과'
_____(2023), '2022 한국의 사회지표'

한국섬유산업연합회(2011), 〈2011 한국 패션시장 분석〉
_____(2022), 〈국내 패션시장 규모 조사〉
한국식품산업협회(2022), 〈식품외식 통계〉

국가기록원, 〈일제 강점기 피해자 명부〉
_____, 〈3.1운동 피살자 명부〉
_____, 〈관동대지진 피살자 명부〉
독립기념관, '한국 독립운동의 역사'

'대일 항쟁기 강제동원 피해 조사 및 국외 강제동원 희생자 등 지원위원회'
'일제 강점하 강제동원 피해 진상규명 등에 관한 특별법'(2004.4. 제정)
'일제 강점하 강제동원 피해 진상규명위원회'
'일제 강제동원 피해자 지원재단'

'국토환경정보센터'
'재외동포재단'

Biologyonline, 'Homo Sapiens Sapiens'
Britannica, 'Human Evolution – Homo Sapiens'
World Inequality Report 2021
Enerdata, 〈세계 에너지 및 기후 통계 연감〉
'에너지정책소통센터'